집착의 법칙

그랜트 카돈 Grant Cardone

세계적인 세일즈 트레이닝 전문가이자 마케팅 인플루언서, 기업가, 부동산 투자자다. 또한 국제적으로 명성 높은 리더십, 기업가정신, 동기부여, 금융, 부동산 투자 전문 강연가이자《뉴욕타임스》베스트셀러 작가다. 현재 보유 기업 7개, 운용 자산 40억 달러, 순자산은 6억 달러를 웃도는 억만장자다.《포브스》"세계 #1 세일즈 트레이너"와 "2017 올해의 주목할 마케팅 인플루언서 25인" 중 1위,〈리치토피아Richtopia〉"세계에서 가장 영향력 있는 CEO 500인" 중 7위, 미국상공회의소 "비즈니스 분야 소셜 미디어 인플루언서 톱 5"에 선정되었다. 1958년 미국 루이지애나주에서 태어나 맥니스주립대학교에서 회계학을 공부했다. 10세 때 아버지를 잃고 어린 시절 ADHD(주의력결핍과잉행동장애), OCD(강박장애) 등 진단을 받았다. 21세에 대학 졸업 뒤 여러 직업을 전전하다 파산하고 빚더미에 올랐으며, 알코올과 마약에 빠져 거의 목숨을 잃을 뻔했다. 중독 치료 후 25세부터 세일즈 일에 전념해 업계 상위 1퍼센트 안에 들었다. 29세에 첫 창업에 나서 컨설팅 회사를 차렸으며 30세에 백만장자가 되었다. 구글, 모건 스탠리, 스프린트, 애플랙, 노스웨스턴 뮤추얼, 도요타, GM, 포드 등 포춘 500 기업과 스몰 비즈니스 오너, 스타트업을 대상으로 컨설팅을 해왔으며 전 세계를 돌며 세일즈, 마케팅, 브랜딩, 부동산, 인간관계, 투자, 부 등을 강연해왔다. 1989년 개인, 영업인, 사업가, 경영진을 대상으로 비즈니스 증진 및 극대화 툴을 제공하는 그랜트 카돈 엔터프라이시스Grant Cardone Enterprises를 설립했다. 1990년에는 그랜트카돈세일즈트레이닝대학교Grant Cardone Sales Training University를 세워 전망, 세일즈, 협상, 거래 체결, 돈, 금융, 동기부여 교육 프로그램과 과정을 개설했다. 1996년 부동산 회사 카돈 캐피털Cardone Capital을 창립해 미국 전역의 공동주택에 투자해왔다. 2011년《10배의 법칙》출간 후 세계 최대 비즈니스 기업가 콘퍼런스인 10배 성장 콘퍼런스10X Groth Conference를 출범시켜 월드클래스 기업가들로부터 경영 전략을 배우는 10배 운동10X Movement을 이어가고 있다. 폭스 뉴스, MSNBC, CNBC, CNN, 로이터,〈허핑턴포스트〉《비즈니스위크》《월스트리트저널》등 여러 매체에 출연하거나 기고해왔으며〈회복왕Turnaround King〉(내셔널지오그래픽 채널),〈억만장자 파헤치기Undercover Billionaire〉(디스커버리 채널) 등 리얼리티 쇼에도 출연했다. 저서로《집착의 법칙Be Obsessed or Be Average》《10배의 법칙The 10X Rule》외에《팔든가 팔리든가Sell or Be Sold》《일등이 아니면 꼴찌다If You're Not First, You're Last》《백만장자 요람: 슈퍼 리치가 되는 법The Millionaire Booklet: How to Get Super Rich》《부를 일구는 부동산 투자법How to Create Wealth Investing in Real Estate》등이 있다.

BE OBSESSED OR BE AVERAGE

마약중독자를 8000억 자산가로 만든
단 하나의 마인드셋

집착의 법칙

그랜트 카돈 지음

최은아 옮김

BE OBSESSED
or
BE AVERAGE

부·키

옮긴이 최은아

상명대학교 경제학과를 졸업한 후 교육 회사에서 인사 관리 및 교육 프로그램 개발을 담당했다. 글밥아카데미를 수료한 후 바른번역 소속 번역가로 활동 중이다. 옮긴 책으로 《생각이 바뀌는 순간》 《인생이 바뀌는 하루 3줄 감사의 기적》 《더 원페이지 프로젝트》 《어른초년생의 마인드 트레이닝》 《공정한 리더》 《슈퍼 석세스》 《퍼스널 스토리텔링》 《부자 습관 가난한 습관》 《10배의 법칙》 《나폴레온 힐 부자의 철학》 《밥 프록터 부의 시크릿》 등이 있다.

집착의 법칙

2023년 8월 28일 초판 1쇄 발행

지은이 그랜트 카돈
옮긴이 최은아
발행인 박윤우
편집 김송은 김유진 성한경 장미숙
마케팅 박서연 이건희 이영섭 정미진
디자인 서혜진 이세연
저작권 백은영 유은지
경영지원 이지영 주진호

발행처 부키(주)
출판신고 2012년 9월 27일
주소 서울 서대문구 신촌로3길 15 산성빌딩 6층
전화 02-325-0846 | 팩스 02-3141-4066
이메일 webmaster@bookie.co.kr
ISBN 978-89-6051-991-6 03190

※ 잘못된 책은 구입하신 서점에서 바꿔 드립니다.

만든 사람들
편집 성한경 | 디자인 서혜진

내 아내 엘레나 라이언스 카돈에게 이 책을 바친다. 나는 내게 완벽한 여성을 찾는 일에 20년 이상 집착했다. 완벽한 아내를 찾겠다는 집착이 너무 강한 나머지 라호이아에 있는 집을 팔고, 미래의 아내가 있다고 믿은 로스앤젤레스로 이사했다. 로스앤젤레스에 도착한 첫날 밤에 나는 엘레나를 만났다. 그녀를 보자마자 아내로 삼아야겠다는 생각에 집착했다. 내가 어떤 사람인지 엘레나가 제대로 알기까지 시간이 걸렸지만 내 참모습을 알고 난 뒤로는 한 번도 나를 바꾸려들지 않았다. 13년 동안 엘레나는 내게 크나큰 영감과 용기를 주었다. 내가 지나치게 많이 일한다는 말을 한 적이 없으며 자신에게 더 많은 시간을 내달라고 요구하지도 않았다. 그녀는 믿을 수 없을 정도로 놀라운 파트너이자 친구이며 매력적인 아내이자 환상적인 어머니다. 엘레나, 고마워요.

has been a sale for me in my life. Everything!
I wanted a speaking career —
I started a sales training business
My real estate business
Every real estate deal I bought

추천의 말

켈리 최
《웰씽킹》 저자

이 책을 집어 든 순간 당신은 부와 성공의 길에 이미 올라선 것이나 마찬가지다. 당신의 꿈을 실현해줄 가장 강력하고 확실한 무기를 손에 넣었기 때문이다.

내가 가난한 소녀공에서 글로벌 대기업 회장이 된 한 가지 이유가 있다. 바로 부의 생각, 웰씽킹에 완전히 몰두했기 때문이다. 한마디로 나는 목숨을 걸고 성공에 집착했다.

10억 원의 빚을 떠안은 채 차라리 죽는 게 낫다 싶었던 순간에도 나는 절대 포기하지 않았다. 나도 부자가 될 수 있다는 믿음과 실천을 한순간도 놓지 않았다. 그 덕분에 5년 만에 100년을 일해도 못 이룰 거대한 부를 일구었다. 집착하라. 그러면 당신도 할 수 있다.

집착이 당신의 삶과 사업을 구할 것이라는 저자의 메시지에 나뿐만 아니라 성공한 사람이라면 누구나 진심으로 동의할 것이다. 성공하는 법은 의외로 간단하다. 포기하지 않고 필사적인 자세로 끝까지 하면 된다. 세상은 자신의 모든 것을 걸고 미친 듯이 도전하고 노력하는 사람에게만 보상을 해준다. 이것은 불변의 법칙이다.

물론 쉽지 않을 것이다. 실패와 좌절이 당신의 발목을 잡을 것이다. 비난과 반대의 목소리가 당신을 의심과 체념에 빠뜨릴 것이다. 똑똑하지도 잘생기지도 않고 돈 한 푼 없을지도 모른다. 하지만 아니다. 다 핑계일 뿐이다.

사실 당신에게는, 그리고 우리 모두에게는 누구도 앗아갈 수 없는 위대한 능력이 있다. 집착이라는 재능이 바로 그것이다. 상상을 현실로 만드는 힘은 자본이나 IQ, 운에서 나온다고 착각하지 마라. 이 힘은 기꺼이 위험을 무릅쓰고 어떤 난관에도 굴하지 않고 앞으로 나아가는 용기와 끈기, 집착 마인드셋에서 나온다.

성공했는데 왜 그렇게 열심히 사느냐고 누가 물으면 난 이렇게 대답할 것이다. "나는 아직도 성장에 배가 고픕니다." 진정한 성공은 좋은 대학, 번듯한 직장, 모아둔 재산이 아니라 점점 더 성장하고 나아가는 삶 자체이기 때문이다. 저자가 이 책에서 거듭 강조하듯 당신과 나에게는 무한한 잠재력과 가능성이 있다. 이 잠재력을 온전히 발휘해보고 싶지 않은가? 그랬을 때 당신과 세상에 어떤 멋진 일이 계속 벌어지는지 보고 싶지 않은가? 나는 그러고 싶다. 당신 역시 이런 원대한 꿈을 꾸어야 한다.

이 책을 무기 삼아 훈련해보라. 절대 핑계 대지 말고, 절대 포기하지 말고, 절대 안주하지 마라. 끊임없이 몰두하고, 전념하고, 올인하라. 그럴 때 당신은 진정한 자기 삶의 주인이 된다.

당신은 집착광이 될 준비가 되었는가? 이제 부와 행복은 당신 것이다!

이 책에 대한 찬사

엄청난 긍정 에너지가 뿜어져 나와 힘과 활력이 마구 솟구치게 만든다!

《Inc. Magazine》

박진감 넘치고, 흥미진진하고, 환상적인 동기부여 책. 이 책에서 알려주는 유익한 가르침대로 하면 당신은 생각보다 훨씬 더 빨리, 훨씬 더 큰 성공을 맛보게 될 것이다.

브라이언 트레이시Brian Tracy, 《백만불짜리 습관》 저자

솔직히 터놓고 얘기해보자. 누구나 평범한 사람은 될 수 있다. 하지만 경이로운 사람이 될 수 있는데 왜 평범함에 안주해야 할까! 이 책은 당신이 '경이로움'을 발휘하도록 이끄는 길잡이다!

에릭 토머스Eric Thomas, 설교자, 동기부여 강연가

그랜트 카돈은 모든 성공한 사람들이 공통으로 가진 필수 요소, 인생을 바꾸는 한 가지 열쇠를 발견했다. 집착이 바로 그것이다. 당신의 꿈이 무엇이든 얼마나 크든, 이 책은 당신이 이미 가지고 있는 집착의 힘을 한껏 발휘하게 만들어 당신 인생을 한층 더 높은 수준으로 업그레이드해준다.

라이언 블레어 Ryan Blair, **기업가**

그랜트 카돈은 수백만 명의 사람들이 꿈꾸는 일을 정말로 해냈다. 그는 사업 훈련을 제대로 받지 않고 자수성가로 억만장자가 되었다. 그것도 역사상 최악의 경제 불황기에 말이다. 이 책을 읽으면 그의 비법이 실은 무척 간단하다는 것을, 그러면서도 대단한 성취를 안겨준다는 것을 발견하게 된다. 이 책에 담긴 정보를 활용하는 사람이라면 누구나 인생이 바뀌는 기적을 경험할 것이다.

프랭크 컨 Frank Kern, **마케팅 전략가**

그랜트 카돈은 집착에 사로잡혀 있다. 그는 최고의 삶을 실현하고 누리는 데 집착한다. 그의 집착은 오늘날 수백만 명의 인생을 바꿔놓고 있다.

팀 스토리 Tim Storey, **동기부여 강연가**

이 책은 당신의 생각을 획기적으로 변화시키고, 당신의 매출을 엄청나게 끌어올리고, 당신의 지갑을 두둑하게 채워줄 것이다. 이 책을 읽고 나면 당신은 제트기를 살 수 없을진 모르지만 분명 퍼스트 클래스를 타게 될 것이다!

제프리 지토머 Jeffrey Gitomer, **비즈니스 트레이너**

그랜트 카돈은 앞을 가로막는 벽을 무너뜨리고 자신이 추구하는 궁극의 목표를 달성하는 데 집착함으로써 최고 수준의 사업가로 성공

했다. 최고 수준에서 성공하려면 이런 집착, 필사적인 자세가 필요하다. 그랜트 카돈은 자신의 놀라운 커리어를 통해 이 사실을 실제로 증명해 보였다. 이 책에서 그는 자신의 개인 경험과 인생 교훈에서 습득한 비법을 낱낱이 공개해 당신 역시 엄청난 성공을 거둘 수 있게 해준다.

프랜 타켄턴 Fran Tarkenton, **기업가, 미식축구 명예의 전당 헌액 쿼터백**

....

그랜트 카돈의 책을 전부 읽었지만 이 책은 그중에서 압권이다. 난 20년간 비즈니스와 자기계발 분야 책들을 섭렵해왔는데, 허풍이나 탁상공론 따위는 전혀 없이 현실을 있는 그대로 알려주는 독특한 방식은 그랜트 카돈의 독보적인 트레이드마크다. 3일 만에 완독하고 다시 읽고 있다. 그 정도로 좋은 책이다.

DarrellMuhammad, 반스 앤드 노블 독자

그랜트 카돈은 내가 날아드는 청구서와 가족 부양이란 부담에 짓눌려 좌절하고 수렁에 빠져들기 전에 내 안에서 타오르던 불꽃에 다시 불을 붙여주었다. 꿈에 집착하기 위한 동기부여뿐 아니라 꿈을 현실로 만들기 위한 로드맵이 필요한 모든 사람에게 이 책을 강력히 추천한다. 그랜트 고마워요!

Brandon_H, 반스 앤드 노블 독자

그랜트 카돈은 내가 꿈을 좇고 꿈을 억누르지 말고 인생에서 원하는 것에 대해 사과하지 말아야 함을 깨닫게 해주었다. 성공하려면 왜 집착이 필요한지에 대한 그의 분석은 내가 불가능하다고 생각했던 속도로 나를 움직였다. 만일 당신의 인생이 꽉 막혀 있다면, 뭘 어떻게 해야 할지 혼란스럽다면, 정말로 성공하고 싶다면, 당신이 인생의 어느 지점에 서 있든 이 책은 당신을 위한 것이다!

Natasha_O, 반스 앤드 노블 독자

지금까지 나는 수백 권의 오디오북을 들어왔다. 그중에서 그랜트 카돈의 책들이 단연 최고다. 한마디로 끝판왕이다. 그리고 이 책은 그의 책 중에서 최고. 엄청난 이야기를 들려준다. 이 책에 대해 부정적인 의견은 손톱만큼도 없다. 아마 내가 읽은 최고의 책일 것이다. 그랜트 정말 고마워요. 난 당신을 사랑합니다. 하루빨리 백만장자가 되어 당신한테 점심을 사주고 싶군요.

Leif Arnesen, 아마존 독자

2일 만에 이 책을 다 읽었다. 장들을 대충 훑어보는 동안 즉각 책에 빠져드는 것을 느꼈다. 마치 내가 나한테 하는 이야기 같았다. 이 책 완전 강추다. 이 책 덕분에 난 올인하기로 결정했다. 눈을 번쩍 뜨게 해줄 뭔가가 필요한 사람, 이 책을 읽어보라!

Tiger10, 아마존 독자

이 책은 내가 오랫동안 서가에 두고 조언과 지침을 얻으러 계속 다시 펼쳐볼 책이다. 이 책은 다음 세대에게까지 도움을 줄 것이다. 실제로 2070년에 한 아이가 이 책을 집어 들고 세상을 바꾸겠다는 영감을 받을 수 있다. 그랜트 카돈은 나의 롤 모델이자 멘토다. 좋은 팁이 너무 많아 여기에서 다 설명할 수가 없다. 직접 책을 읽어봐야 한다. 성공에 전념하는 사람이라면 이 책이야말로 당신을 위한 책이다.

Joey Kittel, 아마존 독자

나는 세일즈를 위해 자주 이 책을 다시 읽는다. 그랜트 카돈과 이 책을 발견한 건 한마디로 축복이다.

Tao Lee, 굿리즈 독자

이 책은 내가 오랫동안 미루어왔지만 내 커리어와 행복에 꼭 필요한 목표를 달성하기 위해 집착할 수 있는 동기와 힘을 부여해주었다. 목표 달성에 어려움을 겪고 있거나 힘든 시간을 보내고 있는 모든 사람에게 적극 권한다. 그랜트 카돈의 삶의 교훈은 나를 도왔듯이 당신 또한 도울 것이다.

Krishna Chaitanya, 굿리즈 독자

놀라운 책이다. 아하, 하는 순간이 정말 너무 많다. 따로 적어둔 중요한 말이 한가득하다. 실천하지 않곤 못 배기게 만든다.

Angelique Delorme, 굿리즈 독자

차례

추천의 말 _ 켈리 최 8

프롤로그 22

CHAPTER 01	**집착이 나를 구했고 당신도 구할 것이다**	31
CHAPTER 02	**집착만이 당신의 유일한 선택지다**	55
CHAPTER 03	**무엇에 집착할 것인가**	83
CHAPTER 04	**짐승에게 먹이를 주라**	103
CHAPTER 05	**의심을 굶겨 죽여라**	127
CHAPTER 06	**이기려면 지배하라**	167
CHAPTER 07	**위험해져라**	195
CHAPTER 08	**세일즈에 집착하라**	223

BE OBSESSED

CHAPTER 09   **무리하게 약속하고 더 많은 것을 주라**   243

CHAPTER 10   **집착하는 팀을 꾸려라**   275

CHAPTER 11   **통제광이 되어라**   315

CHAPTER 12   **끈기에 집착하라**   331

CHAPTER 13   **영원히 집착하라**   351

감사의 글 372

당당하게 집착하라

사람들은 성공에 집착하는 내 태도가 바람직하지 않다고 말한다.

나를 일중독자라고 부르면서 강박적이고 집착하고 만족할 줄 모르고 균형을 잡지 못하고 억압적이고 함께 일하기 불가능한 사람으로 취급한다. 까다롭게 굴면서 너무 많은 걸 요구하고 나 자신이나 다른 사람에게 비합리적인 기대를 한다고 말한다. '전문가'들은 내게 ADHD(주의력결핍과잉행동장애)와 OCD(강박장애) 등이 있다고 말한다. 가족과 친구들은 내게 열 좀 식히고 진정하라고, 긴장을 풀고 편하게 생각하라고 말한다.

하지만 성공에 대한 집착을 아무리 억누르고 통제하려고 해봤자 소용없었다. 오늘의 나를 있게 한 가장 중요한 요인이 사실은 이 집착이었다. 집착은 길을 잃고 만신창이가 된 25살의 나를 구해내 연간 1억 달러의 매출을 올리는 5개 비상장 회사의 소유자, 세계에서 가장 영향력 있는 CEO 톱 10, 5권의 책을 낸 《뉴욕타임스》 베스트셀러 작가, 세계적인 인기를 누리는 강연가, 자상한 남편, 두 딸을 둔 딸 바보 아빠, 사회에 공헌하는 인물로 만들어주었다.

자랑하고 싶어서 하는 이야기가 아니다. 그저 내가 인생에서 어떻게 성공을 이루었는지 분명하게 밝히려는 것이다. 뭔가 특별한 제품을 개발하거나, 타이밍이 기가 막히게 좋았거나, 물려받은 재산이 있거나, 남들보다 머리가 뛰어나서가 아니다. 오직 성공에 대한 집착을 받아들였기에 오늘의 내가 있게 되었다.

집착을 온전히 받아들여 좋은 쪽으로 올바르게 활용하기 전까지는 집착을 거부하는 태도 때문에 나는 거의 죽다시피 했다. 집착 거부나 잘못된 것에 대한 집착이 매우 파괴적인 결과를 낳는다는 사실을 나는 혹독한 경험을 통해 힘들게 배웠다.

이 책에서 나는 내가 어떻게 집착을 발견하게 되었는지, 그리고 집착만으로 어떻게 이토록 멋진 삶을 누리게 되었는지 이야기를 들려주려고 한다. 아울러 집착을 내게 유익한 쪽으로 활용하는 과정에서 찾아낸 여러 가지 툴tool들을 소개하고자 한다. 나는 당신이 누구든, 어떤 배경을 가졌든, 가정 환경이 어떻든,

어떤 터무니없이 큰 꿈을 품고 있든 온전히 그리고 당당하게 집착하기를 바란다.

《10배의 법칙》의 빠진 퍼즐 조각

이 책을 쓰기 전에 나는 베스트셀러가 된 《10배의 법칙The 10X Rule》을 썼다. 엄청난 수준으로 생각하고 행동하는 것이 얼마나 중요한지를 강조한 책이다. 요컨대 어떤 프로젝트의 예산을 책정한다면 처음 생각했던 금액의 10배로 설정하고, 1년에 100만 달러를 벌고 싶다면 연간 목표를 1000만 달러로 세워야 원하는 목표에 가까워질 수 있다는 말이다. 궁극적으로 10배의 법칙은 어떤 목표를 달성하려면 목표를 훨씬 더 원대하게 세워야 한다는 것이다.

《10배의 법칙》이 출간된 후 많은 사람이 내게 편지를 보냈다. "사업을 10배로 키우려고 노력하고 있는데 꾸준하게 하기가 참 어렵습니다." "10배 목표를 세우고 따라 하려다보니 버거워서 삶이 온통 혼란에 빠져버렸어요." 그때 나는 빠진 퍼즐 조각이 하나 있다는 사실을 깨달았다. 바로 집착이란 개념이었다. 집착이란 마인드셋이 있어야 삶과 비즈니스에 10배의 법칙을 적용할 수 있었다. 집착이 빠진 퍼즐 조각이었다.

물론 집착하지 않아도 성공할 수는 있다. 하지만 집착 없이는 내가 말하는 수준의 성공에 도달하지 못한다. 집착은 전 세계에서 어마어마한 성공을 거둔 사람들이 공통으로 지닌 특징이다.

집착하는 법과 집착을 활용해 성공하는 법을 보여주려고 이 책의 메시지와 지침을 적당한 분량의 장으로 나누었다.

먼저 1장에서는 집착이 내 삶을 어떻게 구했는지, 집착이 왜 그렇게 중요한지 이야기한다. 집착을 정의하고 집착이 내게 어떤 의미인지 설명한다. 2장에서는 당신이 달성할 수 있는 것이라고는 기껏해야 평균과 안전이 전부라는 틀에 박힌 생각을 말끔히 없애준다. 또 평범함과 의심을 제거하고 그 자리에 목적 지향적이고 동물적인 불타오르는 집착을 심어야 하는 이유를 설명한다. 3장에서는 당신이 집착하는 대상을 어떻게 알아낼 수 있는지 살펴본다. 당신이 인생에서 정말로 가장 원하는 것을 발견하는 데 사용할 수 있는 중요한 훈련법 몇 가지를 소개한다.

집착하는 초기 단계에서는 어려움을 겪기 마련이다. 다음 장들에서는 이를 헤쳐 나갈 수 있는 지침을 알려준다. 4장 '짐승에게 먹이를 주라'에서는 집착에 계속 연료를 공급하는 것이 왜 중요한지 증명해 보인다. 5장 '의심을 굶겨 죽여라'에서는 반대자를 차단하고 비난자를 포용해야 하는 이유를 살펴본다. 6장에서는 당신의 과거, 생각, 돈, 전문 분야, 브랜드를 지배하기 위해 집착을 활용하는 모든 방법을 알려준다. 7장에서는 안전한 행동이 왜 가장 위험한지 설명하고, 큰 시련에 맞서 위험을 감수하는 법을 살펴본다. 이 원칙들이 당신을 성공의 길로 안내할 것이다.

이어서 당신의 집착이 자신뿐 아니라 주변 모든 사람에게 실제로 도움이 되는 실용적인 비즈니스 조언을 들려줄 것이다. 8장에서는 전 세계 세일즈맨이 열광하는 내 세일즈 지식을 알려준다. 당신이 세일즈의 중요성을 이해해 집착을 현실로 만들고 괴물급 마케터나 기획자, 세일즈맨이 되도록 돕는다. 9장에서는 고객 확보에 초점을 맞춘다. 고객에게 어떻게 무리한 약속을 하고 더 많은 것을 줄 수 있는지 살펴본다. 10장에서는 함께 일하는 사람, 특히 직원들에 대해 다룬다. 당신의 집착과 완벽한 조화를 이루는 직장 문화를 어떻게 조성할 수 있는지 알려준다. 11장에서는 진정한 리더가 되는 방법에 대해 조언한다. 내 식으로 말한다면 '통제광이 되어야 하는 이유와 방법'이다. 이것은 당신에게 꼭 필요한 조언이다. 그래야 집착을 유지할 뿐 아니라 발전시켜서 번창하고 수익성 높고 강력한 사업체를 만들 수 있다. 이런 사업체라야 완전히 새로운 판을 짜거나 기존의 산업 판도를 뒤흔들 수 있다.

마지막 2개 장에서는 시간이 흘러도 집착을 유지하는 법에 대해 다룬다. 12장에서는 끈기의 힘을 살펴본다. 이 힘 덕분에 당신의 집착은 점점 더 강력해지고 현재 상상할 수 있는 것 이상의 뭔가로 변한다. 13장에서는 세상을 바꾸도록 당신을 떠나보내기 전에 마지막 조언을 들려준다. 집착의 대상을 찾고, 집착하고, 집착을 유지하는 최종 팁과 기술을 알려준다.

집착으로 타이탄, 게임 체인저, 살아 있는 전설이 되라

꿈을 좇으라고 말하는 두루뭉술한 책들을 다들 읽어봤을 것이다. 그런 책들은 한순간 영감을 줄 수는 있을지언정 삶을 영원히 바꾸는 법은 알려주지 못한다. 이 책은 잔인할 만큼 솔직하다. 사회가 당신 주변에 단단하게 둘러놓은 평균(평범, 보통)이란 보호막을 갈가리 찢어버린다. 그리하여 당신이 집착의 힘을 발휘하게 만들고, 집착을 돌보고 길러 가장 강력한 꿈을 이루는 데 활용하도록 이끈다.

기업가든 사업주든 선구자든 자유사상가든 예술가든 운동선수든 발명가든 세일즈맨이든 크리에이티브든 엔지니어든 나는 당신이 안주하지 않고 성공을 좇는 사람임을 알고 있다. 이 책은 당신 안의 거대한 야망, 괴물 같은 야망이 멈추지 않도록, 멈출 수 없도록 독려하고 부추길 것이다. 한껏 가속 페달을 밟도록 연료를 공급하며 활활 불타오르게 할 것이다.

나는 집착의 법칙으로 당신이 브랜드를 구축하고 사업체를 일구도록 도울 것이다. 그리고 온갖 역경과 경쟁을 뚫고 엄청난 수준으로 성공하는 법을 보여줄 것이다. 집착이 전략, 가격, 타이밍, 경쟁, 직원보다 상위에 있는 성공의 절대 요소기 때문이다. 집착은 자신의 삶을 완벽하게 통제하면서 개인적으로, 정서적으로, 경제적으로 진정한 자유를 누리며 사는 길을 알려준다.

나처럼 당당하게 집착할 때 당신은 최고가 될 것이다. 초집중하고, 이해할 수 없는 수준으로 끈기를 발휘하고, 마법 같은 창조성을 선보이고, 반드시 승리하겠다는 불굴의 의지를 드러내라. 그러면 당신 안에 있는 위대한 재능만이 아니라 다른 사람에게서도 최상의 능력을 끌어낼 수 있다. 이런 수준의 집착은 당신이 이기적이거나 자기중심적이라는 뜻이 아니다. 드디어 당신이 해야 마땅한 수준으로 행동한다는 뜻이며, 주변 사람들의 잠재력과 가능성을 최대치로 끌어낸다는 뜻이다.

집착하는 사람은 산업의 주역이며 판을 뒤흔드는 사람이다. 타이탄이자 게임 체인저며 남들이 존경하고 본받으려는 살아 있는 전설이다. 그들은 세상을 그냥 흘러가게 두지 않고 살아갈 가치가 있는 곳으로 만든다.

당신과 전 세계 수백만 명의 사람이 이 책을 통해 강력한 동기부여를 받아 새로운 운동을 창조하도록 돕는 것, 이것이 내 목표다. 서로 집착을 받아들이고 부추기도록 허용하는 운동 말이다.

이 지구상의 모든 사람이 거리낌이나 후회, 미안함 없이 긍정적인 집착에 온전히 몰두한다고 상상해보라. 하룻밤 사이에 세상은 달라지고 더 멋진 곳이 될 것이다. 이처럼 모두가 생산 활동과 성공에 집중한다면 전쟁이나 마약 같은 쓸데없고 소모적인 파괴 행위를 할 시간이 어디 있겠는가. 우리는 더 훌륭한 일을 하고 더 나은 존재가 되도록 서로에게 영감을 불어넣을 것이다. 그리고 모두가 예전에는 불가능하다고 생각한 수준의 성공에 도달할 것이다.

올인하겠는가? 당신의 삶과 비즈니스를 스스로 책임질 준비가 되었는가? 당신의 미래와 세상을 바꿀 준비가 되었는가? 그렇다면 이제 시작하라.

집착이 나를 구했고
당신도 구할 것이다

내 집착의 뿌리

내가 어떻게 집착의 놀라운 힘을 배우고 성공하게 되었는지 알고 싶은가? 사실 나는 집착을 거부하다가 인생을 거의 망칠 뻔했다. 이 이야기를 먼저 소개해야겠다.

재미있는 이야기는 아니지만 내가 실제로 겪은 이야기다. 어쩌면 당신도 나와 비슷한 경험을 했을지 모르겠다.

내게는 나를 부자들의 세상으로 이끌어주거나 첫 부동산 거래를 위해 100만 달러를 빌려주거나 컨트리클럽에 나를 소개해 정계 인맥을 쌓게 도와주거나 사업 수완을 알려줄 아버지가 없었다.

내 부모님은 1900년대 초 이탈리아에서 미국으로 이주해 온

이민자의 자녀였다. 아버지의 형제들 가운데 대학에 다닌 사람은 아버지가 최초였다. 어머니와 함께 작은 식료품점을 운영하기 시작한 아버지는 아메리칸드림을 이룰 수 있다는 믿음과 기업가정신을 지닌 패기만만한 청년이었다.

아버지는 성공에 집착했다. 가족을 돌보는 일이 당신에게 가장 중요한 의무라고 생각했기 때문이다. 나는 아주 어렸을 때부터 아버지의 가장 중요한 사명이 가족 부양임을 알고 있었다. 가족에게 살 집과 먹고 입을 것을 마련해주고 자녀를 교육시키는 게 아버지 인생의 사명이었다.

내가 태어나기 몇 년 전 아버지는 야심 찬 계획을 세워 동업자 몇 명과 함께 생명 보험 회사를 설립했다. 당시 회사에 무슨 일이 있었는지 자세히는 모르겠지만 동업자들은 아버지를 회사에서 몰아냈다. 아버지는 어려운 상황에 처하게 되었다. 세 자녀를 둔 42살의 아버지가 직장을 잃은 것이다. 그 와중에 쌍둥이(나와 나의 쌍둥이 형제 게리)까지 태어났다. 아버지는 다시 일어서야 했다. 그래서 저축해둔 얼마 안 되는 돈으로 증권중개인 자격을 취득해 제2의 커리어를 시작하겠다고 결심했다.

근면함과 가족 부양에 대한 집착 덕분에 아버지의 새로운 모험은 성과를 거두기 시작했다. 아버지는 대형 세단인 링컨 타운카Lincoln Town Car를 새로 구입하고 매우 자랑스러워했다. 내 여덟 번째 생일이 지난 지 얼마 안 돼서 우리 가족은 1800평이 넘는 드넓은 대지가 호수를 끼고 펼쳐져 있는 새집으로 이사했다. 우리 집에는 낚시와 수상 스키를 즐길 수 있는 보트와 잔디 깎는 기계가 있었다. 이웃에는 당시 지역 사회에서 가장 성공한 의사들이 살고 있었다. 증권 회사에서 아버지가 열심히 일해 성공한 덕분에 우리 가족은 탄탄한 중산층으로 확고히 자리 잡았다. 나는 우리 가족이 어떻게 '성공'했는지에 대해 아버지와 어머니가 나누는 대화를 종종 들었다. 비록 어렸지만 나는 뭔가 특별한 일이 일어났다는 사실을 알았다.

호숫가 집에서 우리 가족이 함께한 내 유년 시절의 2년은 꿈 같은 나날이었다……. 하지만 그 시간은 오래가지 않았다. 꿈의 집을 구입한 지 1년 반 만에 아버지가 52살의 젊은 나이에 심장 질환으로 돌아가셨다.

어머니는 48살의 나이에 5명의 자녀를 둔 미망인이 되었다. 어머니에게 남은 건 약간의 생명 보험금과 계속 관리해야 하는 큰 집뿐이었다. 어머니에겐 직업 전선으로 뛰어들어 돈을 벌 수 있는 전문 기술이 없었다. 평생을 아내와 어머니 역할에 헌신하며 산 분이었다. 그래서 아버지가 남긴 돈을 아껴 쓰면서 다섯 자녀 모두 대학을 졸업할 때까지 살아갈 방법을 궁리해야 했다.

어머니에게 이는 매우 큰 도전이었다. 대학 교육을 받지 못했고 새로운 소득을 창출할 능력도 없었기 때문이다. 대공황을 경험하며 자란 어머니는 자녀들이 당신이 겪은 어려움을 겪게 하고 싶지 않았다. 그래서 얼마 안 되는 아버지의 유산으로 생계를 꾸려가는 일에 집착했다.

어머니에게는 모든 것이 미래의 비용이고 위협이었기에 신속하게 살림 규모를 줄이기 시작했다. 먼저 아버지의 꿈의 집을 즉시 부동산 시장에 내놓았다. 어쩔 수 없이 우리 가족은 도시의 좁은 부지가 딸린 작은 벽돌집으로 이사해야 했다. 똑같이 생긴 집들이 다닥다닥 붙어 있는 곳이었다. 호수는 사라졌다. 문만 열면 나가서 즐길 수 있던 모든 것이 사라졌다. 이제 더는 보트를 탈 수 없었다. 낚시나 게잡이, 사냥도 할 수 없었다. 내 가슴은 낙담으로 무너져 내렸다.

새로 이사한 집에는 슬픔이 가득했다. 우리 가족은 모두 아버지를 그리워했다. 그리움도 그리움이지만 어머니를 가장 짓누르는 감정은 두려움이었다. 나는 어머니의 두려움을 느낄 수 있었다. 내가 본 어머니는 언제나 두려워 움츠리고 있는 모습이었다. 내 또래 남자아이들은 아버지와 함께 밖에 나가 운동이나 사냥, 낚시를 했다. 하지만 나는 집에서 할인 쿠폰을 모으는 어머니를 지켜봐야 했다. 기본 생필품비를 비롯한 여러 비용이 늘 걱정이었다. 어머니는 돈을 쥐어짜며 생활했다. 어머니의 결핍 마인드셋이 우리 생활 전반에 스며들었다.

동시에 어머니는 내가 가진 모든 것에 감사해야 한다고 늘 이야기했다. 내가 운이 아주 좋은 사람이라고도 자주 말했다.

"너희 아버지가 우리를 중산층으로 만들어주지 않았니. 우린 대부분의 사람보다 가진 게 더 많단다." 어머니는 거듭 당부했다. "이 사실을 절대 당연하게 여겨선 안 돼."

나는 내가 가진 모든 것에 감사하려고 노력했다. 하지만 뜻대로 되지 않았다. 내게는 모든 것이 엉망진창처럼 보였다. 나는 10살이었고 아버지는 세상을 떠났다. 꿈의 집도 사라졌고 어머니는 두려움 속에서 하루하루 보내고 있었다. 그런데 감사해야 한다고? 뭐가 감사하단 말인가? 오히려 화가 치밀었다!

당시에는 몰랐지만 나중에 나를 성공으로 몰아붙인 원동력의 씨앗이 뿌려진 시기가 그때였다. 나는 어머니를 사랑하고 존경했다. 우리에게 머물 집과 옷, 음식을 마련해준 어머니에게 감사했다. 하지만 나는 어머니처럼 걱정을 달고 살고 싶지는 않았다. 16살에 나는 어머니에게 이렇게 맹세했다. "난 어른이 되면 부자가 될 거예요. 그럼 돈 때문에 걱정하는 일은 없을 거 아니에요. 그리고 부자가 되면 많은 사람을 도울 거예요. 이런 중산층 따위는 필요 없어요. 난 엄청난 부자가 될 거라고요."

이렇게 말하고 나서 금방 내가 버릇없고, 어머니 은혜도 모르고, 무례하고, 반항적이고, 건방지고, 불량한 10대처럼 굴었다는 생각이 들었다. 어머니는 자녀가 대들 때 부모들이 으레 짓는 표정을 지었다. 어머니는 황당하고 실망한 채 몹시 화를 냈다. 나는 무력감에 짓눌렸다. 당장 내가 할 수 있는 게 아무것도 없었기 때문이다.

나는 불쑥불쑥 폭발하는 일이 갈수록 잦아졌다. 그러면서 내가 한편으로는 옳고 한편으로는 틀렸다는 생각이 더욱 강해졌다. 물론 나는 가진 것에 감사해야 한다고 생각했다. 우리보다 더 적게 가진 사람들도 많으니까. 하지만 내 생각은 맞기도 했다. 어째서 누군가는 적은 돈으로 겨우겨우 살아가며 끊임없이 돈 걱정을 해야 한단 말인가? 어머니와 부딪히면서 치밀어오른 화가 어느 정도 진정되면 나는 어머니 은혜를 모르는 게 아니라고, 가진 것에 감사하지 않는 게 아니라고 설명하려고 노력했다. 그후 몇 년 동안 내 마음속에서, 다른 사람들과 대화에서 결핍과 돈에 관한 옳고 그름의 밀고 당기는 논쟁이 지속되었다.

내가 처지를 비관하며 폭발할 때마다 어머니는, 그리고 나중에 여자친구나 친구들은 언제나 똑같은 말을 했다. "그래도 우린 다른 사람들보다 훨씬 더 많이 가졌잖아." 그들의 이런 반응을 나는 전혀 이해할 수 없었다. 다른 사람이 얼마나 가졌든 그게 내 인생과 무슨 상관이란 말인가. 나보다 가진 게 더 많고 삶을 즐기는 사람들과 비교할 때마다 어머니와 여자친구, 친구들은 말했다. "다른 사람과 비교하지 마." 이런 태도는 승리와 거리가 멀었다.

"언제가 꼭 크게 성공하고 말 거야." 난 스스로에게 말하며 거듭해서 성공을 다짐했다. 하지만 이런 내 결심을 어머니에게는 더는 이야기하지 않았다. 그럴 때마다 어머니는 다가와 나를 안으며 이렇게 말했기 때문이다. "가진 것에 그냥 만족할 순 없겠니?" 거기서 끝나면 다행이었지만 그렇지 않았다. 항상 이 말을 되풀이했다. "돈이 떨어져 다음 끼니를 해결하는 게 막막할 때가 많았지만 어쨌든 너희 다섯을 잘 돌보며 키워내지 않았니?"

이런 대화는 하나의 사이클이 되었다. 어머니는 내 꿈과 목표를 단념시키려고 끊임없이 시도했다. 어머니의 논리를 이해해보려고 아무리 노력해봤자 납득할 수 없었다. 아버지는 정말 열심히 일했고 마침내 성공해 꿈에 그리던 집을 샀다. 그러고는 돌아가시고 말았다. 식료품점에 갈 때마다 돈이 바닥나지는 않을까 걱정하는 끔찍한 상황에 우리 가족을 내버려둔 채로. 이게 감사한 일일까? 천만에, 절대 사절이다.

돌이켜보면 세상이 실제로 어떻게 돌아가는지 그나마 알고 있던 사람은 나뿐이었다.

잘못된 것들에 집착하다

그 당시 나는 우리 가족의 형편을 나아지게 할 능력이 없었다. 나는 아직 어렸고 낙담해 있었다. 솔직히 말하면 무엇을 어떻게 해야 할지 몰랐다. 시간은 남아돌고 강력한 인생 멘토가 없는 상황에서 나는 빠르게 반항적인 10대가 되어갔다.

고등학교에 다닐 때 나는 문제아였다. 또 말이 많고 아주 독선적이었다. 학교에서 문제를 자주 일으켜 수업 중 쫓겨난 적이 한두 번이 아니었다. 게다가 학교 미식축구팀 선수들의 여자친구들과 어울려 다니다가 매주 학교에서 미식축구팀 애들과 싸움을 벌였다. 내가 어떤 말썽을 일으키고 다녔는지 가여운 어머니가 알았던 것은 아주 일부였다.

고등학교를 졸업할 무렵에는 술과 담배, 마약을 하는 나쁜 무리와 가깝게 어울렸다. 마약은 내 삶의 일상이 되었다. 16살에 대마초를 피우기 시작했고 19살에는 구할 수 있는 약물은 뭐든 사용했다. 마약을 팔뚝에 주입하는 것 말고는 다 해봤다. 날마다 나는 엄청난 약물 문제를 일으켰다.

아버지가 돌아가시기 전 어머니는 자녀를 모두 대학에 보내겠다고 약속했다. 그래서 어쩔 수 없이 나도 대학에 들어갔다. 의무감으로 대학에 가긴 갔지만 왜 가야 하는지 몰랐다. 대학에서 나는 5년이라는 긴 시간을 낭비했다. 수업에 집중하지 않아 강의실에 앉아 있어도 얻어 가는 게 거의 없었다. 그저 낙제를 안 할 정도로 학점을 유지했다. 그렇게 해서 써먹을 생각이 전혀 없는 회계학 학위를 받고 4만 달러의 학자금 대출 빚을 떠안은 채 졸업했다.

외모도 볼품없었다. 23살에 나는 마약 때문에 표준 체중에서 9킬로그램이 덜 나갔고 얼굴은 잿빛이었다. 집안에서는 골칫덩어리였다. 어렸을 때부터 부자가 될 거라고 선언했지만 내게는 능력도, 자존감도, 목적도 없었다. 자동차 판매점에서 세일즈맨으로 그럭저럭 일하긴 했지만 나는 그 일에서 장래성을 찾을 수 없었다.

그러던 어느 날 나는 느닷없이 쓰러졌다. 비행을 일삼는 사람들과 어울리고 잘못된 것에 집착한 결과 나는 거의 죽을 뻔했다. 세 든 아파트에서 갑자기 기절하면서 얼굴을 심하게 부딪쳐 많은 피를 흘렸다. 병원으로 옮겨진 나는 3일 동안 입원해 있었다. 머리와 얼굴을 75바늘이나 꿰맸다. 어머니조차 나를 알아보지 못했다. 지금도 양 눈과 입 주변에 흉터가 남아 있다.

나를 가장 사랑하고 믿는 사람들은 나를 어떻게 도와야 할지 몰랐다. 나를 돕는 방법, 맙소사, 나도 그 방법을 몰랐다. 집에서 쓰러져 죽을 뻔했던 사건도 나를 변화시키지 못했다. '오늘은 절대 마약을 하지 않겠어.' 날마다 이렇게 다짐했지만 잠시 후에는 두 번 다시 손대지 않겠다고 맹세한 마약을 하고 있었다.

그 후로 2년 동안 내 삶은 전혀 바뀌지 않았다. 매일 마약을 했다. 나는 내 삶을 증오했다. 내 직업, 자동차 산업, 동료들, 함께 어울리는 사람들, 살고 있는 아파트 모두가 싫었다. 나 자신도 미웠다. 유일하게 좋아했던 건 6년 동안 키운 63킬로그램 나가는 도베르만 카포였다. 그런데 언젠가부터 카포도 내 관심에서 사라지기 시작했다. 나는 나를 사랑하는 모두의 염려거리가 되었고 나를 믿고 싶어했던 많은 사람을 실망시켰다. 나는 경제적으로, 정서적으로, 영적으로, 신체적으로 무너지고 망가졌다.

스물다섯 번째 생일을 맞은 주말에 나는 월세 275달러짜리 허름한 아파트에서 멀지 않은 곳에 사는 어머니를 찾았다. 짐을 잔뜩 들고 어머니 집에 간 나는 신경안정제를 먹고 혀가 둔해진 탓에 어눌한 발음으로 말했다. 어머니는 몹시 화를 내며 기어코 내게 최후통첩을 날렸다. "정신 차리고 제대로 살기 전에는 이 근처에 얼씬도 하지 마."

나는 변해야 한다는 사실을 깨달았다. 그러지 않으면 내가 뭔가 해낼 수 있음을 나 자신이나 어머니에게 증명할 기회를 얻지 못하고 생을 마감할 터였다.

나는 자동차 판매점 사장님에게 마약을 끊으려면 도움이 필요하다고 말했다. 그러자 사장님은 스스로 노력해보라고 했다. 나는 처음으로 다른 누군가에게 나 혼자만의 노력으로는 마약을 끊을 수 없다고 인정했다. "스스로 마약을 끊을 수 있었다면 5년 전에 끊었겠죠."

며칠 후 나는 우리 가족의 친구인 어떤 사람 도움으로 재활 치료 시설에 들어갔다. 두려움과 희망이 교차했다.

29일이 지난 후 내 보험 약정이 끝나서 치료비가 더는 나오지 않자 치료 센터는 내가 떠나온 세상으로 나를 돌려보냈다. 치료받으면서 유익했던 단 한 가지가 있는데, 바로 마약 없이 29일을 버틸 수 있다는 사실을 알게 된 것이다.

퇴원하는 길에 나를 담당한 상담사가 마지막으로 한마디했다. "성공은 꿈도 꾸지 마세요. 당신은 문제가 많은 사람입니다. 당신에게는 중독 성향이 있어요. 절대 치료할 수 없는 병이죠. 당신에겐 당신의 병이나 인생에 대한 권한도, 통제권도 없습니다. 당신이 마약에 다시 손대지 않을 가능성은 '제로'에 가깝습니다. 두 번 다시 마약을 하지 않는다면 아마 그게 당신 인생의 최대 성공일 거예요. 다른 데 초점을 맞춰도 실패하고 말 겁니다. 돈이나 명성, 성공 같은 거창한 생각은 전부 버리는 게 나을 겁니다."

이야, 이보다 더 동기부여가 되는 메시지가 또 있을까.

나는 큰 결단을 내려 도움을 받기 위해 치료 센터로 갔다. 그곳에서 마약과 단절된 생활은 할 수 있었지만 내 중독성이 치료되거나 애초에 마약에 빠진 이유를 찾아내지는 못했다. 나는 치료 센터에 들어갔을 때와 똑같이 망가진 상태로 그곳을 나왔다. 오히려 마약 기운이 사라져 정신이 맑아졌기에 내 삶과 능력에 대한 불확실성이 더 커졌다. 이것이 사람들이 말하는 '회복'이라는 걸까? 나는 회복되지 않았다. 그리고 내가 얼마나 나약한지 처음으로 절실히 깨달았다.

치료 센터 문을 나서면서 나는 두 번 다시는 마약에 손대지 않겠다고 스스로 맹세했다. 그리고 상담사가 내 파멸의 원흉이 될 거라고 주장한 '중독 성향'을 내 인생을 다시 일으켜 세우는 일에 활용하겠다고 결심했다.

좋은 것을 향한 집착에 다시 불을 붙이다

유일한 말벗인 개를 데리고 작고 더러운 집으로 돌아왔다. 그리고 종이 한 장을 가지고 식탁 앞에 앉았다.

중독 치료 과정에서는 중독자에게 많은 글을 쓰게 한다. 하지만 그 글들은 전부 과거나 자신의 결함, 나쁜 경험에 관한 내용이다. '더는 그렇게 해선 안 돼'라고 생각했다. 내게 필요한 건 미래를 바라보는 일이었다. 나는 과거의 나에게 집중하기를 그만두고 내가 가고자 하는 곳을 바라보기 시작해야 했다.

내 인생에서 이루고 싶은 일을 종이에 적어나가기 시작했다. 가족에게 자랑스러운 존재가 되고 싶었다. 내게 자부심을 갖고 싶었다. 상담사가 한 말이 틀렸음을 반드시 증명하고 싶었다. 내가 일으킨 모든 문제를 깨끗이 청산하고 사회에서 존경받는 사람이 되고 싶다고 적었다. 내가 가치 있는 존재라는 사실을 세상에 보여주고 싶었다. 예전에 어머니에게 선언했던 대로 성공해서 부자가 되어 존경받는 사업가가 되고 싶었고 다른 사람을 돕고 싶었다. 마음의 문을 열고 새로운 삶에 대해 적기 시작하자 이루고 싶은 온갖 일들이 줄줄이 쏟아져나왔다. 나는 계속 적었다. 언젠가는 책을 쓰겠다는 열망과 괴물급 세일즈맨이 되겠다는 목표를 적었다. 남편과 아버지가 되겠다는 포부를 적었다.

내가 형편없이 망가지기 전 16살에 어머니에게 했던 말이 기억났다. "어른이 되면 부자가 될 거예요. 그럼 돈 때문에 걱정하는 일은 없을 거 아니에요. 그리고 부자가 되면 많은 사람을 도울 거예요."

그 순간 나는 왜 마약이 내게 문제가 되었는지를 깨달았다. 마약에 집착했기 때문이 아니었다. 바로 어렸을 때부터 집착했던 목표, 특히 성공에 대한 집착을 포기했기 때문이었다.

"당신이 저항하는 일은 지속될 것이다"라는 격언을 들어봤는가? 위대함에 대한 나의 사명을 거부하고 성공을 향한 집착을 억누른 탓에 내 에너지가 파괴적인 행동에 집중되었던 것이다. 그날 밤 나는 성공하고 다른 사람도 돕겠다는 내 열망과 다시는 싸우지 않겠다고 결심했다.

성공의 길로 되돌아가는 첫 번째 단계는 나 자신을 돕는 일이었다. 내 삶을 정상적으로 돌려놓기 전에는 다른 사람을 도울 수 없었다. 다른 사람이 나를 믿고 신뢰하게 하려면 먼저 나의 자존감을 다시 키워야 했다. 그런데 어디에서 시작해야 할까? 내게는 친구가 없었다. 예전 여자친구도 마약중독자였는데 이제는 마약상과 아예 같이 살고 있다. 내 손에 쥔 패라고는 자동차 판매점 일뿐이었다.

그 일이 싫었다. 하지만 자동차 판매에 내 모든 에너지를 쏟아부어 세일즈를 성공의 출발점으로 활용해야겠다고 결심했다. 나는 세일즈와 자동차 산업에 대한 모든 걸 하나도 빼놓지 않고 배우는 데 전념했다. 그리고 자유 시간이 생기면 마약의 실체와 마약의 파괴적인 힘에 대해 사람들에게 알렸다. 내 집착 에너지를 모조리 끌어모아 내가 원하는 방향으로 삶을 재설계하겠다고 결심했다.

몇 년 만에 처음으로 맑은 정신과 충만한 영감을 느끼며 새로운 삶의 선언문을 작성한 후 잠자리에 들었다.

다음 날 아침, 출근 시간보다 1시간 일찍 출근했다. 남들이 나를 어떻게 생각할지 신경 쓰였다. 두렵고 떨렸다. 자신감이 부족했고 어디서 어떻게 시작해야 할지 몰랐다. 그런데 사장님이 나를 두 팔 벌려 환영해주었다. 정말 기뻤다. 나중에 나는 사장님이 내 삶을 구한 거나 마찬가지라는 사실을 깨달았다. 내 삶을 다시 일으켜 세울 자리를 제공해주었으니까.

다시 출근한 첫날은 여러모로 서툴렀지만 좋았다. 그리고 실적도 올랐다. 다른 직원들은 다 퇴근했는데 나는 직장에 남아 있었다. 어쩌면 집에 가는 게 두려워서 그랬을지 모른다. 자유 시간은 내게 위험했다. 지루함을 느끼거나 열심히 해야 할 일이 없으면 과거 습관으로 되돌아갈 위험이 있었기 때문이다.

6개월이 지났다. 나는 여전히 마약에 손을 대지 않았다. 마약을 끊고 삶을 다시 일으켜 세우고 성공을 이루겠다는 새로운 삶의 선언문과 집착이 효과를 발휘하고 있었다. 나는 자동차 판매점에서 판매왕이 되었다. 그 매장에서 몇 년 동안 일한 직원들의 실적을 능가했다. 주변 사람들은 내가 어떻게 그런 실적을 올렸는지 의아해하며 내 '비결'을 궁금하게 여겼다. 그들은 마약을 끊은 게 비결이라고 생각했다.

틀렸다! 물론 마약을 하면서는 그런 실적을 올릴 수 없다. 하지만 단순히 마약을 안 한 게 비결은 아니다. 중독 치료를 끝내고 마약을 끊어도 성공적인 커리어를 쌓지 못하는 사람이 많다. '비결'은 따로 있었다. 끔찍한 습관에 집착하는 대신 아이였을 때 가졌던 천진함과 에너지를 그대로 되살려 다시 성공에 집착한 것, 이것이 비결이었다. 나는 성공에 대한 집착을 거부하지 않고 온전히 받아들였다.

나는 인생이 어떻게 펼쳐질 수 있는지 맛보기 시작했다. 처음으로 돈을 벌었고 번 돈을 다 저축했다. 가장 중요한 건 몇 년 만에 처음으로 나에 대해 기분 좋은 감정을 느낀 것이다. 자존감이 회복되면서 내 스타일과 나에 대한 믿음을 되찾고 있었다. 꿈꾸는 성공을 이루기까지는 오래 걸리겠지만 마침내 나는 올바른 길로 향하고 있었다.

처음으로 나는 하겠다고 마음먹은 일들을 하고 있었다. 작은 아파트에서 아침에 일어나면 먼저 개에게 먹이를 주고 그다음 샤워하고 아침 식사를 하면서 세일즈 트레이닝 동영상을 시청했다. 최고 중 최고가 되겠다는 집념으로 출근길에 운전하면서 자기계발과 세일즈 트레이닝 오디오를 들었다. 처음 1년 동안 세일즈맨으로서 내 역량을 개발하는 데 아마 700시간을 썼을 것이다. 다른 사람보다 1시간 먼저 출근하고 밤 10시가 넘어 퇴근하는 날이 많았다. 직장에서 일하지 않는 시간에는 마약중독자들을 돕기 위해 노력했다.

한 달 한 달이 지날수록 나는 전달의 나보다 더 나아졌다. 영업 실적을 더 많이 올렸고, 더 많은 돈을 벌었고, 자존감이 점점 커졌다. 한 달 한 달 나는 과거의 나에게서 점점 멀어져갔다.

이런 시간이 쌓여 수년이 흘렀고 28살이 되었을 무렵 나는 더는 마약 문제를 겪는 문제아가 아니었다. 나는 자동차 업계의 세일즈맨 중 상위 1퍼센트 안에 드는 뛰어난 세일즈 전문가가 되었다. 그리고 더욱 원대한 생각을 하기 시작했다. 수백만 명을 대상으로 세일즈를 교육하고 세일즈맨을 돕기 위한 책을 쓰고 프로그램을 개발하는 세계적인 세일즈 전문가로 알려진 사람들을 매일 연구하면서 나도 언젠가는 그런 사람들처럼 세일즈의 전설이 되겠다는 웅대한 생각을 품었다.

나는 치료 기관을 나설 때 상담사가 한 말과 정반대되는 행동을 하며 새로운 집착에 완전히 빠져들고 있었다. 내 집착에 몰두했으며 결실을 맺기 시작했다. 어렸을 때 품었던 꿈과 일치하는 미래를 창조하고 있었다.

성공은 내게 새로운 마약이 되었다. 마침내 나는 집착 성향을 내게 해로운 방향이 아니라 유익한 방향으로 만드는 법을 알아냈다. 마인드셋의 대전환이었다.

그런데 나를 믿고 매일 나와 함께 일하는 사람들은 내 새로운 철학에 부정적인 반응을 보였다. 어이가 없고 화가 났다. 한 친구는 나를 붙들고 이런 말까지 했다. "너 한 가지 중독에서 빠져나오더니 다른 중독에 빠졌구나." 내게서 삶을 앗아간 중독과 성공을 향한 집념을 같은 선상에 놓고 비교한다는 사실이 믿기지 않았다.

이런 반응을 보인 사람은 그 친구만이 아니었다. 많은 사람이 나를 염려했다. 그들은 내가 마약을 하지 않는 데 안심했다. 하지만 마약중독에서 벗어나는 것만으로는 내게 충분하지 않다는 사실은 이해하지 못했다. 동료들은 말했다. "일이 인생의 전부는 아니야." 자동차 판매점 사장님도 거들었다. "자네 긴장을 좀 풀어야 할 것 같아. 휴가 좀 다녀와." 가족은 내가 기진맥진해서 증상이 재발할까봐 걱정했다.

미안하지만 그런 일은 없다. 나는 이미 아주 깊은 바닥까지 내려가봤다. 그리고 그곳으로 다시는 돌아가지 않았다. 삶이 깊은 바닥을 쳤다는 건 앞으로 올라갈 일만 남았다는 뜻이다. 나는 최대한 높이 올라가고 싶었다. 그렇게 깊은 바닥을 치고도 살아남을 수 있었다면 그 반대 방향으로는 얼마나 높이 올라갈 수 있을까.

내 집착이 다른 사람들을 얼마나 불편하게 만들었든 내가 새로운 삶을 살 수 있게 해준 건 성공에 대한 집착이었다. 나는 집착의 힘과 가능성을 제대로 이해하기 시작했다.

집착은 재능이다

살아오면서 성공에 대한 집착이 내게 문제를 일으킨 적은 한 번도 없었다. 오히려 집착을 부정할 때 문제가 생겼다. 위대한 일을 하겠다는 생각과 꿈을 억누르자 마약에 집착했다. 놀라운 삶을 만들겠다는 열망을 부정할 때마다 일탈 행동을 하고 싶은 유혹에 휩싸였다.

집착을 통제하는 법, 집착에 초점을 맞추는 법을 배워야 한다. 그러면 당신은 누구도 막을 수 없는 강력한 사람이 되어 꿈꾸는 모든 것을 현실로 만들 수 있다. 당신이 마땅히 누려야 할 삶을 만들 수 있으며 노이로제와 파괴적인 행동(내가 이 책에서 장려하는 집착 행동과 혼동할 수 있지만 분명히 두 행동은 다르다)에서 벗어날 수 있다.

집착 성향과 더는 싸우지 않고 오히려 더 발전시키기 시작하자 내 삶의 모든 것이 달라졌다. 마약을 끊고, 핑계 대기를 그만두고, 성공을 향한 집착과 꿈을 더는 억누르지 않으니 내 모든 에너지가 새로운 활력을 얻었다. 나는 집착 성향을 지닌 사람들이 엄청난 성공을 거둔 사례를 연구하기 시작했다. 그리고 보통의 삶과 평범한 결과, 적당한 돈 등 온갖 평균 수준에 만족하는 사람들, 보통 수준을 지키는 것 말고는 어느 것에도 집착하지 않은 사람들에게는 더는 조언을 구하지 않았다. 그때부터 나는 제대로 된 인생을 살기 시작했다.

나는 사라지지 않는 부와 명성을 쌓겠다는 즐거운 상상과 내가 이 행성을 떠난 뒤에도 오래도록 빛날 유산을 남기겠다는 열망에 집착했다. 이런 내 모습을 받아들이기 시작하자 세상이 다르게 보였다. 하룻밤 사이에 나는 더 젊어진 것 같았고 창조성이 끝없이 펼쳐지는 것 같았다. 내 안에 있던 천재성이 깨어나 나와 비슷한 사람들을 더 많이 끌어당기기 시작했다. 전에는 한 번도 내 앞에 나타나지 않던 기회가 스스로 모습을 드러내기 시작했다.

집착 자체는 어떤 결점이나 성격 결함이 아니다. 집착은 재능이다! 다음에 누가 집착을 병이나 문제, 일탈 행위라는 식으로 치부하면 이렇게 말하라. "전혀 힘들지 않아. 집착은 내 재능이야."

다음에 누가 집착을
병이나 문제, 일탈 행위라는
식으로 치부하면 이렇게
말하라. "전혀 힘들지 않아.
집착은 내 재능이야."

#BeObsessed @GrantCardone

집착은 당신이 꿈꾸고 마땅히 누려야 하는 삶을 이루기 위한 가장 소중한 도구다.

안타깝게도 대부분의 사람은 자신이 진정으로 집착해야 할 대상을 결코 알아내지 못한다. 왜일까? 집착을 버리라고 배워왔기 때문이다. 당신은 그러지 마라. 집착할 대상을 찾아라. 그것이 무엇인가는 지금 당장은 중요하지 않다. 뭔가를 향한 욕구, 충동, 집착이 있다면 그것을 언제든 다른 방향으로 돌릴 수 있기 때문이다.

어쩌면 당신은 판타지 풋볼 게임에 집착해 거기에 너무 많은 시간을 쓸지 모른다. 상관없다. 또는 어떤 파괴적인 관계에 집착할 수도 있다. 괜찮다. 이런 집착은 당신이 다른 것에도 집착할 수 있다는 증거다. 인터넷 퍼즐 게임이나 포커, 길거리에서 노인들과 두는 체스 등이 집착의 대상일 수 있다. 삶에서 위대함이라고는 조금도 만들어내지 않는 일들에 집착하더라도 지금은 중요하지 않다. 지금 가장 중요한 건 당신에게 집착할 능력이 있다는 사실을 깨닫는 것이다.

뭔가에 집착한다는 것은 위대한 일을 할 힘이 있다는 뜻이다. 집착은 평균을 추구하는 문화(이에 대해서는 다음 장에서 자세히 다룬다)에서 당신을 구해준다. 이제 당신은 이 집착이란 괴물을 다스려 그 에너지가 긍정적이고 건설적인 쪽으로 향하도록 바꾸기만 하면 된다. 집착을 억누르거나 줄이지 말고 활용하라. 집착의 방향을 바꾸어라.

한계는 없다

이 책을 읽는 당신은 마약에 단 하루도, 단 10달러도 낭비하지 않았기를 바란다. 10살에 아버지를 잃지 않았기를 바란다. 집착의 힘을 활용하기 위해 굳이 그런 끔찍한 경험을 할 필요는 없으니까.

인생에서 원하는 것을 얻으려면 꿈을 위해 자기 전부를 던질 수 있어야 한다. 당신이 성공에 집착하고 있다는 사실을 사람들에게 분명히 밝혀라. 사람들은 당신이 지금 있는 자리에 머무르고, 작은 것에 만족하고, 평범한 삶을 살기를 바란다. 그러니 그들에게 확실히 말하라. 지원은 필요하지만 그런 기대는 절대 충족시켜주지 못하겠다고.

스스로에게 이렇게 물어라. "나는 어디까지 높이 오를 수 있는가?" "얼마나 더 큰 일을 할 수 있는가?" 가장 중요한 질문은 이것이다. "내가 온전히 집착하고 싶은 대상, 성공으로 이끌어줄 대상은 무엇인가?"

집착은 교육이나 가진 돈, 심지어 능력과도 상관없다. 물론 나중에는 필요하지만 먼저 집착하지 않으면 그런 것들은 다 소용없다. 중요한 것은 산 같은 장애물에도 불구하고 목표에 눈을 계속 고정하고자 하는 열망과 의지다.

집착은 내 삶을 구했다. 내 인생을 바꿔놓았고, 내게 지금과 같은 억만장자의 삶을 안겨주었다.

그러니 집착하라. 당신도 틀림없이 이렇게 될 수 있다.

집착만이 당신의
유일한 선택지다

성공에 대한 책임은 오직 당신에게 있다

당신이 이 책을 골랐다는 건 원대한 생각과 큰 꿈을 품고 있다는 뜻이다. 당신은 엄청난 성공을 꿈꾸는 사람이다.

어쩌면 당신은 극도의 좌절감을 느끼고 있을지 모른다. 당신은 자신이 더 잘할 수 있음을, 더 큰 일을 할 수 있음을 안다. 다른 사람이 탁월한 업적을 이루는 것을 볼 때마다 '나는 왜 저렇게 못 하지?' 의문스러울지 모른다. 성공한 사람들이라고 해서 꼭 당신보다 똑똑한 건 아니다. 당신보다 열심히 일하지 않을 수도 있다. 그런데 어째서 그들은 성공하고 당신은 그렇지 못한가? 예컨대 당신이 지금 백만장자라도 앞으로 억만장자가 될 수 있다. 또는 지금은 그럭저럭 작품이 팔리는 예술가지만 장차 세계

당신은 더 큰 일을
할 수 있다고 생각하는가?
훌륭한 태도다.
이룬 성공에
만족하지 못하는가?
완벽한 태도다!

적인 명성을 누리는 거장 반열에 올라설 수 있다. 이처럼 위대해
지고 싶은 간절한 열망이 있다면, 원대한 꿈과 재능이 있다면(나
는 당신이 그러리라 믿는다) 좌절감이 들 수밖에 없다.

　어떤 일을 잘하지 못한다는 느낌이 드는가? 괜찮다. 끊임없
이 더 나은 방법이나 더 뛰어난 아이디어를 생각하느라 잠 못 드
는 밤이 이어지는가? 그래도 괜찮다. 당신은 더 큰 일을 할 수 있
는데 사람들이 이미 잘하고 있다고 말하는 게 싫은가? 훌륭한
태도다! 당신이 이룬 성공에 전혀 만족이 안 되는가? 완벽한 태
도다! 이런 불안감은 모두 당신이 집착한다는 신호다.

당신은 다음 3가지 범주 중 하나에 포함될 것이다.

*   당신은 원대한 꿈을 좇는 일을 그만두었다. 사회가 당신 계획
    은 이루어질 가능성이 너무 낮고 너무 무모하다고 말한 탓이
    다. 그 결과 오랫동안 품어왔던 내면의 메시지와 믿음을 억누르
    면서, 집착이 건강하지 않은 성향이라는 생각을 받아들였다.
    아마 당신은 창조적인 생각을 하기보다 틀에 박힌 생각에 머물
    도록 길들여졌을 것이다. 그래서 위대함이라는 꿈을 포기하고
    출퇴근에 2시간이 걸리는 작은 집과 퇴직 연금에 만족한다. 뜬
    눈으로 밤을 새우게 만들던 사업 아이디어는 어느새 사라지고
    소파에 앉아 TV를 보며 주말을 보낸다. 당신이 게을러서가 아
    니다. 집착은 건강한 성향이 아니며 당신의 꿈은 이루어질 수
    없다고 친구들과 가족이 너무 자주 말했기 때문이다. 그리고
    당신은 그들의 생각을 받아들였다.

*   당신은 성공에 대한 명확한 비전은 갖고 있으나 폭발적인 성공
    을 위한 확실한 연료 공급이 부족한 상황이다. 궤도에는 올라
    섰지만 위대한 승자가 될 정도로 빠르게 또는 제대로 하고 있지
    못할 수 있다. 당신은 꿈을 현실로 만들려면 희박한 가능성에라
    도 광적으로 집착해야 한다는 사실을 분명히 알고 있다. 당신
    몸을 구성하는 80억 개의 세포는 모두 성공이라는 생각에 사로
    잡혀 있다. 지금 당신은 성공을 실현할 방법을 알아내야 한다.

＊ 당신은 집착광이 되어도 괜찮다고 말하는 사람을 이번에 처음 봤을 것이다. 아마 당신은 마음 한구석에서는 집착이 나쁜 건 아니라고 생각하지만 아직 뭔가에 집착하며 살고 있지는 않을 것이다. 당신이 이 책을 고른 건 제목이 과거에 포기한 것을 떠올려주었기 때문이다. 이 책 제목을 통해 당신 안에서 다시 깨어나기를 바라는 강력한 힘으로부터 당신이 얼마나 멀어져 있는지 깨달았다. 아마 당신은 집착만이 유일한 선택지라는 사실은커녕 선택할 수 있는 특성이라는 것조차 몰랐을 것이다.

이 책을 선택한 당신의 배경이 어떻든 당신은 자신보다 똑똑하지 않은 사람들이 시장에 아이디어를 내놓고 백만장자나 억만장자가 되는 것을 분명히 지켜보았다.

그것으로 충분하다.

집착하는 사람은 자신의 성공에 대한 책임은 오직 자신에게 있다는 사실을 받아들인다. 작은 것에 만족하는 것도 오직 당신에게 달렸다. 작은 것에 만족하다가 실패하게 되면 사람들은 당신에게 동정심을 느껴서 기대 울 어깨를 내어줄지 모른다. 하지만 실패한 당신을 돕기 위해 온 마음을 쏟거나 자금을 지원해줄 사람은 아무도 없다.

이 행성에서는 수십억 명의 사람이 자기 잠재력을 다 펼치지 못한다는 것을 알고 있다. 그래서 정서적 혼란에 휩싸여 하루하루를 살아간다. 절대다수의 사람이 이렇게 살아가는데 어느 누가 당신을 안타깝게 여기겠는가. 그 누구도 당신을 돕지 않을 것이다.

다른 사람들에게 영감을 주고 이 행성을 더 나은 곳으로 만들 만큼 큰 성공을 거두는 '유일한' 방법이 집착이다. 도움이 필요한 사람 모두를 지원하고 도움을 줄 충분한 역량을 키우려면 집착이 필요하다. 어느 정도 성공을 거둔 뒤 나는 빈스 삼촌에게 훨씬 더 큰 일을 하고 싶다고 이야기하곤 했다. 그러면 삼촌은 이렇게 말했다. "할 수 있다면 꼭 하거라."

모든 걸 원해도 괜찮다

이 세상에는 성공을 다루는 책이 수천 권은 있다. 하지만 그런 책 중에 내가 말하는 성공을 다루는 책은 거의 없다. 성공은 그저 안정된 직장이나 동료들의 존경, 금전적으로 여유로운 은퇴 생활이 아니다. 나는 항상 '어마어마한' 성공을 원했고 지금도 여전히 원한다.

내게 성공이 한 가지였던 적은 없다. 내 성공은 하나의 성취, 하나의 꿈, 하나의 목적, 하나의 목표에서 끝나지 않았다. 나는 늘 많은 것을 원했다. 오래전 내가 사귀었던 한 여성은 이런 말을 자주 했다. "당신은 늘 두 마리 토끼를 다 잡으려고 해." 나는 이렇게 답했다. "다 잡을 수 있는데 왜 안 잡겠어?" 언제나 나는 단 하나가 아니라 많은 것을 원했다.

내게 성공은 많은 영역에서 위대해지는 것이다. 당신에게도 그럴 것이다. 나는 단순히 부자가 되는 것에 만족하지 않는다. 건강, 부, 가정, 사랑, 여가, 영성, 공동체 등 모든 것을 원한다. 그리고 이 모두를 즐길 시간도 원한다. 무지개를 얻을 수 있는데 왜 한 가지 색에 만족하는가?

잠재력을 온전히 발휘하는 것, 이것이 내 성공의 정의다. 살아오면서 나는 내 잠재력이 어느 정도인지 매번 새롭게 알게 되었다. 25살에는 내 잠재력이 하루 정도 마약을 하지 않는 수준이라고 생각했다. 1년 후에는 4만 달러의 빚을 갚고 6만 달러의 연봉을 얻는 일에 초점을 맞췄다. 29살에 사업을 처음 시작했을

무지개를 얻을 수 있는데
왜 한 가지 색에 만족하는가?

#BeObsessed @GrantCardone

때는 자동차 세일즈 일로 벌었던 액수인 연간 10만 달러의 매출을 올리는 것이 목표였다. 돌이켜보면 이 모든 성취가 내 잠재력에 미치지 못하는 일이었다.

나는 지난 30년 동안 강연료를 받으며 수천 건의 강연을 하고, 상을 받고, 책을 내고, TV에 출연했다. 스스로 노력하고 새로운 경험을 쌓으면서 내 잠재력은 계속 커지고 있다. 예컨대 마침내 내가 평생 사랑할 동반자를 찾았을 때는 다른 사람을 사랑하고 놀라운 파트너십을 창조할 수 있는 잠재력이 내게 있음을 발견했다. 자녀가 생겼을 때는 아이를 위해 시간을 내고 아이를 사랑하고 돌보고 보호할 수 있는 아버지가 될 잠재력이 내게 있음을 깨달았다.

당신이 무엇을 할 수 있는지 그 능력을 계속 찾아내라. 그러면 시간이 흐르면서 잠재력이 점점 커져 스스로 모습을 드러낸다. 나는 내 잠재력을 늘 과소평가했다. 지금도 내가 생각하는 잠재력보다 더 큰 잠재력이 있기를 바란다. 나는 할 수 있다고 생각한 수준의 100배 이상을 이미 달성했다. 하지만 아직 잠재력을 온전히 발휘하지 않았다는 사실을 알고 있다. 그리고 잠재력의 최대치가 어디까지일지 알아내는 데 집착하고 있다. 어떤 사람은 인생은 목적지가 아니라 여정이라고 말한다. 이 말에 동의하지 않는다. 나는 목적지를 사랑한다. 목적지에 도달해보면 내 잠재력에 대해 새로운 사실을 배우게 되기 때문이다.

마음속으로 간직해온 생각이 있다. 믿을 수 없는 일들을 해 낼 능력이 내게 있다는 믿음이다. 밑바닥 삶을 살 때조차 내 잠재력은 그동안 이룬 성취보다 더 크다고 생각했다. 지금도 나는 더 많은 일을 할 수 있다고 생각하며 동시에 그렇게 하고 싶은 강박적인 충동을 느낀다. 솔직히 말해 나는 과거의 성공은 별로 기억하지 않는다. 나는 언제나 앞으로 성취할 수 있는 일에 집중한다.

어떤 사람은 만족스러운 삶을 살고 있다고 말한다. 나는 그말을 믿지 않는다. "나는 꿈꾸던 삶을 살고 있어"라고 말하는 사람이 있다. 정말 그럴까? 나는 그런 말을 싫어한다. 꿈을 현실로 만드는 사람들은 자신이 충분히 많은 일을 해냈다거나 원하던일을 다 성취했다고 생각하지 않는다. 그들은 다음 단계에 집착한다. 만족한다고 생각하는 사람은 뭘 모르는 사람이거나 지극히 위험한 사람이다. 당신에게 더는 노력하지 말고 자기처럼 '만족'하라고 설득하려들기 때문이다.

다른 사람에게 휘둘리고, 성공에 대한 비전을 타협하고, 능력에 미치지 못하는 성과에 만족하고, 이만하면 충분하니 다 가지려고 하지 말고 작은 것에 만족하라고 스스로 정당화할 때마다 나는 불행해졌다. 짜증 나고 지겹고 불만족스럽고 우울하고 심지어 화가 났다.

내가 가장 행복한 순간은 잠재력을 최대한 발휘하려고 노력할 때다. 엄청난 거래를 성사시키고, 어려운 문제를 해결하고, 거물들과 인맥을 쌓고, 가능성에 의구심을 품었던 일을 해내면 어느 때보다 행복하다. 그럴 때 나는 더 자상한 아버지, 사려 깊은 남편, 다정한 친구, 믿을 수 있는 사장, 유능한 사회 일꾼이 된다. 더 나은 내가 되는 것이다.

지난 몇 년 동안 "인생은 그냥 사는 것이다" "성공이 전부가 아니다" 같은 쓸데없는 말들이 유행했다. "더 많이 원하라" "모든 것을 가져라" "잠재력을 끝까지 발휘하라"라고 말하는 나는 외톨이처럼 느껴졌다. 많은 사람이 내가 탐욕스럽고 이기적이며 자기중심적이고 만족할 줄 모른다며 심하게 비난했다.

대부분 사실이다. 나는 탐욕스럽고 이기적이며 자기중심적이고 만족할 줄 모르는 사람일 수 있다. 그렇기에 나는 내 가족, 내 꿈, 내 교회, 내 공동체를 잘 돌볼 수 있다.

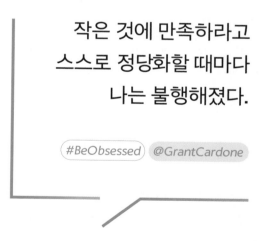

작은 것에 만족하라고
스스로 정당화할 때마다
나는 불행해졌다.

#BeObsessed @GrantCardone

당신이 이 책을 선택했으므로 당신에 대해 이렇게 가정하겠다. 모든 걸 원하는 것이 헛된 꿈이라는 소리를 듣더라도 당신은 그 꿈을 이루고 싶다. 또 내가 당신 안에 있는 집착광을 깨워 영감을 불어넣어주기를 바란다. 확실히 하기 위해 다음 질문 중 몇 가지에 "예"라고 답할 수 있는지 확인해보라.

* 불가능한 일을 하고 싶다는 생각을 품는가? 또는 그런 생각을 사람들에게 말하는가?

* 온 세상의 이목을 사로잡는 업적을 이루겠다는 꿈을 꾸는가?

* 누구나 아는 사람이 되는 것이 어떨지 생각해본 적 있는가? 또는 유명해진다는 것이 어떤 느낌일지 궁금한가?

* 당신의 이름이 세상을 더 나은 곳으로 바꾼 혁신의 대명사가 되기를 바라는가?

* 붐비는 곳에 가면 사람들이 모두 당신의 이름을 알기를 바라는가?

* 자가용 비행기를 소유하고 타고 다니는 느낌이 어떨지 상상해본 적 있는가?

자, 어서 인정하라. 당신은 모든 걸 원하고 있다. 그리고 마땅히 그 모두를 누릴 자격이 있다. 당신은 더 많은 성취를 이룰 수 있다. 어마어마한 성공을 누릴 자격이 있다. 이 성공은 너무 엄청나서 무너지거나 사라지거나 줄어들거나 빼앗기지 않을 것이다.

잠재력을 다 펼치기보다 작은 것에 만족해야 한다고 말하는 사람들이 있다. 그들은 작은 것에 만족하려는 자신의 결정을 합리화하려고 애쓰기 때문에 그렇게 말한다. 솔직히 말하면 그들은 포기하는 거지 만족하는 게 아니다. 잠재력을 제대로 발휘해보지 못한 그저 그런 자신을 정당화하려고 애쓰는 것이다. 여기에 예외는 없다. 탁월한 성공을 거둔 사람은 다른 사람에게 적게 일하라거나 작은 것에 안주하며 만족하라는 말을 하는 법이 없다. 실제로 큰 성공을 거둔 사람은 누군가의 꿈을 헛된 몽상이라고 말하지 않으며 더 많은 행동을 하라고 늘 응원한다.

대비하라. 어떤 일에 집착하기 시작하면 당신에게 현실 감각이 떨어지는 사람, 괴짜, 별난 사람이라는 꼬리표가 달린다. 하지만 기억하라. 당신에게는 아무 문제가 없다는 사실을. 진짜 문제는 우리가 사는 이 세상이다.

평균이란 전염병을 끝장내라

내 메시지가 매우 충격적으로 들릴 수 있는 이유 중 하나는 우리가 평균이란 전염병을 앓고 있는 탓일 것이다.

집착하기 시작하면
당신에겐 현실 감각이
떨어지는 사람,
괴짜, 별난 사람이라는
꼬리표가 달린다.

#BeObsessed @GrantCardone

점점 위태로워지는 중산층에 속한 많은 사람이 그럭저럭 살아가는 데 집중한다. 번영하고 번창하고 진정한 성공으로 도약하는 데 필요한 일을 하지 않는다. 중산층은 누구에게도 진정한 자유를 주지 못하며 두려움과 끝없는 걱정에 휩싸인 삶을 살게 한다. 평균이란 전염병이 얼마나 널리 만연해 있는지 이해하기 위해 다음 항목을 살펴보자.

* 뱅크레이트닷컴Bankrate.com의 연구에 따르면 미국인 62~76퍼센트가 근근이 살아간다. 그중 많은 사람이 한때는 안정되고 믿을 만한 중산층의 직업과 수입을 가지고 있었다.

* 2012년 《워싱턴포스트Washington Post》 기사에 따르면 미국 인구의 절반 이상이 어떤 식으로든 정부 지원을 받는다.

* 《포브스Forbes》에 따르면 현재 미국의 소규모 사업체는 2800만 개가 넘는다. 그중 75퍼센트가 1인 사업체다. 다시 말해 직원을 두지 않고 혼자 일하며 모든 걸 스스로 한다.

* 같은 연구에 따르면 소규모 사업체 중 92퍼센트가 한 해 수입이 25만 달러 미만이며 67퍼센트는 손익분기점을 넘기지 못하거나 적자를 보고 있다.

* 마켓워치MarketWatch에 따르면 2015년 미국인의 대학 학자금 대출은 1조 3000억 달러를 넘었다. 이 규모는 신용 카드 대출을 모두 합친 것보다 더 큰 금액이다.

* 이런 학자금 대출은 생산적이었을까? 커리어빌더CareerBuilder의 연구에 따르면 대학 졸업생 중 30퍼센트 이상이 자신의 전공 분야에서 일하지 않는다.

* 미국에서는 대공황 이후로 '아메리칸드림' 가정에 30년 상환 주택 담보 대출을 연 1퍼센트(인플레이션에 따라 조정되지만 1퍼센트를 넘는 일은 거의 없다)의 금리로 대출해준다.

* 갤럽 여론 조사에 따르면 평균 미국인은 1주일에 35시간 미만 일하고 거의 70퍼센트는 일자리를 잃는다.

당신이 위 통계에 들어가든 그렇지 않든 여기에 속하는 사람을 알고 있을 것이다. 학자금 대출을 받은 대학생들을 생각해 보라. 결국 그 부담을 부모에게 안기지 않는가. 주택 소유 상황은 어떤가? 68퍼센트에 달하던 자가 소유 비율이 1950년대 이후 최저치로 떨어졌다. 당신과 내가 이런 무리에 속하지 않더라도 우리는 그들과 함께 살아간다. 그러니 그들의 마인드셋과 행동에 깊이 영향받을 수밖에 없다. 사람들은 잘못된 사고방식과 적은 행동량 때문에 실패하고 있다.

가장 많은 시간을 함께 보내는 다섯 사람을 합친 모습이 당신 모습이라는 유명한 말이 있다. 주위를 둘러보라. 당신이 만나는 사람들이 성공을 외치지 않는다면 그들이 평범한 수준의 삶을 살고 있다는 증거다.

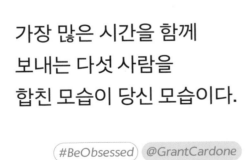

가장 많은 시간을 함께 보내는 다섯 사람을 합친 모습이 당신 모습이다.

#BeObsessed @GrantCardone

사람들은 게으름이 용인되기 때문에 게으르다. 그들은 평균이라는 생각을 받아들인다. 부모나 친구들이 꿈에 집착하기보다 작은 것에 만족하는 편이 좋다고 말하기 때문이다.

나는 아는 것이 힘이라고 믿는다. 정말 아는 것이 힘이라면 사람들 대부분이 잘못 알고 있다는 게 큰 문제다. 사람들은 행복하게 살라는 이야기를 듣는다. 그런데 신용 카드를 쓰면서 행복을 사려고 한다. 그러면 카드 대금을 갚아야 하고 그러려면 돈을 벌어야 하는데 그 방법이 자기가 싫어하는 일을 하는 것이다. 사람들은 어떻게든 중산층에 들어가면 이 세상의 나머지 80퍼센트의 사람들보다는 그래도 형편이 낫다는 생각에 매수된다. 하지만 어째서 가족들과 함께 보낼 시간이 생기지 않는지, 여가를 즐길 돈이 왜 남아 있지 않는지 당혹스러워한다.

물론 우리의 문화에서 장려하는 "우리가 도와줄게"라는 응원은 좋은 말처럼 들린다. 하지만 자신의 꿈을 키울 수 없다면 어떻게 이웃이 꿈을 이루게 도울 수 있다는 말인가? 자기 집에 날아드는 각종 고지서 대금을 내지 못하면서 어떻게 도움이 필요한 사람을 도울 수 있다는 말인가? 자신의 꿈을 현실로 만들지 못하면서 어떻게 다른 사람에게 꿈을 이루라고 격려할 수 있다는 말인가? 그럴 수 없다! 평균이란 전염병을 끝장내라.

평균에 안주하라는 조언이 너무 많다

당신과 나처럼 집착하는 사람에 대해 사회는 항상 문제를 제기한다. 우리는 스스로를 기업가, 논쟁과 경쟁을 좋아하는 사람, 열심히 일하는 일꾼, 위험 감수자, 몰입하는 사람이라고 생각한다. 하지만 다른 사람들은 우리를 비정상적인 사람, 문제아, 불도저, 탐욕가, 만족할 줄 모르는 사람, 지나친 요구를 하는 사람, 압제자, 자기 잇속만 차리는 사람, 비합리적인 사람, 통제광 등으로 본다. 친구나 가족, 직원, 동료를 비롯해 우리를 이해하지 못하는 사람은 이렇게 말한다.

* "천천히 해."
* "인생은 즐기는 거야."
* "일을 지나치게 많이 하지 마."
* "너무 열심히 일하지 마."
* "쉬엄쉬엄해."
* "감사하게 생각해. 다른 사람은 너보다 형편이 어려워."
* "인생은 짧아."
* "돈이 전부가 아니야."
* "더 크다고 좋은 게 아니야."

아무것도 가진 게 없는 사람들이 "성공이 전부는 아니야"라고 외친다.

#BeObsessed @GrantCardone

일과 삶의 균형, 조화로움, 어울림, 공정과 공평이라는 믿음에 사로잡힌 사람들은 당신이 꿈을 포기해야 할 온갖 이유를 만들어낸다. 그들은 집착이 해롭다고 말한다. 하지만 안락함, 평범함, 의욕과 목적이 없는 태도에 대한 그들의 집착은 뭐라고 설명하겠는가. 수십억 명의 사람이 감염된 의심이란 전염병은 어떤가. 이 전염병 때문에 수많은 사람이 평범한 삶에 안주하고 있다. 책을 쓰겠다는 목표를 포기한 어머니, 자신의 사업을 일구겠다는 꿈을 저버린 교사, 예술가가 되고 싶은 열망을 포기한 사업가를 생각해보라. 이들 모두는 안정감을 얻기 위해 위험 무릅쓰기를 거부했다.

아무것도 가진 게 없는 사람들이 "성공이 전부는 아니야"라고 외친다는 사실을 알고 있는가? 이런 좌우명은 쉽게 널리 퍼지지만 이 말이 진실인지 시간을 내서 확인하려는 사람은 거의 없다. 잘못된 생각에 사로잡힌 사람들은 남들에게 "명성이나 돈, 권력을 얻겠다는 꿈을 버려. 넌 성공하지 못할 거야"라고 지껄이며 인생을 살아간다. 기억하라. 당신에게 포기하라고 설득하는 사람들은 당신을 도울 생각이 없다. 그들은 자신이 포기한 이유를 정당화하려고 애쓸 뿐이다.

그들은 변명 말고는 아무것도 하는 게 없다. 이것이 현실이다. 그들이 나쁜 사람이라는 뜻이 아니다. 하지만 그들은 세상을 바꾸려 하지 않으며, 다른 사람이 세상을 바꾸는 일을 돕지도 않는다.

주의 산만한 사람들

주의를 산만하게 만드는 일, 거짓말, 정치적 이슈, 위기, 테러, 잘못된 희망 등이 날마다 우리를 인정사정 봐주지 않고 강타한다. 이처럼 쉴 새 없이 쏟아지는 폭격 때문에 사람들은 스스로 무력하다고 느낀다. 자신의 인생에서 관중에 머무르는 그들은 고작해야 하루하루를 겨우 살아가는 방법밖에 모른다.

수백만 명의 사람이 직장에서 서너 시간 SNS를 한다. 그리고 집으로 돌아오면 신용 카드로 구매한 90인치 TV를 몇 시간 동안 시청한다. 그들은 전국적으로 방송되는 최근의 테러 공격과 실종된 비행기, 유명 인사의 스캔들에 최면이 걸린다. 또는 범죄를 해결하는 경찰이나 가상의 왕국에서 펼쳐지는 전쟁 등 꾸며낸 수많은 이야기에 집중한다.

우리가 사는 세상에는 인간보다 모바일 매체를 통해 쏟아지는 콘텐츠가 더 많다. 24시간 내내 정보를 쏟아내는 인터넷, 수천억 건의 트위터 피드, 매일 새롭게 올라오는 80억 건의 스냅챗과 유튜브 동영상, 수조 건의 쓸데없는 게시물, 누구나 방송인이 되어 아무 의미 없는 콘텐츠를 배출하는 스트리밍 영상 등에 우리는 매몰되고 있다. 음란물, 유명인의 관심사, 별난 이야기 등 끊임없이 날아오는 스팸은 말할 것도 없다.

이렇게 주의를 빼앗는 것들이 멈출 줄 모르고 공격하기에 성공 가능성은 희박해진다.

하지만 이 평균이란 사이클은 벗어날 수 있다. 당신은 거기서 반드시 벗어나야만 한다.

평균은 실패 공식이다. 사람들이 평범한 수준을 아무리 정당화하려고 애써봤자 평균은 누구에게도 도움이 되지 않는다. 불행한 사람은 행복해지는 법을 가르쳐줄 수 없다. 가난한 사람은 부자 되는 법을 가르쳐줄 수 없다. 결혼 생활에 실패한 사람은 가정을 잘 유지하는 법을 가르쳐줄 수 없다. 평범한 수준의 사람은 탁월해지는 법을 가르쳐줄 수 없다.

가난한 사람은 부자 되는 법을 가르쳐줄 수 없다.

#BeObsessed @GrantCardone

내가 늘 마음에 새기는 말이 있다. "포기하는 사람의 조언은 절대 듣지 마라." 분명히 밝히자면 평범한 수준의 사람이 포기하는 사람이다. 그들은 더 나은 삶을 위해 노력하기를 포기하며 잠재력 발휘하기를 포기한다.

그럼 어떻게 하면 평균 수준보다 더 나은 삶을 살 수 있을까? 올인하고 집착하면 된다. 이를 증명한 몇 사람을 살펴보자.

당신 꿈은 오직 당신만의 것이다

* 스티브 잡스: "나는 우주에 흔적을 남기고 싶다."
* 마틴 루서 킹: "내게는 꿈이 있습니다…"

* 간디: "세상에서 보고 싶은 변화를 스스로 만들어라."

* 빌 게이츠: "성공은 형편없는 교사다. 똑똑한 사람들을 유혹해 자신에게 실패란 없다고 생각하게 만든다."

* 무하마드 알리: "나는 가장 위대한 사람이다."

이들과 이들의 말, 업적을 우리는 잘 안다. 그들이 집착했기 때문이다. 사람들은 그들의 집착을 좋지 않게 생각했다. 그런데도 그들은 오랫동안 집착했다. 물론 어떤 사람들은 그들이 삶을 좀 더 즐겼으면 하는 생각에 집착하지 말라고 했을 수 있다. 사람들의 말을 듣지 않은 그들에게는 미치광이, 오만한 사람, 문제아, 정신 나간 사람, 아주 이상한 사람, 광기 어린 사람이라는 수식어가 달렸다. 하지만 결국에는 그들 한 사람 한 사람이 세상을 바꿨다.

그들은 슈퍼 히어로가 아니었다. 뭔가 특출난 능력이 있었던 것도 아니다. 그저 완벽하게 집착했을 뿐이다. 이 집착은 보통 사람이 할 수 있는 수준을 넘어서는 노력으로 이어졌다. 집착했기에 그들은 흔들리지 않는 몰입, 비합리적인 노력, 지속적인 전념을 통해 꿈을 현실로 만들었다. 그들은 단순히 게임에 참여만 한 게 아니다. 게임 자체를 만드는 데 집착했다.

그들 중 누구도 완벽하지 않았다. 하지만 그들 각자는 수 세기 동안 지속될 유산을 창조했다. 그들의 이름은 수억 명의 사람에게 영감을 준다. 사람들은 그들의 이름을 떠올리며 훌륭해지는 일, 탁월한 업적을 세우는 일, 위대한 변화를 일으키는 일의 의미를 생각하게 된다. 무하마드 알리가 그저 프로 권투선수였을까? 나는 아니라고 생각한다. 그의 스토리는 위대함을 달성하려면 위대함을 권리로 주장해야 한다는 메시지를 전하며 인종과 종교, 나이에 상관없이 모든 남녀에게 영감을 준다.

당당히 일어나서 위대함을 당신의 권리로 주장하라. 다른 사람이 당신을 얼마나 사랑하고 염려하든 그 사람에게는 당신의 꿈이 없다. 당신의 꿈은 오직 당신에게만 있다. 그 꿈들이 당신을 유일무이한 존재로 만든다. 아마 당신은 지금 함께하는 사람들 대부분을 만나기 전부터 꿈을 가지고 있었을 것이다. 친구, 자녀, 배우자, 가족은 당신을 사랑할 것이다. 하지만 그렇다고 해서 그들이 당신의 꿈과 열망을 공유하는 건 아니다. 그들에게는 그들 자신의 꿈과 열망이 있다.

그들에게 조언을 구할 필요 없다. 또한 그들 때문에 당신의 눈높이를 낮춘다거나 꿈을 포기할 필요 없다. 다만 당신이 할 일은 그들이 꿈을 좇는 데 집착하는지 지켜보는 것이다. 그들이 꿈을 이루기 위해 깨어 있는 모든 순간에 치열하게 행동하는지 관찰하라.

왜냐하면 당신도 그렇게 할 것이기 때문이다. 당신은 꿈을 현실로 만들기 위해 무슨 일이든 할 것이다. 그렇게 하는 데는

다른 사람이 당신을
얼마나 사랑하든 그에게는
당신의 꿈이 없다.

#BeObsessed @GrantCardone

많은 선택과 희생이 요구된다. 만약 사람들이 어떤 선택이나 희생도 하지 않으려고 한다면 틀림없이 자신의 꿈과 열망을 포기한 것이다. 그렇다고 해도 놀라지 마라. 사람들 대부분이 그렇다. 그렇기에 그들에게 조언을 구해서는 절대 안 된다. 그들은 자신과 똑같은 행동을 하고 작은 것에 만족하는 삶을 살도록 당신을 설득하려들 것이다.

성공하고 싶다는 생각과
성공을 향한 집착의 차이

성공하고 싶다고 그저 생각만 하는 것과 실제로 성공을 좇는 데 집착하는 것은 완전히 다르다. 그저 탁월해지고 싶다는 열망만으로는 충분하지 않다. 오늘의 내가 있기까지 나는 피눈물과 땀을 숱하게 흘렸다. 그리고 셀 수 없을 정도로 많은 위험을 무릅썼다.

이런 말 해서 미안하지만 당신도 똑같이 해야 한다. 가벼운 집착, 시간제 집착 같은 건 없다. 당신의 영역에서 선두에 서고 싶다면 적당히 집착해도 괜찮다는 생각은 버려라. '이따금 집착하기' '주말에만 집착하기' '아침 8시부터 저녁 5시까지 집착하기' 같은 생각은 환상이다. 집착하는 사람, 탁월한 일은 하는 데 사로잡힌 사람에게 균형 감각이란 없다.

어떤 분야에서든 내가 말하는 성공을 이루려면 집착은 필수다. 집착하는 사람들은 잘 알고 있다. 모험에 올인하지 않으면 올인하는 사람에게 패하고 만다는 사실을. 실리콘 밸리 사람들에게 가서 제품 개발에 몰입하고, 일주일에 100시간 넘게 근무하고, 제품을 시장에 내놓기 위해 가족과 친구들에게서 자금을 끌어모으는 기분이 어떤지 물어보라. 놀라울 정도로 행복한 가정을 꾸리는 데 집착하는 사람을 찾아 그들이 얼마나 열정적으로 가족을 우선순위에 두고 사랑하는지, 가족에게 얼마나 헌신하는지 살펴보라. 자신의 재능에 집착하고 그것을 끊임없이 발전시키는 예술가나 운동선수와 대화를 나눠보라. 그들이 자기 일에 대해 얼마나 열정적으로 말하는지 들어보라.

이러한 죽기살기식 태도를 본받아야 한다. 다른 선택지는 없다. 그렇다. 승리에는 대가가 따른다. 항복에도 대가가 따른다. 물론 죽기 살기로 덤비다보면 광기가 서릴 수 있다. 하지만 중간에 멈추는 일은 없을 것이다. 역사는 집착하는 사람만 성공한다는 사실을 보여준다. 알렉산더 대왕, 잔 다르크, 알베르트 아인슈타인, 알렉산더 그레이엄 벨, 토머스 에디슨, 일론 머스크, 하워드 슐츠, 오프라 윈프리, 빈센트 반 고흐, 스티브 잡스, 크리스토퍼 콜럼버스, 찰리 채플린, 모차르트, 미켈란젤로, 빌 게이츠, 마크 저커버그, 리어나도 디캐프리오, 마틴 스코세이지, 제이 지, 비욘세, 세리나 윌리엄스 등의 인물을 생각해보라. 이 정도면 충분할 거다. 사람들은 그들을 좋아하거나 싫어한다. 또는 존경하거나 혐오한다. 하지만 우리는 모두 그들을 알고 있다!

그들의 사명이나 성공법에 동의하든 않든 그들이 집착했다는 사실은 부정할 수 없다. 그래서 그들의 이름이 세상에 알려진 것이다. 그들은 온갖 역경에 맞서 싸웠다. 안주하기를 거부했다. 물론 그들 중 누구도 나나 당신이 원하는 삶을 똑같이 펼치지는 않았다. 당연하다. 그들에게는 우리와는 다른 꿈이 있었으니까. 하지만 우리의 집착에 불을 붙이기 위해 그들의 행동을 활용할 수 있다. 그들이 자신의 꿈에 광적이고 비합리적으로 집착했기 때문에 당신과 나는 그들의 이름을 알게 된 것이다. 집착하지 않은 사람 중 당신과 내가 동시에 아는 사람이 한 명이라도 있을까? 아마 없을 것이다.

이제 이 목록에 우리 이름을 올리자.

CHAPTER 03

무엇에
집착할 것인가

당신은 무엇에든 집착할 수 있다

여기까지 책을 읽어왔다면 '집착할 대상을 어떻게 찾지?'라는 질문이 떠올랐을 것이다.

당신은 무엇에 집착할지 이미 알고 있을 수도 있고, 전혀 모를 수도 있다. 어쩌면 지금 길을 잃고 헤맬지도 모른다. 젊고 혼란스러운 시기일 수도 있고, 직업을 바꾸거나 관계를 정리하거나 에너지가 고갈되었다고 느끼는 삶의 전환점 한복판에 놓인 시기일 수도 있다.

나도 그랬다. 살아오면서 다양한 이유로 스스로에게 이런 질문을 반복해서 던졌다.

'지금 하는 일을 왜 하는 걸까?'

'내 목적이 무엇일까?'

'무엇이 나를 흥분하게 만들까?'

뭔가를 왜 이루고 싶은지 '이유'를 알아야 그 일을 해내는 데 온전히 집착할 수 있다. 목표를 달성하는 과정에서 만나게 될 많은 장애물과 반대를 물리치려면 이런 집착이 필요하다.

앞서 우리는 마약이나 게임, 소셜 미디어에 낭비하는 시간, 건설적인 결과를 가져오지 않는 활동 등 부정적인 집착에 대해 살펴봤다.

긍정적인 집착도 있다. 스피닝(실내 사이클링 운동) 강좌나 체중 감량, 몸매 유지, 건강 관리 등에 집착할 수 있다. 또는 자선 단체 기부, 부모님 봉양, 자녀 출산에 집착할 수 있다. 내가 말하는 집착은 주의를 기울일 가치가 있는 집착이다. 이런 집착이어야 목적을 이루는 데 도움이 되기 때문이다. 집착과 목적, 이 둘은 서로 관련이 있지만 같은 것은 아니다. 예를 들어 나는 부자가 되는 일에 '집착'했다. 가족이 더는 돈 걱정 없이 살게 하는 것이 내 '목적'이었기 때문이다. 아버지가 돌아가신 후 내가 유년 시절에 겪었던 일을 내 가족이 겪게 하고 싶지 않았다. 가족을 중산층에서 허덕이며 살게 하지 않겠다는 게 내 목적이었다.

목적은 집착하는 사람들의 성배holy grail다. 목적은 누군가가 어떤 행동을 하는 이유 또는 어떤 사람이나 사물이 존재하는 이유라고 나는 생각한다. 목적은 집착에 불을 붙이는 연료이자 모든 행동과 존재의 '이유'다.

목적을 향해 나아가면서 원대하게 생각하기 시작하라. 그런 다음 더 원대하게 생각하고, 이어서 더욱 엄청나게 원대한 생각을 해야 한다. 사실 내가 자동차 세일즈 일을 하며 집착의 길로 들어섰다고 해서 그 일을 사랑했던 건 아니다. 그건 내 꿈의 직업이 아니었다. 그 일에 어떤 열정도 느끼지 못했다. 자동차 세일즈를 시작하고 처음 2년 동안은 그 일이 너무 싫었다. 하지만 나는 세일즈에 탁월해지는 데 집착했고 마침내 일을 사랑하게 되었다.

아버지 덕분에 나는 어떤 일을 좋아해야 전념할 수 있다는 생각에서 벗어날 수 있었다. 9살 때 아버지가 마당에서 피칸, 나뭇가지, 나뭇잎을 쓰레기봉투에 담는 모습을 지켜본 기억이 난다. 얼마나 조심스럽고 정확하게 주워 담던지 아버지가 그 일을 매우 좋아하는 것처럼 보였다. 나는 아버지에게 물었다. "아빠, 그 일을 좋아해요?" 아버지는 대답했다. "자기가 하는 일을 꼭 좋아해야 그 일을 사랑할 수 있는 건 아니란다."

아버지는 가족을 보살피고 부양하기 위해 성공에 집착했다. 그래서 좋아하지 않는 일이나 원하지 않는 일도 분명히 했을 것이다. 한마디로 이것이 집착이다.

탁월한 세일즈맨이 되는 일에 전념했을 때 나는 그 일을 사랑하는 것처럼 행동했다. 자동차 판매를 특별히 좋아하지 않았

하는 일을 좋아하지 않더라도
그 일을 사랑하는 것처럼
행동하라.

#BeObsessed @GrantCardone

으면서 그렇게 했다. 고객이 악수를 거절해도 얼굴에 미소를 유지했다. 계속 영업 전화를 했다. 말하는 중에 상대가 전화를 끊어버리거나 다시는 전화하지 말라고 해도 나는 잠재 고객에게 전화를 거는 일을 멈추지 않았다. 다른 사람들이 저녁 6시에 퇴근할 때도 나는 한밤중까지 남아 실적을 올렸다.

목적을 찾고 집착할 가치가 있는 것을 알아내려 할 때 다음 사실을 기억하라. 성공을 위해 집착하는 데는 일에 대한 사랑이나 열정이 반드시 필요하지는 않다.

좀 더 정확하게 정리해보자. 중요한 건 당신이 전념할 가치가 있는 집착의 대상이 무엇인지 알아내는 것이다.

목적 찾기 질문을 던져라

나는 목적이 무엇인지 알아내고 목적에 계속 연료를 공급하기 위해 스스로에게 끊임없이 질문을 던진다. 이런 질문은 마음을 열어주어 수많은 방향으로 생각할 수 있게 해주고, 위대한 성취를 이루도록 영감을 주며, 내 집착과 관련 있는 기회를 기민하게 포착하게 해준다.

이런 질문에 답할 때 스스로를 의심해서는 안 된다. 처음 떠오르는 생각으로 답하라. 그 생각을 판단하거나 이해하려고 할 필요 없다. 특히 어떻게 그런 생각이 떠올랐는지 고민하지 마라. 답하기 싫으면 그냥 넘어가도 좋다. 그저 스스로에게 질문하라.

그다음 날 같은 시간에 똑같은 질문을 다시 하라. 다음 날에도, 그다음 날에도 동일한 질문을 다시 하라. 시간이 지나면서 새로운 대답이 나오거나 같은 대답이 계속 반복되는 걸 알게 될 것이다. 그러면 놀라운 패턴을 찾아낼 수도 있고 오래전에 깊이 묻어두었던 꿈이 떠오를 수도 있다.

먼저 '개인적 관심사' 질문하기다.

* 현재 나를 흥분시키는 것은 무엇인가?
* 이룰 수만 있다면 무엇이든 할 수 있을 정도로 나를 설레게 하는 일은 무엇인가?

* 지루한 일은 무엇인가?

* 늘 하고 싶던 일 또는 일들은 무엇인가?

* 성과에 상관없이 하고 싶지 않은 일은 무엇인가?

* 식사 시간도 잊게 만드는 일은 무엇인가?

* 어린 시절부터 관심이 있었던 것은 무엇인가?

다음은 '돈에 대한 동기' 질문하기다.

* 돈을 받지 않아도 기꺼이 할 수 있는 일은 무엇인가?

* 돈을 많이 벌기 위해 무엇을 하고 싶은가?

* 돈이 내 인생에서 아무 의미가 없다면 무엇을 하며 시간을 보내겠는가?

* 어느 정도의 돈이 내게 안정감을 주는가?

* 다양한 선택지를 가지려면 어느 정도의 돈이 필요한가?

* 경제적 자유를 얻으려면 어느 정도의 돈이 필요한가?

* 더 나은 삶을 만들려면 어느 정도의 돈이 필요한가?

'능력과 재능' 관련 질문이다.

* 다른 사람보다 더 잘할 수 있는 것은 무엇인가?

* 내가 타고난 몇 가지 능력은 무엇인가?

* 항상 잘하는 것은 무엇인가?

* 항상 못하는 것은 무엇인가?

* 내 능력이나 재능 중 별로 중요하지 않다고 여겨지는 것은 무엇인가?

* 소질이 전혀 없어서 하지 말아야 하는 것은 무엇인가?

* 시간과 재능을 완전히 허비하는 일은 무엇인가?

* 다른 사람이 나보다 내 능력을 더 많이 인정하는 분야는 무엇인가?

* 발전시켜야 하는 능력은 무엇인가?

'유산' 질문하기다.

* 나는 무엇으로 기억되고 싶은가?

* 사회에 어떤 기여를 해야 가장 자랑스러울까?

* 사람들이 나에 대해 어떤 말을 하지 않기를 원하는가?

'영감을 주는 사람들' 질문하기다.

무엇에 집착할 것인가

* 내가 존경하는 성공한 사람 5명은 누구인가?

* 내가 존경하는 사람들은 무슨 일을 하고 있는가?

* 내가 존경하는 사람들의 공통점은 무엇인가?

* 그들의 어떤 특성을 본받고 싶은가?

* 그들과 나의 공통점은 무엇인가?

* 그들 중 한 사람을 만날 수 있다면 누구를 만나겠는가?

* 내 인생에 가장 도움이 되는 사람은 누구인가?

'라이프스타일' 관련 질문이다.

* 나를 기분 좋게 해주는 것은 무엇인가?

* 무엇이 내게 에너지를 주는가?

* 지루하고 기분이 나빠지는 활동은 무엇인가?

* 나중에 후회하는 행동은 무엇인가?

* 버려야 할 나쁜 습관은 무엇인가?

* 길러야 할 좋은 습관은 무엇인가?

* 무엇을 더 많이 해야 나 자신에 대한 느낌이 더 좋아질까?

끝으로 '만약 ······라면' 질문하기다.

* 만약 책을 쓴다면 무슨 내용의 책일까? 영감을 주는 어떤 교훈을 내 인생에서 끌어낼 수 있을까?

* 실패할 수 없다는 걸 안다면 무엇을 할 것인가?

* 탁월한 일 한 가지로 세상에 알려질 수 있다면 그 일이 무엇이었으면 좋겠는가?

이러한 질문하기 훈련을 통해 목적 선언문을 작성하라는 말은 아니다. 솔직히 목적을 하나의 문장이나 아이디어로 요약하면 사고가 좁아진다고 나는 생각한다. 인생에 여러 가지 목적이 있듯이 당신은 많은 일에 집착할 수 있다. 하지만 위 질문들을 스스로 해보면 목적을 달성하게 해주는 긍정적 집착이 무엇인지 확인할 수 있다. 긍정적 집착을 갖고 추구하는 목적은 당신의 삶을 완벽하게 해주는 것으로 구성된다.

이 훈련으로 당신의 목적이 무엇인지 알아내면 앞길을 가로막는 행동, 자기 파괴적이고 집착을 부정하는 사소한 행동을 멈출 수 있다. 진정한 집착에 집착할 수 있도록 스스로에게 허용하는 것, 이것이 첫 번째 단계다.

자신을 끊임없이 재창조하고 리부팅하라

인생의 모든 일은 전환기를 맞기 마련이다. 당신이 해야 하는 일에 완전히 전념해서 그 일을 잘 해냈다면 새로운 목표를 세워야 할 시기가 찾아온다. 무엇을 해야 하는지 다시 고민하고 목표를 명확하게 세우는 과정이 또다시 시작되는 것이다.

지난해에 나는 펜타곤(미국 국방부)에서 군인이 민간인의 삶으로 복귀하는 과정을 돕는 프로젝트에 참여했다. 그곳에서 만난 훌륭한 군인 대다수는 그동안 직업 군인이 되는 일에 전념했다. 이제 이 참전 용사들은 체계, 리더십, 명확성이 주된 요소였던 환경에서 벗어나 낯선 환경으로 들어가야 했다. 그들은 통솔력이 부족한 회사의 일자리를 얻게 되는데, 그런 회사에서는 결정 내리는 일을 다들 두려워하고, 회의가 제시간이 시작하지 않으며, 직원들은 사무실에 창문이 없다고 불평을 쏟아낸다.

나는 군인들에게 이런 말을 했다. 이 말은 당신에게도 적용된다. "태어나는 순간부터 죽는 순간까지 우리의 삶은 늘 전환기를 맞는다." 중요한 건 어떤 일을 단순히 시작하고 끝내는 것이 아니다. 삶에서 일어나는 모든 일은 시작과 끝의 중간에 일어난다. 진정으로 살아 있고 가장 큰 영향력을 발휘하는 사람은 자신이 성장하고, 삶이 변화하고, 기회가 오갈 때 집착의 강도를 높여 다시 초점을 맞추는 법을 알고 있다.

물론 도전이 되는 일이지만 목표를 달성하고 상황이 변하면 당신이 누구인지 재정의하고 집착의 불을 재점화해야 한다. 이것이 당신이 자신의 시간을 활용해 얼마나 많은 일을 해낼 수 있을지를 좌우한다. 당신은 당신 자신을 계속 창조해나가야 한다.

항상 새로운 목표 세우기, 이것이 집착과 목적을 연결하는 열쇠다. 어떤 사람이 "내게 100만 달러가 있다면 은퇴하고 매일 골프를 치러 다닐 거야"라고 말했다고 가정해보자. 이 사람은 100만 달러를 모아 날마다 5시간씩 골프를 쳐서 핸디캡이 10인 수준급 골퍼가 되고 남은 시간에 TV를 보며 하루를 보낸다. 그런데 그는 자기 삶을 싫어한다. 목표에 도달한 후 새로운 목표 세우기를 중단했기 때문이다. 그 결과 이 사람은 길을 잃고 방황한다.

컴퓨터를 재시작하고 운영 체제를 다시 로드해 리부팅하듯이 우리 모두는 스스로를 리부팅해야 한다. 누구나 전환기를 맞는다. 나이가 들고, 다시 시작하고, 모든 것이 변한다. 목적지, 조건, 동기가 달라진다. 실망, 도전, 상실도 경험한다. 그러므로 앞으로 도달하고자 하는 곳에 계속 집착하지 않으면 자신이 원하지 않던 모습이 되고 만다. 길을 잃고, 삶에 지치고, 쇠약해진다.

나도 그랬다. 매일 아침 눈을 떠야 할 이유를 몰랐을 때 나는 속에서 죽어가고 있다고 느꼈다. 목적은 내가 이 행성에서 아무런 방향 없이 방황하며 인생을 허비하지 않게 해준다.

항상 새로운 목표 세우기,
이것이 당신이
길을 잃지 않는 열쇠다.

#BeObsessed @GrantCardone

날마다 목표를 적어라

이처럼 삶의 어느 시점에서든 항상 목적과 집착할 대상이 무엇인지 알고 있어야 한다. 그러기 위해서는 날마다 목표를 적어야 한다. 이 목표 적기 행동이 얼마나 강력한 힘을 발휘하는지, 어떻게 그 힘에 불을 붙일 수 있는지 지금부터 살펴보자.

날마다 목표 적기는 초점을 유지하고, 다시 전념하고, 리부팅하는 훌륭한 방법이다. 목적지가 끊임없이 바뀌고 있기 때문이다. 또한 이 훈련을 처음 시작한 이후 어느 정도나 발전했는지 파악하고 자신에 대해 더 잘 아는 데도 도움이 된다.

그런데 왜 목적이 아니라 목표를 적어야 할까? 이유를 명확히 알아보자. 목표는 성취하기 위해 노력하는 대상이다. 반면에 목적은 어떤 일을 하는 이유다(지금 하는 일을 하는 이유, 즉 당신의 북극성이 목적이다). 진정한 목적에 계속 집착하려면 목표를 세우고 달성하는 일, 그리고 자신의 미래에 끊임없이 먹이를 주는 일에 집착해야 한다.

나는 중독 치료 센터에서 나온 날 밤에 목표를 적기 시작했다. 내 삶에서 이루고 싶은 일에 초점을 맞추기 위해서였다. 그때 이후 매일 목표를 적는다. 밤에만이 아니라 아침에 일어나서 바로, 그리고 우울하거나 길을 잃은 느낌이 들 때마다 목표를 적는다.

내가 적는 목표는 '할 일' 목록에 들어가는 내용이 아니다. 집착하는 사람들의 목표는 달성 가능한 활동이 아니다. 여기서 말하는 목표는 현재 달성하기 어려운 성공이다. 자신을 끊임없이 전진시키는 일, 강력한 미래를 창조하는 일을 말한다.

오늘 아침 잠에서 깬 나는 침대 옆에 보관하는 노트를 꺼내 이렇게 적었다. "나는 40억 달러의 부동산을 보유하고 있다." 실제로 현재 나는 약 4억 달러의 부동산을 보유하고 있다. 따라서 내가 적은 수치는 현재 가지고 있는 부동산 가치의 10배다. 이 목표를 달성하려면 아직 멀게 느껴진다. 솔직히 달성하기 어려워 보일 정도로 차이가 크다. 하지만 날마다 이렇게 적는다. 그리고 과거나 현재 시제로 적는다. 미래 시제나 소망으로 적지 않고 이미 달성한 것으로 적는다. "나는 40억 달러의 부동산을 보유하고 싶다"라는 식으로 적지 않는다는 말이다. 이렇게 뭔가를 하고 싶다는 식의 표현은 행동과는 아무 관련이 없으며 단지 소망을 말하는 것이다. 여기서 전제는 정신은 모든 것을 현실로 받아들인다는 것이다. 그래서 목표를 현재 시제로 적으면 내 잠재의식은 이것을 현실로 인식한다.

20년 전 매일 의식처럼 목표 적기를 시작했을 때 이런 목표를 적었다. "나는 20채 이상의 아파트를 보유하고 있다." 당시 나는 아파트가 한 채도 없었다. 아파트 투자나 재산 관리, 금융, 심지어 아파트 거래를 하는 방법조차 몰랐다. 부동산 투자라고는 아무것도 몰랐지만 투자용 아파트를 간절히 갖고 싶었다. 하지만 이 목표를 어떻게 달성해야 할지 전혀 몰랐다. 당시 아파트 20채

집착하는 사람의 목표는
현재 달성하기 어려운
성공이다.

#BeObsessed @GrantCardone

는 현재 40억 달러 가치 부동산만큼이나 비현실적인 목표처럼 느껴졌다. 하지만 이 목표를 수년 동안 날마다 적었다. 그러다가 거의 5년 만에 처음으로 캘리포니아주 샌디에이고카운티 비스타에 있는 공동 주택 48채를 보유하게 되었다. 내가 집착하고 날마다 먹이를 준 목표가 마침내 펑! 하고 달성되었다.

그렇다고 해서 날마다 목표만 적고 아무 행동도 하지 않았다는 뜻은 아니다. 매일 이 목표를 적어나간 덕분에 부동산을 조사하고 여기저기 연락하고 부동산 투자와 관련된 내용을 최대한 많이 배우기 시작했다. 5년이 넘는 시간 동안 매주 매물을 찾아다녔고 그러다가 첫 거래를 했다. 그 거래를 성사시키자마자 나는 목표를 리부팅해 노트에 적었다. "나는 아파트 100채 이상을 보유하고 있어서 1년에 투자금의 12퍼센트가 넘는 현금 흐름이 발생한다"라고. 이 목표를 90일 안에 달성했고 그 후 3년 안에 500채 이상을 보유하게 되었다. 현재 내가 보유한 부동산은 4500채가 넘는다.

오랜 세월 동안 침대 옆에 작은 목표 노트를 두는 것을 보고 사람들은 비웃었다. 그러나 이것은 내가 가고 있는 방향에 초점을 맞추게 해주는 도구였다. 사귀던 여성이 목표 노트에 관해 물은 적이 있다. "거기에 나에 대해서도 적나요?" 그렇지 않았다. 사실 내가 꿈꾸는 여성과 미래의 아내에 대해 적을 때 머릿속에 떠오른 이미지는 그 여성과는 완전히 달랐다. 이를 깨닫고 그녀

당신이 원하는 미래를 만들려면
날마다 그것을 적어라.

와 다시는 만나지 않았다. 그녀와 계속 사귀었다면 내 목표를 배신하게 되었을 것이다.

목표 적기가 왜 효과적인지 다른 사례를 살펴보자. 언제나 나는 글을 즐겨 썼다. 어렸을 때부터 언젠가는 책을 쓰고 싶다는 꿈을 가지고 있었다. 어느 날 목표 노트에 이렇게 적었다. "나는 많은 상을 받은 베스트셀러 작가다." 이 목표를 여러 해 동안 날마다 적었다. 그리고 몇 년이 흐른 뒤 어느 일요일 오후, 사무실에서 3시간 만에 《팔든가 팔리든가Sell or Be Sold》를 썼다. 이 책은 수십만 권이 팔려나갔고 나는 이 책으로 여러 개의 상을 받았다. 그 이후로 3권의 책을 더 썼으며 12권 정도의 전자책을 썼다. 이 책들도 많은 부수가 판매되며 베스트셀러 목록에 올랐고 다양한 상들과 쏠쏠한 돈을 안겨주었다.

매일 목표를 적어라. 이 훈련을 활용해 당신이 어디로, 왜 가고 있는지 생각하라. 당신이 원하는 미래를 만들려면 그것을 적어라. 성공한 사람들은 그렇게 한다. 영화배우 짐 캐리는 수중에 10달러도 없었을 때 종이에 100만 달러짜리 수표를 적어두었다.

세상에는 집착하는 사람이 더 많아져야 한다. 열정적이고, 불도저처럼 밀어붙이고, 몰입하고, 올인하고, 전념하고, 끈질기고, 활력 넘치는 사람이 많아야 한다. 이런 특성들을 마트에 가서 살 수는 없는 노릇이다. 위대한 삶을 살기는 쉽지 않다. 위대한 삶에는 노력이 필요하기 때문이다. 하지만 자신이 어디로 가고 있으며 왜 가는지 알면 근사한 기분이 든다. 목표로 하는 일을 성취하면서 잠재력을 온전히 발휘하는 데 한 걸음 더 다가서 보라. 그러면 분명히 행복해질 것이다.

CHAPTER 04

짐승에게
먹이를 주라

집착을 성공의 엔진으로 만들어라

어떤 것에 관심을 쏟아부으면 그것을 얻을 수 있다. 뭔가에 관심을 기울이면 기울일수록 먹이를 더 많이 주게 된다. 그러면 그것은 더욱 강력해지고 힘이 세진다. 따라서 자신의 삶과 비즈니스에 도움이 되는 일과 사람에게 관심을 쏟고 그렇지 않은 일과 사람은 무시하는 것이 중요하다.

성공이 내게 먹이를 준다. 승리가 내게 먹이를 준다. 성과가 내게 먹이를 준다. 잠재력 발휘가 내게 먹이를 준다. 나는 나를 더 강하게 만들어주는 일과 그렇지 않은 일의 목록을 만든다. 그리고 이 목록을 토대로 짐승에게는 먹이를 주고, 의심을 유발하는 모든 것은 굶겨 죽인다.

많은 사람이 내 추진력에 감탄한다. 남들은 퇴근해 쉬고 있는데 나는 직장에 오래 남아 쉴새 없이 밀어붙이며 일하는 것이 존경스럽다고 한다. 그들은 내게 묻는다. "당신의 원동력은 무엇인가요?" 아마 이 질문은 누구나 답해야 하는 가장 중요한 질문일 것이다. 내게 원동력은 짐승에게는 먹이를 주고 의심은 굶겨 죽이는 노력이다. 나는 이런 노력을 한순간도 멈추지 않는다.

사실 여기서 말하는 '짐승'은 하나가 아니다. 살면서 어느 시점에서는 여러 짐승에게 동시에 먹이를 줘야 할 때가 있다. 이 짐승은 목표, 즉 관심을 쏟고 먹이를 주고 존중하고 훈련해야 하는 목표다. 내 짐승 중 일부는 내 분야에서 가장 성공한 사람 되기, 돈 제대로 벌기, 훌륭한 남편과 아버지 되기, 자선가 되기, 다른 사람에게 훌륭한 본보기 되기다.

짐승(목표)에게 먹이를 주면 당신의 꿈은 현실이 될 가능성이 크다. 하지만 짐승을 무시하거나 거부하면 결국에는 섬뜩하고 파괴적인 집착에 빠지게 될 것이다. 억누르고 억압하면 짐승은 틀림없이 시기, 두려움, 의심, 후회로 왜곡될 것이다.

당신과 당신의 일을 성장시켜주는 것에 계속 집중하라. 그렇지 않은 것과 사람에게는 절대 시간이나 에너지, 자원을 투자하지 마라.

이 장을 통해 짐승에게 먹이 주기에 사용할 수 있는 툴들을 익히기 바란다. 한 가지 짚고 넘어가자면 의심은 가장 심각한 위

나는 어떤 것이 불가능하다는 말은 절대 하지 않는다.

#BeObsessed @GrantCardone

협이자 적이다. 그래서 다음 장에서 의심이 생겨 목표에서 관심을 거두는 것, 관심이 약해져 집착의 힘을 잃는 것이 얼마나 치명적이고 위험한지 살펴볼 것이다.

좋은 것들에 온전히 집중하고 계속 먹이를 주면 당신을 괴롭히는 모든 것이, 낮은 자존감, 소심함, 무능력, 성공이나 실패에 대한 두려움 등 모든 형태의 노이로제가 사라진다. 왜일까? 그런 것들에 관심을 두지 않기 때문이다. 당신의 관심은 온통 좋은 것에만 집중된다.

나는 어떤 것이 불가능하다는 말은 절대 하지 않는다. 당신도 뭔가가 불가능하다고 결론 내려서는 안 된다. 최근에 처음 보는 사람이 내게 다가와 이렇게 말했다. "70억 명의 사람이 당신 이름을 알게 하는 게 당신 목표라는 걸 알고 있습니다. 불가능한

짐승에게 먹이를 주라

아예 시도조차 안 하는 것보다
열심히 노력하고 기대에
미치지 못하는 편이 더 낫다.

#BeObsessed @GrantCardone

일이라는 거 아시죠?" 나는 '이 사람은 내게 말하고 있는 게 아니야. 자신이 포기한 모든 걸 합리화하려고 드는 거지'라고 생각했다. 누가 내게 내 목표가 얼마나 어렵고 가능성이 희박하고 위험하기까지 한지 알려줄 필요는 없다. 나도 다 안다. 그렇지만 계속 목표를 추구할 것이다. 그러지 않는 게 더 고통스럽기 때문이다. 아예 시도조차 안 하는 것보다 열심히 노력하고 기대에 미치지 못하는 편이 더 낫다.

집착을 똑바로 마주 보고 지배하라. 집착을 당신이 원하는 성공을 이루게 해줄 엔진으로, 엄청나게 강력한 동력을 내는 엔진으로 만들어라. 가능성의 진로를 설정하라. 그다음 당신이 구할 수 있는 가장 강력한 연료를 엔진에 공급하라.

목표에 레이저처럼 집중하라

많은 사람이 목표를 좋은 생각 또는 하면 좋은 것이라고 말한다. 하지만 나와 내가 아는 성공한 사람들은 그렇게 말하지 않는다.

목표는 새해 결심이나 일기장에 적어둔 구절, 범퍼 스티커가 아니다. 목표는 당신 삶의 행복과 성취에 필수다. 이 사실은 아무리 강조해도 지나치지 않다. 목표를 포스트잇 같은 데 적어놓고 가끔 봐서는 안 된다. 목표와 함께 먹고, 자고, 숨 쉬어라. '그래야 하기' 때문이 아니라 '그러지 않는 것이 불가능하기' 때문이다. 의심이 자랄 틈 없이 목표가 강력해지도록 짐승에게 먹이를 주라. 목표에서 초점을 돌리거나 눈을 떼는 순간 당신은 마음과 세상의 온갖 소음에 휩싸여 길을 잃고 말 것이다.

목표에 초점을 맞춘 채 잠들고 일어나라. 목표를 매일 아침 적고 매일 밤 읽어라. 목표가 당신의 일부가 될 때까지 그렇게 하라. 목표와 하나가 되면 주변의 모든 것이 목표를 이루게 해줄 수단으로 보일 것이다. 이 훈련을 그만두는 순간 목적 없이 반복되는 일의 굴레에 빠지고 만다.

목표가 계속 자라고 변한다는 사실을 잊지 마라. 오늘 적은 목표를 5년 뒤까지 적는 일은 없을 것이다.

목표와 함께
먹고, 자고, 숨 쉬어라.

(#BeObsessed) (@GrantCardone)

미래를 향해 포효하라

과거가 아닌 미래에 계속 초점을 맞추어라. 무엇을 창조할 것인가? 전에는 한 번도 이루지 못한 일을 할 수 있는가? 앞길에 무엇이 있는지 주시하고 백미러는 무시하라. 짐승에게 먹이를 주면 미래와 잠재력을 발견하는 일에 계속 몰두할 수 있을 것이다.

내 상황을 예로 들면 지금 나는 거의 4억 달러에 달하는 5000채 정도의 아파트를 보유하고 있다. 처음 부동산 투자를 시작했을 때만 해도 이렇게 많은 부동산을 갖게 되리라고는 상상도 못 했다. 이런 생각은 했다. '아파트 20채를 사서 매년 약간의 여유 자금이 생기면 신날 거야.' 당시에 상상할 수 있는 건 그게 다였다. 하지만 목표를 달성한 후에도 계속 목표에 집중하면서 목표를 키우고 확장했다. 덕분에 잠재력을 최대한 발휘하게 해주는 원대한 생각을 품을 수 있었다. 몇 년 전 달성한 20채라는 목표는 이제 4만 채와 40억 달러 규모의 부동산 펀드라는 목표로 확장되었다.

새로운 목표를 선언할 때 나는 잠시 압박감이 든다. '과연 이 일을 할 수 있을까? 한 번도 해본 적이 없잖아. 직원도 없고 자금도 없어. 노하우나 인맥도 아직 없어. 월스트리트 사람들이 엄청난 수수료를 물려서 날 죽일 거야. 변호사와 규제 당국, 투자자를 상대해야 해.' 이런 생각이 끊임없이 고개를 든다. 하지만 목표를 이룰 수 없는 온갖 이유만 생각하고 있으면 짐승은 동면에 들어간다.

이런 생각이 드는 순간 나는 두려움에 굴복하지 않는다. 그 대신 40억 달러 규모의 부동산 펀드를 조성해 투자자에게 20퍼센트의 수익을 준다는 목표를 적는다. 그리고 어떻게 하면 수만 가구에 좋은 주택과 양질의 일자리, 높은 임금을 제공할 수 있을지 생각한다. 이렇게 짐승에게 먹이를 주면 마법 같은 일이 일어난다. 목표가 얼마나 어려운지가 아니라 그 일을 어떻게 할 수 있는지 방법이 불현듯 떠오른다. 어느 순간 나는 목표 달성에 도움을 주는 새로운 모임에 참석하고 있으며 전과는 다른 대화를 나누고 있다.

배움에 집착하라

———

짐승에게 먹이를 주는 가장 쉬운 방법은 새로운 것을 배우거나 지금 하는 일을 더 잘하는 기술을 습득하는 것이다. 탁월한 성공을 거둔 사람을 멘토로 삼아라. 그들의 책을 사고 세미나에 가고 인터뷰를 읽어라. 이동 시간을 배움의 시간으로 만들어라. 스마트폰에 팟캐스트나 오디오북을 다운해 출퇴근 시간에 들어라.

핵심은 지식에 빠지는 것이다. 쿨에이드Kool-Aid를 마시기만 하지 마라. 그 안에서 헤엄쳐라.(쿨에이드는 미국 청량음료 브랜드로, '쿨에이드 마시기'는 의미나 파급 효과를 이해하지 못한 채 어떤 집단이나 지도자의 교리를 무작정 받아들인다는 뜻이다-옮긴이) 그런 다음 함께 사는 사람들과 직장 동료들도 당신이 읽는 것을 똑같이 읽게 하라.

경제라는 짐승에게 먹이를 주라

———

우리는 경제가 돌아가는 행성에서 살아가고 있다. 경제는 당신의 피부색이나 종교, 교육 수준, 의도, 착한 마음에는 아무 관심이 없다.

경제가 관심을 갖는 건 돈이다. 돈이 있어야 무엇이든 할 수 있다. 마트에 가서 물건을 사는 일에서부터 직원을 고용하고, 기부금을 내고, 회사를 상장시키는 일에 이르기까지 모든 일에 돈이 필요하다! 그렇기 때문에 돈에 관심을 기울이고 돈을 버는 일이 집착의 대상 중 하나가 되어야 한다. 하늘을 날고 싶은가? 그렇다면 돈이 필요하다.

경제라는 짐승(돈)에게 먹이를 주는 데 집착하라. 그래야 당신과 당신 회사가 돈의 지배를 받지 않고 반복되는 돈 문제에 시달리지 않는다.

돈을 소중히 여겨라

사람들은 돈이 중요하다고 말한다. 하지만 대부분 집착에 불을 붙여주지 않는 엉뚱한 곳에 돈을 써버린다. 그리고 더 많은 돈을 '창출할' 대상에 투자할 시점이 오면 머뭇거린다. 그러니 아주 보잘것없는 목표를 세운 사람들이 겪는 가장 큰 문제가 돈 문제라는 사실은 놀랄 일이 아니다.

주변 사람들이 돈을 어떻게 대하는지 관찰해보라. 그러면 내 말을 이해할 것이다. CFO(최고재무관리자)인 한 여성은 자기 커리어면 10만 달러의 연봉을 받을 자격이 있다고 말하면서 돈을

아주 보잘것없는 목표를 세운 사람들이 가장 심각한 돈 문제를 겪는다.

#BeObsessed @GrantCardone

너무 많이 버는 세일즈맨에 대해서는 끊임없이 불만을 제기했다. 무엇이 더 가치 있는 일일까? 돈을 계산하는 일일까, 아니면 새로운 돈을 창출하는 일일까?

한 부서 관리자는 책상이나 컴퓨터처럼 감가상각이 생기는 물건을 구매할 때 시간을 들여 싸고 좋은 걸 살 생각은 하지 않고 회삿돈을 쉽게 막 쓰면서 잘못된 게 없다고 생각한다. 그러면서 공항 주차료 15달러를 환급받으려고 회계 부서를 찾아가 잃어버린 영수증을 찾느라 30분 동안 직원들과 실랑이를 벌인다.

돈과 관련한 여러 가지 면에서 우선순위가 엉망이다. 그러니 대부분의 회사가 돈을 벌지 못하는 건 놀랄 일이 아니다.

루이지애나주 레이크찰스에 있는 정유 회사에서 일할 때 12시간 교대 근무를 하며 목숨 걸고 위태로운 작업을 하는 사람들을 보았다. 그들은 월급을 받자마자 힘들게 번 돈을 금요일 하룻 밤에 모조리 써버렸다. 놀라운 일이었다. 그들은 늘 돈을 더 벌 여야 한다며 1.5배의 초과 수당을 받으려고 초과 근무를 하곤 했다. 그러면서 술집에 앉아 낮은 임금과 초과 근무에 대해 불평 을 쏟아내며 힘들게 번 돈이 아무 의미가 없다는 듯이 술집에서 펑펑 써버렸다.

내가 성공한 이유 중 하나는 항상 내 재정 상태 관리에 집 착하면서 돈을 우선순위에 두었기 때문이다. 어렸을 때부터 나 는 돈에 대해 솔직했다. 속마음을 숨기지 않고 더 많은 돈을 벌 고 싶다고 말했다. 많은 사람이 그토록 많은 돈을 바라는 건 잘 못된 태도며 돈 이야기를 입에 올리는 건 더더욱 나쁘다고 말했 고 지금도 그렇게 말한다. 어머니는 내게 "돈 이야기는 절대 하지 마"라고 여러 번 말했다.

대부분의 사람은 돈 이야기를 하면 안 된다고 배웠다. 그러 니 당연히 돈을 많이 벌지 못하고 평생 돈 때문에 조바심을 낸 다. 나는 안정되고 안전하고 무너지지 않는 경제 상태를 만들 겠다는 생각을 남 눈치 보지 않고 거리낌 없이 한다. 나는 가족 과 직원, 고객에게 돈을 많이 벌고 싶다고 분명히 말한다. 한번 은 한 고객이 내가 제시한 가격에 불평했다. 나는 그에게 이렇게 말했다. "내겐 당신에게 좋은 서비스를 제공하고 당신의 일을 성 공시킬 능력이 있습니다. 이런 내 능력이 발휘되려면 돈이 중요하죠. 당신도 내가 능력을 발휘하기를 바라지 않으십니까? 그렇죠? 좋습니다! 여기에 서명하시죠." 나는 회사나 내가 제시한 가격에 대해 절대 미안하게 생각하지 않았고, 앞으로도 그럴 것이다. 돈을 많이 원한다고 계속 말할 것이다.

나는 가족과 직원,
고객에게
돈을 많이 벌고 싶다고
분명히 말한다.

#BeObsessed @GrantCardone

돈을 올바로 다루어라

경제라는 짐승을 이해하고 먹이를 주려면 삶과 일에서 돈을 올바로 다루는 데 집착해야 한다.

돈을 함부로 다루면 돈이 부족해 끊임없이 걱정을 달고 살게 된다. 혹시 지금 돈을 벌지 못하거나 근근이 살아갈 정도로만 벌거나 돈이 없어서 경쟁에서 이기지 못하는가? 그렇다면 그건 그동안 돈을 함부로 다루어왔다는 증거다. 돈은 질투심 많은 연인처럼 재미난 존재다. 돈에 관심을 쏟아라. 그러지 않으면 돈은 관심을 주는 사람을 찾아 당신을 떠나고 만다.

먼저 해야 할 일은 돈이 어디에 있는지 살피는 것이다. 은행 계좌에서 잠자고 있는 돈이 있다면 꺼내 굴려라. 현금 가치가 있는 자산이 있다면 활용해 돈을 벌어라. 조직에서 낭비되는 예산은 모조리 없애라. 하루빨리 그렇게 하라. 그러면 남은 시간을 활용해 당신의 삶과 사업에서 가치 있는 일을 확장하고 수익을 창출할 수 있을 것이다.

나는 내가 경영하는 모든 회사를 시장에 내놓은 제품으로 여긴다. 나는 이런 생각을 한다. '내일이면 못 팔게 되거나 가치가 떨어질 수 있으니 오늘 시장에서 거래해야 하는 건 무엇인가?' 내 부동산 사업과 기술 사업, 컨설팅 회사 모두 이런 식으로 운영한다. 오늘 계약서를 작성해 돈으로 바꿀 수 있는 아파트들이 있는가? 이번 달에 일을 제대로 못 한 코치나 컨설턴트 중 시장에 뛰어들어 돈을 벌 사람이 있는가? 시장에 팔면 흑자를 내서 회사를 계속 성장시켜줄 제품이 있는가?

앞서 언급한 점도 놓치지 마라. 조직에서 낭비되는 예산을 없앴다면 그 문제는 다시는 거들떠보지 말고 수익 증대에 초점을 맞추어라. 수익이 줄어들면 회사는 성장할 수 없다. 매출을 증대해야 한다. 나는 여기에 내 시간과 에너지, 창조성을 거의 다 쏟아붓는다. 내 시간의 95퍼센트는 돈 버는 데, 나머지 5퍼센트는 경비 줄이는 데 초점을 맞춘다. 장부만 내내 들여다보며 걱정하지 말고 당신의 제품이나 서비스를 돈과 교환할 사람들의 관심을 끄는 일에 투자하라.

2008년에는 쉽게 돈을 빌릴 수 있는 신용 대출이 몽땅 사라져 모두가 판매에 어려움을 겪었다. 제품을 판매하는 기업들에 엄청난 시련이 닥친 것이다. 그래서 나는 전 세계가 겪고 있는 매출 부진을 해결하고자 《팔든가 팔리든가》를 썼다. 자비를 들여 그 책을 출간했고 책을 들고 미국 전역을 누비며 한 곳 한 곳 방문했다. 그리고 수십만 권을 팔았다.

《팔든가 팔리든가》 덕분에 나는 기업가들 앞에 서고 TV와 라디오에 출연하게 되었다. 내 메시지는 이랬다. "지금은 불경기가 아닙니다. 우리가 체감하는 경기는 언제나 불황입니다. 따라서 모두가 세일즈 기술을 배워야 합니다. 파십시오. 그렇지 않으면 당신 회사가 팔릴 것입니다." 내 말은 시장의 관심을 끌었고 돈을 좀 벌게 해주었다. 이 돈을 재투자했다. 수만 가지 사업으로 확장할 수 있는 제품을 만드는 데 투자했다. 바로 그랜트카돈 세일즈트레이닝대학교Grant Cardone Sales Training University를 세운 것이다. 현재 수백만 명의 세일즈맨, 기업가, 세일즈 관리자가 매우 생산적인 세일즈맨으로 만들어주는 전문 교육을 받기 위해 이 기관을 찾는다. 사람들은 사무실이나 집에서 스마트폰, 태블릿, 컴퓨터를 활용해 고객을 응대하고, 사업을 키우고, 신규 고객을 확보하고, 서비스를 제공하고, 소셜 미디어 영향력을 키우고, 사후 관리를 하는 새로운 방법을 배울 수 있다.

나는 돈을 제대로 다루는 데 집착했을 뿐이다. 그런데 이 집착이 극심한 경제 위기에서도 사업을 확장할 수 있게 해주었다. 정말 놀라운 일이다. 위기의 시기에 나는 어떤 자산을 시장에 내놓을 수 있는지 찾았다. 당시 내 자산은 머릿속에 있었다. 바로 세일즈 지식이 자산이었다. 단 3시간 만에 내게서 글들이 쏟아져 나왔다. 그렇게 책을 썼고 활동이 시작되었다. 나는 이 제품을 시장에 내놓았고 모두가 지갑을 닫는 불경기였음에도 사람들은 세일즈를 할 수 있는 방법에 대한 내 지식을 돈과 교환했다. 나는 국경을 초월해 한 곳 한 곳 문을 두드리며 책을 팔았다. 그러면서 내 사업을 확장하고 내 브랜드를 키웠다. 사람들이 자신들의 몰락을 두고 기술과 경제를 탓하면서 과거에 집착하고 거기에 머물러 있는 동안 나는 수익을 창출하고 있었다.

경제적 성공과 돈을 올바로 다루는 일에 집착하라. 그러지 않으면 벌을 받고 대가를 치를 것이다.

성공에 온전히 집착하고 싶다면
성공에 집착하는
사람들을 곁에 두어야 한다.

훌륭한 사람들과 함께하라

짐승에게 먹이 주기와 성공에 온전히 집착하고 있는가? 그렇다면 이런 태도를 존중하고 이해하는 훌륭한 사람들을 곁에 두는 것이 중요하다.

내가 소유한 회사 다섯 곳에서 나는 구성원 모두가 함께 짐승에게 먹이 주기에 초점을 맞추는 성공 문화를 조성했다. 우리는 긴급한 마감 기한을 정해두고 성공 외에는 모든 걸 무시하며 짧은 시간 동안 집중적으로 성공에 초점을 맞춘다. 이런 식으로 프로젝트에 집착한다. 이 과정에서 반대 의견이나 대체 아이디어, 강도가 약해진 접근법, 새로운 주제 도입은 받아들이지 않는다. "그래, 하지만"이란 말에도 관용을 베풀지 않는다.

어떤 일을 하라고 지시할 때는 지시가 명료하고 단순해야 하며 제시된 목표는 측정 가능하고 달성할 수 있는 일이어야 한다. 그런 다음 경영진은 일이 완벽하게 시행되고 성과가 나올 때까지 지시를 더 강력하게 내려야 한다. 모든 지시는 목표와 마감 기한을 동반해야 한다. 목표가 중요할수록 보고를 더 자주 받아야 한다.

한 부서의 매출 상황을 1시간마다 보고하라고 처음 요청했을 때 나는 며칠 동안 이 요청을 반복해야 했다. 팀장에게는 매시간 뭔가를 보고하는 일이 너무 낯설었기 때문이다. 하지만 나는 프로그램을 수정하면서 프로젝트를 성공시켜야 했기에 반드시 보고를 받아야 했다. 성공을 이루기 위해 매시간 매출 보고를 받아야 한다면 그것이 내가 해야 할 일이다.

매일 팀원들을 만나라

가치 있는 행동은 매일 할 가치가 있다. 매일 팀원들을 만나지 않는다면 당신 팀은 곧 다른 방향으로 가는 집단으로 변할 것이다. 그렇게 시간이 흐르면 팀원들의 자신감 결여와 행동 부족으로 당신이 바라는 성공이 극대화되지 않을 것이며 실패하고 말 것이다.

가치 있는 행동은
매일 할 가치가 있다.

#BeObsessed @GrantCardone

세일즈에서는 특히 그렇다. 세일즈팀이 전념하지 않는 아마추어들로 가득하다면, 그래서 책임감이 전혀 없고 적절한 동기부여가 없고 훈련을 제대로 받지 않으면 나쁜 평판을 얻는다. 매일 세일즈팀과 회의를 해서 당신이 누구이며 무엇을 하는지, 팀에 무엇을 원하는지, 무엇을 기대하는지, 고객에게 무엇을 제공할지 다시 강력하게 전달해야 한다. 이 모두가 짐승에게 먹이를 주는 일이다.

관심을 기울이고 격려하라

당신이나 관리자는 매시간 세일즈 부서로 가봐야 한다. 그래서 팀원들이 엉뚱한 일을 하지 않도록 해야 한다. 그저 사무실을 드나들며 몇몇 팀원들에게 이런 말만 해도 된다. "잘했어요." "얼른 전화 걸어봐요. 우리 도움이 필요한 사람들이 있을 거예요."

당신이 팀원들에게 관심을 기울인다는 사실을 보여주라. 나는 세일즈 부서에 들러 전화를 대신 받아 어떻게 말하면 되는지 보여주기도 한다. 대개 당신의 존재를 보는 것만으로 팀원들은 회의에서 논의한 목표에 다시 집중할 수 있게 된다.

성공을 축하하라

어느 날 한 고객으로부터 이메일을 받았다. 입문자용 세일즈 트레이닝 제품에 2만 2000달러를 투자했는데 90일 만에 300만 달러를 벌었다는 내용이었다. 괜찮은 투자였다. 나는 그 이메일을 읽고 담당 팀을 축하하는 영상을 스마트폰으로 찍었다. 그런 다음 영상을 팀원들이 함께 보도록 부사장에게 이메일로 전달했다.

직원과 직원의 성공을 축하해줄 시간이 없다면 우선순위를 잘못 정한 것이다. 사업의 성패는 새로운 고객과 기존 고객에 달려 있다. 고객 확보와 유지에 에너지를 쏟는 일은 성장에 필수다. 따라서 팀원의 성공에 집착해야 한다. 그러지 않으면 팀원들은 목표 의식이 금방 해이해져서 평균 미만의 실적을 낼 것이다. 기억하라. 눈에서 멀어지면 마음에서도 멀어진다. 생선은 머리에서 꼬리로 악취가 난다. 당신이 성공이 중요하지 않은 것처럼 행동하면 당신의 팀원들 역시 그렇게 행동할 것이다.

당신이 성공이 중요하지 않은 것처럼 행동하면 당신의 팀원들 역시 그렇게 행동할 것이다.

#BeObsessed @GrantCardone

회사의 좌우명을 만들어라

마이애미에 있는 내 회사에 와보면 어디서든 회사 좌우명을 보게 될 것이다. 직원들은 내 신념과 말로 둘러싸여 있다. 모든 사무실 문에는 해당 부서에 전하는 특별한 메시지가 걸려 있다.

* "서비스는 신속하게 제공해야 한다."

* "성공은 내 의무다."

* "고객이 우리와 거래를 끊지 않게 하겠다."

* "아무도 더 낮은 가격에 살 수 없다."

* "가격 대비 제품 가치가 더 높을 때 사람들은 구매 결정을 내린다."

* "구매자들이 제품을 사지 않으면 그들 잘못이 아니라 우리 잘못이다."

* "고객이 전화하지 말라고 해도 나는 그 말을 듣지 않겠다."

* "내 제품을 구매하지 않으면 고객은 제품 비용보다 더 큰 대가를 치른다."

* "나는 해야 하는 일보다 더 많은 일을 한다."

* "이곳에 영원히 있을 필요는 없지만 오늘은 여기에 계속 있을 것이다."

* "평범한 실적은 거부한다."

직원들이 이런 세일즈 메시지에 파묻히게 하라. 영업 전화를 더 할 수 있는 에너지와 동기부여, 자신감을 얻는 데 필요한 건 무엇이든 그들에게 먹이로 주라. 당신이 잘 아는 사실, 매 순간 집착하지 않으면 평범한 수준에 머물게 된다는 사실을 직원들

정신에 스며들게 하라. 집착이냐 평범이냐 둘 중 하나다.

지금까지 개인과 조직 차원에서 짐승에게 먹이 주는 법을 살펴보았다. 이제 동전의 다른 면, 의심을 굶겨 죽이는 법을 알아보자.

CHAPTER 05

의심을
굶겨 죽여라

당신의 야망, 성공, 천재성을
의심하지 마라

의심은 꿈을 죽인다. 대부분의 사람에게는 스스로를 믿지 못하는 의심이 가득하다. 그래서 성공에 집착하지 못한다. 그들은 두려움에 휘둘린다.

사람들은 당신의 광적이고 올인하는 정신이 문제라고 말하며 의심을 부추긴다. 하지만 당신의 이런 정신은 전혀 문제가 아니다. 문제는 의심이다. 의심은 이 행성에서 가장 위험하고 음흉한 정신적 테러다. 의심은 사람, 조직, 결혼 생활, 꿈을 해친다. 내 인생에서도 의심이 가장 심각한 문제였다.

1990년대 말 나는 미국에서 기승을 부린 열기에 사로잡혔

의심은 이 행성에서
가장 위험하고 음흉한
정신적 테러다.

다. 자신의 과거를 파헤쳐 문제의 원인을 알아내는 것이 당시 유행이었다. 어렸을 때 엄마나 아빠로부터 관심을 받지 못하거나 지나친 관심을 받아 문제가 생겼다는 개념을 중심으로 수천억 달러 규모의 산업이 성장했다. 이른바 문제 가정과 '내면 아이' 탐색에 초점이 맞춰지기 시작했다. 모두가 자신이 왜 망가졌는지, 부모가 자신을 어떻게 망쳐놨는지 말했다. 모든 것에 중독과 질병이라는 꼬리표가 달렸다. 일, 섹스, 마약, 반려동물, 사랑이 다 중독이고 질병이었다. 심지어 '중독에 중독되는 증상'마저 있었다. 나는 나를 개선하는 데 늘 관심이 있었기 때문에 한동안 그룹 모임에 가고, 12단계 워크숍에 참석하고, 내 '문제'의 원인을 알아내는 데 도움을 줄 상담사를 찾았다.

당시 이 산업의 본질적인 주장은 이랬다. 어떤 꼬리표가 달려 있든 결국 우리는 무력하고 자기 문제를 극복할 수 없다는 것이다. 지난 20년 동안 이런 추세가 지속했다. 모두가 상담사를 찾았다. 집을 살 형편이 안 되는 사람들도 자신의 상담사는 있었다. 그런데 맙소사, 이런 상담사들은 내담자들이 얼마나 훌륭한지가 아니라 어떻게 망가졌는지 말할 가능성이 더 크다. 한번은 여자친구와 함께 상담사를 찾아가 이렇게 말했다. "나는 내가 얼마나 훌륭한지 이야기하고 싶습니다. 내게 장점이 얼마나 많은지, 얼마나 많은 재능이 있는지 말하고 싶어요. 내 야망과 성공에 관해 이야기하고 싶습니다." 상담사는 즉시 내게 강박증 약인 리튬을 처방받으라고 권했다. 분명히 그는 내 집착이 위험하다고 생각한 것이다.

이런 이야기를 하는 이유는 성공에 집착할 때 어떤 반대를 만날 수 있는지 알려주기 위해서다. 내가 처음으로 삶을 변화시키기 시작했을 때 주변에는 온통 내가 감정적으로 상처를 입었고, 무력하고, 새로운 것에 중독되었다고 말하는 사람들뿐이었다. 내 집착 성향이 유전이라서 통제할 수 없고 영원히 거기서 자유로워질 수 없다는 말도 들었다. 그런 말을 듣고 나는 심한 혼란과 의심에 빠졌다.

그러던 어느 날 남성 주말 워크숍에 참여했다. 그때 주위를 둘러보다가 거기 있는 사람 중 내가 바라던 삶과 비슷하게 사는 사람이 아무도 없다는 사실을 깨달았다. 그들은 자신이 어떻게 망가졌는지, 망가진 삶에 초점을 맞추면서 자신의 '통제권' 밖에 있는 요인들과 부모에게 책임을 돌렸다. 그들 중 누구도 상황이 더 나아지지 않았다. 모임 리더들은 결혼 생활이 파탄에 이르렀고 재정 형편 때문에 고통을 겪었다. 나는 성공에 집착했는데, 그들은 자신의 문제에 집착했다. 이를 깨닫기까지 오랜 시간이 걸렸다. 마침내 나는 문제로 문제를 해결해서는 안 된다는 사실을 깨달았다. 문제는 성공으로 해결해야 한다.

현재 나는 나보다 더 나은 사람들에게서만 조언과 도움을 받는다. "지금 있는 방에서 당신이 가장 성공한 사람이라면 잘못된 방에 있는 것이다"라는 말이 있다. 나는 이 말을 믿는다.

남들이 다하는 방식의 '자기계발'을 당신도 충분히 오랫동안 시도해보지 않았는가? 당신이 과거에 어디에 있었는지, 무슨 일

지금 있는 방에서 당신이 가장 성공한 사람이라면 잘못된 방에 있는 것이다.

#BeObsessed @GrantCardone

이 일어났는지 더는 돌아보지 마라. 당신을 무력한 존재로 만드는 자아 발견이나 남 탓하기는 이제 끝내겠다고 모두에게 명확히 밝혀라.

사람들에게 당신의 천재성과 맞서지 말고 뒤로 물러서라고, 비키라고 말하라. 당신이 보는 것을 그들도 보도록 격려하고, 당신의 신념을 팔고, 당신의 생각이 더 낫다고 설득하라. 아니면 당신에게서 멀리 떨어져달라고 요구하라.

맞다. 당신은 광적이다. 불가능한 사명을 품고 있고, 당신이 하고자 하는 일을 누구도 해낸 적 없다는 것도 맞다. 하지만 이런 조건 중 어느 것도 의심의 원인이 되지 않는다! 결단력 있게 행동하고 올인하라.

의심과 비난을 단호히 제거하라

가족이나 친구, 고용주, 직원은 당신이 집착하는 데 올인할 준비가 되었다는 사실을 알고 있어야 한다. 그들 모두에게 이 사실을 알려라. 그들에게 말하라. "과거에 무슨 일이 있었든 나는 미래에 중독되고 집착하고 전념할 것이다"라고. 당신이 브레이크에서 발을 떼고 액셀러레이터만 밟고 있음을 보여주라. 주변 사람의 의심을 용납하지 않겠다고, 남 탓할 시간이 없다고, 온전히 삶을 전진시키는 지원만 기대한다고 분명히 밝혀라. 의심을 적으로 대하라.

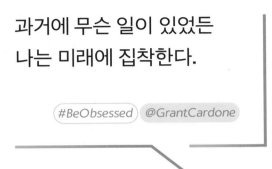

과거에 무슨 일이 있었든 나는 미래에 집착한다.

#BeObsessed @GrantCardone

회사 직원들 앞에서 당신의 비전을 의심하는 사람은 용납하지 않겠다고 분명하게 말하라. 자신의 실적 부진에 대해 남 탓이나 환경 탓을 하는 사람은 회사에서 내보내겠다고 말하라. 성공이 단순한 희망 사항이 아니라고 말하라. 전에는 불가능하다고 생각했던 수준의 성공을 가져다달라고 요구하라. 불가능해 보이는 성공을 현실로 만드는 데 모두가 지원하고 협조하기를 기대한다고 말하라.

이런 생각이 들지 모른다. '맙소사, 그럼 엄청난 혼란과 소란이 생길 거야. 내 가족과 직원들은 이런 집착과 변화를 한 번에 받아들이지 못해. 반대와 소동, 분란이 생길 게 불 보듯 뻔해. 엄청난 파장이 일 거야.'

그래도 의심보다 낫다! 당신이 걱정하는 일들은 이미 일어나고 있다. 더 심각한 문제는 당신이 마땅히 누려야 할 성공이 낮은 수준으로 진행된다는 것이다. 의심은 목표에서 멀어지게 만든다. 또 목적과 집착이 없는 삶을 살게 한다. 이렇게 명확함이 결여된 삶을 살면 의심이 세력을 확장한다.

의심은 삶의 다양한 영역에서 자란다. 우리가 관심을 두고 있는 곳에서도 의심이 싹틀 수 있다. 나도 의심을 품어봤고, 그래서 고통을 겪어봤기 때문에 잘 안다. 전통적인 지혜도 활용해봤다. 하지만 번아웃burnout 예방 노력이나 긴 휴가, 일과 삶의 균형을 찾으려는 시도가 내게 도움이 되지 않음을 알게 되었다. 삶의 경험을 통해 나는 이런 것들이 아무 소용 없음을 깨달았다.

번아웃은 없다

30대 말에 나는 캘리포니아주 라호이아에 살면서 세미나 사업을 하고 있었다. 미국 내 다양한 도시에서 8시간 길이의 세미나를 한 달에 16회 운영하는 사업이었다. 마틴 루서 킹 데이Martin Luther King Day나 대통령의 날President's Day, 메모리얼 데이Memorial Day, 추수감사절Thanksgiving 같은 미국 회사가 문을 닫는 공휴일에는 정상 근무를 하는 캐나다로 가서 세미나를 개최했다. 하루 종일 청중 앞에서 강연했고 그러지 않을 때면 컨설팅 업무를 진행했다. 내 달력에는 해야 할 일이 빼곡하게 적혀 있었다. 내가 언제 어느 도시에 있었는지 모를 정도로 정신없는 나날을 보냈다.

40번째 생일 직전에 나는 사람들이 번아웃이라고 말하는 상태를 경험하기 시작했다. 내 얼굴에서 빛이 사라지고 있었다. 피곤하고 짜증 나고 화가 났다. 오페라의 디바처럼 주변 사람들에게 까다롭게 굴어댔다. 내 행동 방식이 마음에 들지 않았다. 영양사에게 자문해 식단을 조절해보고 명상도 해봤다. 사람들은 내가 지쳐 보인다고 말했다. 너무 열심히 일해서 일과 삶의 균형을 잃은 거라고 했다. 전에도 늘 그런 말을 들었다. 하지만 이번에는 사람들의 말을 믿었다. 나도 스스로에게 똑같이 말하고 있었다.

나는 현 상황을 점검해보기로 했다. 번아웃에 빠지지 않고 내가 하는 일을 사랑하고 다시 집착하려면 무엇을 해야 하는지 알아봐야 했다. 열심히 일하고 많은 지역을 돌아다니느라 지쳤다는 건 말이 되지 않았다. 그건 내 인생에서 가장 쉬운 일이었기 때문이다. 나는 연단에 서서 수백 명의 전문 세일즈맨에게 매출을 높이는 방법에 대해 강연했다. 나는 젊었고 에너지가 넘쳤으며 열심히 일하는 것을 좋아했다.

종이 한 장을 꺼내 앉아서 내 인생을 상세하게 검토했다. '내 인생의 목적은 무엇이고 현재 나는 무엇을 하고 있는가?'라는 질문을 해보았다. '목적을 되새기고 목표를 명확히 한다면 정상 궤도로 다시 돌아갈 수 있을 거야'라고 나는 생각했다.

종이에 적기 시작하자 언제나 그렇듯이 진실이 즉각 나를 정확하게 강타했다. 나는 더 큰 목적을 놓치고 있었다. 원대한 목표들을 세우면서 거기에 계속 집착해야 했는데 그러지 않았다. 단순히 바쁘게 움직이며 적당한 경제적 성공을 얻는 데 만족하고 있었다. 이런 삶은 내가 아는 내 능력과 전혀 맞지 않았다.

나는 원대한 목적을 달성하는 일과 내 사업을 계속 탄탄하게 하는 일에 더는 집착하지 않았다. 바로 이 때문에 내게 '번아웃'이 시작되었다. 세미나는 기계적으로 반복되었다. 나는 암기한 것만 전달하는 강연가였다. 청중만 다를 뿐 내 입에서 나오는 말은 똑같았다. 하지만 내 목적은 그저 여러 지역을 다니면서 강연하고 돈을 버는 게 아니었다. 그런데 어찌 된 일인지 나는 열정적인 사업가가 되겠다는 꿈에서 점점 멀어져 단순한 강연가가 되어가고 있었다.

이런 사실을 깨닫고 나 자신에게 질문하기 시작했다. '내가 하는 일에 다시 집착하려면 무엇을 해야 할까?' 단지 한 분야의 산업을 바꾸는 데 만족하지 않고(당시 나는 자동차 분야에서만 강연했다) 새로운 세일즈 방법을 개발해 세상을 바꾸겠다는 생각에 사로잡혔던 과거의 내가 떠올랐다. 또 대형 부동산 회사를 세우고 싶었던 꿈을 상기했다.

나는 회사를 분할하기로 결정했다. 자동차 산업을 대상으로 한 컨설팅 회사를 세우고, 강연가로서 내 브랜드를 확장해 다른 업계 사람들에게도 세미나를 제공하고, 부동산 사업에 본격적으로 뛰어들기로 했다.

알고 보니 난 번아웃에 빠진 게 아니었다. 목적을 다시 확인하자 즉시 새로운 활력과 흥분을 느꼈다. 나는 평범한 수준의 사람에게 조언 구하기를 그만두고, 나 자신을 더는 의심하지 않고, 목적을 향해 전력 질주했다. 단지 재정적 성공만이 아니라 내 잠재력을 온전히 발휘하는 일에 다시 초점을 맞추어 집착했다.

이제 새로운 도전은 이 집착을 사람들에게 알리고 목표를 달성하기 위해 도움을 얻는 일이었다. 몇 달 안 되어서 도움을 줄 사람들을 찾을 수 있었다. 세미나를 기획하고 진행하는 홍보 회사와 자동차 분야를 맡을 파트너, 부동산 인수와 관리를 도와줄 파트너가 생겼다. 곧 나는 원래의 궤도로 돌아왔고 전보다 더 빠르게 움직였다.

당신의 목적을 명확히 알면 당신은 결코 번아웃 되는 법이 없다.

휴식과 휴가가 필요하다는 착각

플러그를 뽑고 긴장을 풀려면 휴식과 휴가가 필요하다는 생각이 사회의 통념이다. 하지만 현실적으로 사람들 대부분은 제대로 긴장을 풀 수 있을 만큼 오랜 휴가를 즐길 처지가 못 된다. 휴가가 어느 정도 편안함을 줄 수는 있다. 하지만 휴가의 핵심은 신체의 활력만이 아니라 목적의 활력을 되찾는 것이다.

잠재력을 최대한 발휘하고 세상에 엄청난 기여를 하는 데 온전히 집착하면 저절로 새로운 에너지가 생기고 다시 힘이 난다. 나도 일할 때보다 더 많은 에너지가 소모되는 휴가를 가본 적 있다. 당신은 골프를 얼마나 많이 칠 수 있는가? 일광욕을 얼마나 오래 즐길 수 있는가?

사람들은 휴가에 굶주려 있다. '휴식'이 자신을 재충전해줄 거라고 믿기 때문이다. 하지만 궁극적으로 당신을 재충전하는 유일한 방법은 목적에 다시 집착하는 것이다. 그래서 성공한 많은 사람은 일을 일로 보지 않는다.

한편 나는 자유 시간이 성공의 최대 위협 중 하나라고 생각한다. 한마디만 하겠다. "악마를 만나고 싶다면 당신의 일정표에 하얀 여백을 남겨두라."

사업을 시작한 초기에 휴가를 보내다가 내 인생이 나락으로 떨어질 뻔했다. 남들이 뭐라든 꿋꿋이 내 갈 길을 가겠다고 굳게 결심했지만 곧 나는 또다시 친구들의 말을 듣는 실수를 저질렀다. 친구들은 내가 너무 열심히 일한다고, 좀 쉬는 게 좋겠다고 말했다. 그래서 새로운 모험과 집착으로 돌진하지 않고 속도를 늦췄다. 나는 휴스턴에 집을 샀다. 여자친구를 만나고 2000달러를 주고 컴퓨터를 새로 샀다. 내 작은 사무실로 가서 하루 종일 계획을 세우고, 기획하고, 글을 쓰고, 새로 산 컴퓨터의 사용법을 익혔다. 그렇게 시간을 보냈다.

'시간을 보냈다'라고 말한 건 1년이란 세월을 그냥 흘려보내고 일다운 일은 전혀 시작하지 않았기 때문이다. 어느 날 회사에 다니는 동생 게리가 잘 지내는지 궁금해 전화를 걸었다. 전화를 받은 동생은 이렇게 말했다. "형, 평일에 일하고 있을 때는 전화하지 마. 해야 할 업무가 있어. 형은 도대체 언제 영업 전화를 하면서 사업을 확장할 거야?"

뼛속 깊이 파고드는 말이었다. 그 말이 현실이었다. 나는 집착을 좇고 있다고 생각했지만 아니었다. 집착을 뒤로하고 친구들과 어울려 영화 보고, 미식축구나 소프트볼을 하고, 주말이면 바비큐 파티를 즐겼다. 또 너무 자기 성찰만 하고 있었다. 맙소사, 나는 고객 정보 파일을 컴퓨터로 활용하는 법을 익히는 데만 시간을 쏟았지 새로운 고객을 그 파일에 추가하는 일은 전혀 하지 않았다! 동생이 쏘아붙인 모진 말에 정신이 번쩍 들면서 동기부여를 받았다. 새로 세운 회사에만 초점을 맞춘 채 완벽하게 몰입하고 완전히 집착해야 했다. 다음 주 월요일이 되자마자 나는 계획을 다시 실행할 준비를 단단히 한 채 앨버커키행 비행기에 몸을 실었다.

일하지 않으면 나는 행복하지 않다. 그렇다고 내가 문제 있는 사람이 되는 건 아니다. 오히려 생산적인 사람이 된다. 생산성을 최대로 발휘할 때 나는 가장 행복하다. 다른 사람이 뭐라고 하든 당신도 이렇게 될 수 있다. 다른 사람들은 당신이 무엇을 원하는지 모른다. 다른 사람의 말을 듣고 성공에 대한 집착이 흔들리면 안 된다. "난 성공 같은 거 전혀 바라지 않아"라고 으스대며 말하는 사람들이 있다. 그들을 이해하려고 하지도 말고 그들에게 미안한 감정도 갖지 마라.

> 일하지 않으면 나는 행복하지
> 않다. 생산성을 최대로
> 발휘할 때 나는 가장 행복하다.
>
> #BeObsessed @GrantCardone

일과 삶의 균형이라는 잘못된 믿음

일과 삶의 균형을 잡으라는 개념 자체가 터무니없는 소리다. 나는 일과 삶의 균형을 잡으려고 노력하지 않는다. 오히려 한쪽으로 최대한 치우치게 하려고 노력한다.

훌륭해지고 승자가 되는 일에 완전히 집착하면 뭔가 타협하고 포기해야 한다고 사람들은 흔히 생각한다. 가족과 보내는 시간이나 운동, 취미, 종교 생활, 독서 등을 포기해야 할지 모른다고 생각한다.

틀렸다! 집착은 중요한 것을 희생하거나 타협하는 게 아니다. 집착하면 건강, 믿음, 가족, 커리어, 돈 등 모든 것을 다 가질 수 있다. "돈을 가질 것인가 건강을 가질 것인가?"라는 질문은 할 필요조차 없다. "둘 다 가질 수 있다"가 유일한 정답이다.

성공과 즐거운 삶 사이에서 이거냐 저거냐를 놓고 선택할 필요 없다. 미래에 대한 통제권을 잃은 보통 수준의 사람들이나 그렇게 한다. 집착하는 사람은 모든 걸 요구하고 모든 걸 얻는다. '균형'에 매달리지 않는다.

어느 하나가 아니라 모든 걸 다 얻는 법을 아는 사람에게 조언을 구하라. 꿈을 포기한 사람에게서는 절대 조언을 구하지 마라. 일과 삶의 균형을 찾으라고 조언하는 사람들은 특별한 삶을 누린다는 것이 무엇인지 전혀 모른다. 그들은 유산을 남기거나

> ## 집착하는 사람은 모든 걸 요구하고 모든 걸 얻는다. '균형'에 매달리지 않는다.
>
>

세상을 바꾸려는 시도를 하지 않는다. 그들은 자랑스럽게 떠벌리고 다닌다. "그런 거 다 필요 없어요." "평범하게 사는 게 행복해요." "행복해지기만 하면 돼요."

하지만 나는 그런 사람들이 자신이 무슨 말을 하고 있는지 모른다고 생각한다. 내가 볼 때 그들은 '진짜 균형'을 이루지 못하고 있다. 그들은 반쪽짜리 인생을 살고 있다.

비난과 반대에 대비하라

끊임없이 집착을 발휘하려면 비난하고 시기하는 사람, 심한 경우 의심을 심어주는 사람을 상대할 준비가 되어 있어야 한다.

나는 그런 사람들을 '비난자와 반대자'라고 부르겠다. 성공을 원하는 사람 주위에는 이 두 종류의 사람이 있기 마련이다. 사실 더 큰 성공을 거두면 거둘수록 비난자와 반대자는 더 많이 생긴다.

당신이 집착에 올인하겠다고 사람들에게 밝히면 어느 순간 비난자와 반대자가 틀림없이 나타난다. 그리고 집착하는 태도가 얼마나 잘못되고 터무니없는지 떠들어대면서 공연한 참견을 한다. 의심과 두려움, 질투, 멈추라는 충고가 사방에서 당신을 공격한다. 맙소사, 이 책을 읽고 있는 당신을 누군가가 본다면 비난자와 반대자 두어 명은 모습을 드러낼 것이다.

당신 안의 비난자와 반대자를 없애라

무엇보다 먼저 당신 스스로가 이런 비난자와 반대자가 되지 말아야 한다. 당신 내면에 있는 자기 회의를 없애버려야 한다. 원대한 목표에 초점을 맞추는 훈련을 통해 의심에 찬 내면의 목소리를 지워버려라.

내게는 위대하고 무모한 생각이 있다. 이런 생각이 너무 특이해서 나처럼 집착하는 사람조차 지나치다는 생각이 들 정도다. 내가 볼 때도 터무니없는 생각이라면 보통 수준의 사람이 들으면 뭐라고 말할까?

* 70억 명의 사람이 내 이름을 안다.
* 40억 달러 규모의 부동산 펀드 회사를 상장시킨다.
* TV 쇼를 제작해 히트시킨다.
* 다음번 대통령 선거에 출마한다.

자, 이제 당신 차례다. 당신의 무모한 목표를 목록으로 만들어라. 3장에서 적어본 목표를 사용해도 좋다.

이런 목표를 적고 읽을 때 '말도 안 돼'라고 속삭이는 내면의 목소리가 들릴지 모른다. 그 목소리는 당신의 생각이 얼마나 비현실적이고 터무니없으며 불가능한지 따지기 시작할 것이다.

* 그걸 할 시간이 있어?
* 무엇을 위해 하는 거야?
* 그 일을 하기에는 나이가 너무 많아(또는 너무 어려).

내면의 비판자가 어떻게 당신을 깎아내리고 용기를 꺾고 비참하게 만드는지 유의하라. 하지만 당신은 당신 편이 되어야 한다!

당신은 당신에게 무슨 말을 해주겠는가? 내 상황을 예로 들어보면 40억 달러 규모의 부동산 펀드 회사를 세울 수 있을지 의심이 생길 때 재빨리 펜을 꺼내 4,000,000,000달러라는 숫자를 적는다. 그런 다음 내가 이 목표에 얼마나 근접해 있는지 생각하고 현재 상태를 적는다(4억 달러, 이게 현재 내 위치다). 그러고는 다른 누가 이런 성과를 냈는지, 이런 일이 몇 번이나 있었는지 생각한다. 그러면 나는 즉시 목표에 대해 의심하기보다 가능성을 발견하고 원래의 궤도로 돌아온다. 머릿속으로만 생각하지 말고 종이에 적어라. 그리고 왜 할 수 없는지가 아니라 어떻게 할 수 있는지에 초점을 맞추어라.

이 세상에는 비난자와 반대자가 많다. 나는 그런 사람 중 하나가 될 여유가 없다. 당신도 그렇다.

반대자는 당신 가까이에 있다

당신의 꿈을 반대하는 사람들이 그저 못되고 심술궂은 사람, 당신에게 아무 의미가 없는 사람이라면 상관없겠지만 안타깝게도 그들은 당신을 사랑하고 당신에게 많은 관심을 가진 사람일 수 있다. 반대자의 의도가 꼭 당신에게 해를 주려는 건 아니다. 하지만 그들의 의견은 잠시라도 당신을 멈추게 할 수 있다.

누가 기습 공격을 할까? 놀랍게도 부모, 형제자매, 연인, 배우자, 자녀, 절친한 친구, 고용주, 직원, 관리자, 동료, 낯선 사람, 이사진, 교사, 투자자, 심지어 구루나 인생 코치가 그런 공격을 한다.

반대자들은 늘 같은 소리를 한다. 이런 말들을 자주 들어보지 않았는가?

* "주의해."
* "조심해."
* "그냥 참아."
* "속도를 늦춰."
* "왜 위험을 무릅쓰는 거야?"
* "안전하게 해."
* "그런 일 할 필요 없어."
* "우린 지금 그대로 널 사랑해."

그들은 당신에게 관심이 있다. 하지만 그렇다고 해서 그들에게 당신의 운명을 좌지우지할 권리가 있는 건 아니다.

어머니는 내 가장 친한 친구이자 가장 열정적인 팬이었다. 하지만 동시에 가장 강력한 반대자였다. 어머니고 보호자니 그럴 만했다. 어머니는 늘 이런 식으로 말했다. "조심해." "성과를 냈잖아. 그걸로 만족할 순 없니?" "어째서 그렇게 많이 필요한 거니?" 어머니가 나를 믿지 못한 건 아니었다. 그런데도 반대했다. 당신 삶에서도 어머니는 거의 모든 것에 첫 반응이 언제나 '아니요'였다. 어머니는 오래도록 그런 삶을 살아왔다.

반대자들은 당신을
사랑하고 당신에게 많은
관심을 가진 사람일 수 있다.
하지만 그들에게
당신의 운명을 좌지우지할
권리는 없다.

나는 항상 어머니에게 감동을 안겨주고 싶었다. 50살 먹은 성인이고 여러 사업체를 운영하며 세상에 나 자신을 증명했는데 도 새로운 아이디어가 떠오르고 어떤 일을 성공시킬 때마다 어 머니에게 제일 먼저 이야기하고 싶었다. 하지만 어머니의 반응은 언제나 예외 없이 부정적이었다. 나를 걱정했고 내가 잘못될까 봐 두려워했다.

몇 가지 예를 들어보겠다.

* 나는 사업을 시작한 초기에 어머니에게 가서 이렇게 말했다.

"어머니, 일을 그만뒀어요. 내 사업을 시작하려고요." 그러자 어머니가 말했다. "지금 하는 일 잘하고 있잖아! 당장 사업을 시작해야 하는 이유가 뭐니?"

* "어머니, 동업자와 함께 두 번째 회사를 세울 거예요"라고 하자 어머니는 말했다. "네 아버지가 동업자에게 회사를 빼앗긴 걸 너도 알잖니."

* 어느 날 내가 "부동산 투자를 시작할 거예요"라고 하자 어머니는 말했다. "한밤중에 물이 샌다고 전화하는 세입자를 어떻게 감당할래?"

* 캘리포니아에서 살고 싶다는 평생의 꿈을 이루겠다고 말하자 어머니는 즉각 이렇게 말했다. "어떻게 그런 생각을 하는지 믿을 수가 없구나! 물가가 너무 비싸서 사람 살 수 있는 데가 아니란다. 거기 사는 사람들은 다 제정신이 아니야."

어머니는 직접 사업을 해보거나, 동업자를 구해보거나, 부동산에 투자해본 적이 없고, 캘리포니아에는 딱 한 번 가봤다. 그런데도 내가 하고자 하는 모든 일에 경고했다.

자신이 무슨 일을 하고 있는지 깨닫지도 못한 채 내 아이디어에 무조건 조심하라고 말했다. 어머니는 내가 안전하게 행동하길 원했다. 당신을 사랑하는 사람들이 당신의 아이디어를 반대하는 것도 결국은 다 같은 이유에서다. 그들은 당신의 안전을 먼저 걱정하며 본능적으로 당신과 자신들을 보호하려고 한다. 그렇기에 당신이 듣게 되는 조언은 대부분 도움이 안 된다. 그런 조언의 목적은 위험이 뒤따르는 일을 하지 못하게 막는 것이기 때문이다.

최근 나는 누나에게 내가 계획하고 있는 부동산 투자에 대해 말했다. 그러자 바로 누나는 아주 오래전에 있었던 일을 꺼냈다. 내가 동업에 뛰어들었다가 잘 풀리지 않았던 일을 다시 들춰냈다. 어째서 누나는 내게 실패를 상기시켜주어야 한다고 생각한 걸까? 35년 동안 사업을 하면서 잘 풀리지 않는 일이 하나도 없는 게 가능하다고 생각하는가? 누나는 장기적인 시각이나 자신감이 없다. 안전지대에 머물러야 한다고 생각한다. 그래서 뭔가를 창조하는 사람이 아니라 그냥 누나로서 내 보호자 노릇을 했고, 내가 얼마나 집착하는지, 집착이 나를 얼마나 행복하게 만드는지 알지 못했다. 사업가처럼 생각하지 않고 그저 가족처럼 행동한 것이다.

우리에게는 이런 종류의 인간관계가 있다. 나는 누나에게 그만하라고 말했다. "누나가 의심하지 않았으면 좋겠어. 나는 누나의 지지가 필요해. 그리고 난 항상 누나를 사랑해."

하지만 결국 반대를 물리치는 최고의 방법은 반대자들이 당신을 믿지 않을 수 없을 때까지 반복해서 계속 목표를 달성하는 것이다.

> 반대를 물리치는
> 최고의 방법은 반대자들이
> 당신을 믿지 않을 수
> 없을 때까지 반복해서 계속
> 목표를 달성하는 것이다.
>
> #BeObsessed @GrantCardone

걱정 전문가들이 더 걱정스럽다

최근에 건강 검진을 받았다. 의사가 혈압을 재면서 설교를 시작했다. "아시겠지만 당신 같은 사람들은 스트레스를 많이 받는 경향이 있어요. 당신도 분명히……." 하지만 내 귀는 이미 닫혀 있었다.

너무 많은 사람에게서 똑같은 말을 수없이 들었다. 사람들은 내게 얼마나 스트레스를 많이 받겠느냐고 늘 말한다. 하지만 사실 그들은 내가 스트레스를 받는지 그렇지 않은지 전혀 모른다. 나는 스트레스를 받지 않는다. 나는 내 삶을 사랑한다. 모든 활동과 무모하고 새로운 도전을 사랑하고 갈망한다.

걱정 전문가들이 하는 말의 속뜻은 내가 하는 일을 그들이 그대로 한다면 스트레스를 받는다는 뜻이다. 그들은 내가 아니라 자신의 이야기를 더 많이 하고 있다.

위에서 소개한 의사는 스트레스를 받고 지쳐 있는 것처럼 보였다. 문제들에 휩싸여 휘청거리는 것처럼 보이는 사람은 내가 아니라 의사였다.

괜히 참견하는 사람들의
검증되지 않은 조언

괜한 참견을 하며 조언하는 사람들이 있다. 그들은 모든 걸 알고 있다면서 어떤 행동도 하지 않는다. 의도가 무엇이든 그들의 조언은 당신이 의심에 빠지도록 부추긴다.

＊ "그냥 행복하게 살면 안 돼?"

* "어느 정도를 가져야 충분한 거야?"

* "근사해. 하지만 알잖아. 우리는 지금 그대로 널 사랑해."

* "그만하면 충분하지 않아? 아직도 트위터 팔로어 수가 부족한 거야?"

나는 평생 청하지도 않은 조언을 들어야 했다. 쓸모없지만 여전히 인기 있는 말들을 수많은 사람에게서 들었다. 그런데 그들은 누구에게 조언하는 걸까? 나를 설득하려는 걸까, 아니면 작은 것에 만족하는 게 더 낫다고 자기 스스로를 설득하는 걸까? 그런 조언을 가족이 하든 당신이 조언을 구한 비즈니스 '전문가'가 하든 걸러 들어야 한다. 그런 말을 곧이곧대로 받아들이면 마음에서 의심이 싹틀 것이다.

소셜 미디어가 생겼을 때 나는 그것이 지닌 엄청난 영향력을 알고 있었다. 그리고 내 이름을 전 세계에 알리는 일에 집착했다. 그래서 나는 포스팅을 시작했다. 그리고 지나치게 많은 게시물을 올린다는 소리를 되풀이해 들었다. '전문가'들은 내게 게시물 수를 줄이라고 조언했다. 그런데 그런 규칙을 누가 만드는가? 내가 올리는 게시물 수에 제한이 있다고 어디에 쓰여 있는가? 어디에 그런 말이 있는가? 그런 말을 누가 하는지, 그런 사람은 얼마나 많은 팔로어를 두고 있는지, 소셜 미디어로 얼마나 소통하는지 알고 싶었다.

"형은 게시물을 너무 많이 올려"라고 동생이 말했다. 나는 "내 트윗 끊어. 너 보라고 올린 거 아냐. 날 모르는 70억 명이 보라고 올린 거지"라고 말했다. 내 직원 중 누군가가 "사장님이 게시물을 지나치게 많이 올리고 있다고 사람들이 불평합니다"라고 말할 때마다 나는 이런 생각을 한다. 'CNN은 하루 24시간 내내, 1년 365일 계속 뉴스를 쏟아내고 있어. CNN에 싫증 나면 폭스나 다른 채널로 돌리지. 거기서도 오싹한 정보들이 쉬지 않고 쏟아져나와. 그럼 넷플릭스를 틀어. 거기에는 대부분 쓰레기급인 콘텐츠가 100만 년 볼 분량이 있어.' 나는 내게 훌륭한 콘텐츠가 있어서 사람들에게 좋은 정보를 제공할 수만 있다면 15초마다 게시물을 올려도 된다고 결론 내렸다.

때때로 우리 회사에서는 5분마다 트위터에 새로운 게시물을 올린다. 너무 지나친 것처럼 보이는가? 그렇다고 대답한다면 전 세계 소셜 미디어의 규모를 몰라서 하는 말이다. 엑셀라컴 Excelacom에 따르면 2016년 인터넷상에서 1분당 유튜브 동영상 조회 수 278만 건, 구글 검색 240만 회, 인스타그램 게시물 3만 1194개, 트윗 34만 7222개를 기록했다. 다른 플랫폼에 올라온 게시물은 말할 것도 없다.

너무 많은 게시물을 올린다고 팔로어들이 나를 떠난다면 그들은 틀림없이 같이 사업을 할 대상이 아니다. 심하게 밀어붙이고, 지나치게 많은 전화를 걸고, 쉴 새 없이 이메일을 보낸다고 나를 떠나는 사람이라면 내가 사업을 함께 하고 싶은 사람이 아닐 가능성이 크다. 그런 사람은 집착이 무엇을 의미하는지 이해하지도 못할 것이다.

오스틴에서 강연할 때 어떤 사람이 내게 다가와 말했다. "그랜트, 당신은 게시물을 너무 많이 올려요. 그래서 당신을 차단해야 했어요." 나는 이렇게 말했다. "나를 좋아하든 싫어하든 적어도 지금 당신은 나를 알고 있잖아요." 정말 흥미로운 일은 나를 차단한 이 남자가 직접 나를 보려고 돈을 내고 왔다는 것이다.

> 심하게 밀어붙이고, 너무 많은
> 게시물을 올리고, 지나치게
> 많은 전화를 걸고, 쉴 새 없이
> 이메일을 보낸다고 지적하는
> 전문가의 조언은 듣지 마라.
>
> #BeObsessed @GrantCardone

반대자는
자신의 평범한 수준을 정당화한다

반대자들은 자신을 보호하려고 애쓴다는 사실을 이해하라. 그들은 스스로를 평범한 삶으로 밀어 넣었다는 사실을 떠올리고 싶지 않아 보호막을 친다. 그들은 당신이 원대한 일을 하는 것을 봐줄 여유가 없다. 당신의 행동은 그들이 내린 결정의 정당화에 문제를 일으키기 때문이다. 당신은 평범한 모든 것에 위협적인 존재다. 평균에 안주한다는 사실을 상기시키기 때문이다!

내가 책을 쓰고 있다고 하면 사람들은 이런 식으로 말한다. "책 쓰는 일은 엄청나게 힘들어요." "이제 사람들은 책을 잘 안 읽어요." "책을 완성해봤자 대부분은 출간되지 않는다는 거 알죠?" 이런 말을 셀 수 없이 들었다.

이런 반응은 행동하지 않는 것을 정당화하고 평균으로 살 권리를 옹호해야 하는 반대자의 목소리다. 그들은 평생 쓰고 싶었던 책을 절대 쓰지 못한다!

그들의 의도가 당신을 돕는 것이든 해를 주는 것이든 중요하지 않다. 만약 당신이 그들의 말에 귀 기울인다면 결과는 그들과 똑같다. 그들은 당신을 단념시키려고 하며 당신이 이미 도전하고 있는 목표에 의심과 혼란을 심어준다. 그래서 안 그래도 어려운 행동을 1000배 더 어렵게 만든다.

비난자가 없다면 집착하지 않는 것이다

앞에서 살펴본 반대자들은 아마 당신 편일 것이다. 그들은 일부러 당신을 방해하려고 하지는 않는다. 그들에게서 부정적인 말을 들어도 어떤 이유로 그렇게 말하는지 이해하면 어느 정도 극복할 수 있다.

하지만 성공한 사람을 시기하고 원망하며 위기의식을 느끼는 사람들이 있다. 이런 사람들은 스스로 생산적인 활동을 하지 않는다. 그들은 생산적인 사람을 막아서려고만 한다.

비난자와 반대자는 어떤 의도로 부정적인 말을 하느냐에 따라 구별된다. 반대자는 당신이 정말로 잘되기를 바라는 가까운 사람일 수 있다. 이와 대조적으로 비난자는 당신이 성공하는 걸 원하지 않는다. 그들이 바라는 건 당신의 실패다.

비난자는 당신이 잘되는 걸 절대 원하지 않기 때문에 누가 비난자인지 알아보기가 훨씬 더 쉽다. 그들은 거짓말하고 속인다. 그들의 시도에 굴복하거나 성공에서 눈을 돌리는 건 당신이 할 일이 아니다. 비난자가 인생에서 생산하는 게 있다면 증오가 유일하다. 그들은 아무것도 창조하지 않기 때문에 창조하는 사람의 앞길을 막는 데 시간을 보낸다. 비난자는 계속 증오하는 반면 집착하는 사람은 계속 창조한다.

내 인생에도 비난자가 많았다. 장담하는데 그들이 없었다면

내 인생에 비난자가 없었다면
오늘의 나도 없었을 것이다.
그들 모두가
내 성공에 기여했다.

오늘의 나도 없었을 것이다. 그들 모두가 내 성공에 기여했다. 그들 중 몇 명을 소개해보겠다.

* 고등학교 때 나를 두들겨 팬 미식축구팀 선수들

* 15살 때 나를 해고한 맥도날드 매니저

* 마약을 하지 않고는 배겨내지 못할 거라고 말한 상담사

* 세일즈맨 초기에 어떻게 해서든 나를 자르려고 했던 세일즈 매니저

* 첫 부동산 거래를 할 때 경험이 없다는 이유로 내게 대출을 거부한 은행 두 곳

* 내 존재에 위기감을 느껴 내가 고객의 사업을 따낼까봐 나에 대해 거짓말을 한 경쟁 관계의 강연가

* 내가 지나치게 많이 노출되어 있으니 인터넷에서 내 영상을 다 내려야 한다고 말한 로스앤젤레스에 있는 홍보 회사

* 내가 자기 홍보를 너무 많이 한다고 말한 소셜 미디어 전문가

* 내 첫 책 출판을 거절한 출판사들

비난자의 말을 잘 들어보면 자신이 증오하는 사람보다 자기 자신에 대해 항상 더 많이 말한다. "그는 너무 건방져. 걸프스트림 제트기를 보유했다고 자랑하던데!"라는 말의 진짜 의미는 "내게는 왜 자가용 비행기가 없지?"다. "그는 늘 돈 이야기만 해"라는 말은 "나는 왜 제대로 돈을 못 버는지 이해하려고 애쓰는 중이야"라는 뜻이다. "그는 자기를 지나치게 홍보해"라는 말은 "나는 나 자신을 제대로 홍보하지 않아"라는 뜻이다. 사람들이 나를 증오한다면 그건 그들이 성공을 포기한 이유를 합리화하려고 애쓰는 것이다.

주변에 비난자가 없는가? 그렇다면 당신은 집착하지 않는 것이다. 비난자를 끌어모으지 않으면 아무것도 안 하고 있는 것이다. 비난자가 없다면 당신은 누구에게도 위협적인 존재가 아니라는 뜻이다. 당신의 성공을 보장해주는 증거를 찾고 싶은가? 그건 바로 당신 주변에 모여든 비난자들이다.

당신이 할 일은 비난자와 함께 어울리지 않는 것이다. 그들을 쫓아내거나 상대할 필요는 없다. 집착하고 있는 일이 성공할 때까지, 그리고 더 많이 집착할 때까지 당신은 계속 집착하면 된다.

비난자는 사실상 최고의 조력자다

사람들이 나에 대해 못되고 악의적인 말과 거짓말을 하는 게 싫지만, 이 역시 내 성공의 일부이기에 비난자를 포용하게 되었다. 그들은 자기 시간과 에너지를 희생하면서 공짜로 나를 홍보해준다. 기억하라. 누군가를 증오할 때 비난자는 아무것도 새로운 것을 만들어내지 못한다. 그들이 유일하게 만들어내는 게 있는데, 바로 그들이 증오하는 사람에 대한 인지도다.

사람들이 공개적으로 나를 증오할 때 그들은 나를, 내 이름을, 내 브랜드를 홍보해준다. 나에 대해 비난의 글을 써달라. 내 말에 왜 동의하지 않는지 세상에 알려라. 내가 왜 끔찍하게 싫은지 세상에 말하라. 좋아하든 싫어하든 적어도 나를 안다는 말이니 언제든 환영이다.

비난자는 반대자와 달리 당신을 홍보해준다. 반대자는 당신의 아이디어가 얼마나 허무맹랑한지 세상에 말하지 않는다. 당신을 염려하고 보호하려고 하기 때문이다. 하지만 비난자는 당신과 당신의 아이디어를 세상에 알리며 당신이 얼마나 정신 나 갔는지 말한다. 비난자는 가장 열정적인 팬보다 더 열심히 당신 을 홍보한다.

당신이 불가능한 일을 가능하게 만들어 비난자가 공개적으로 광기 어린 증오를 퍼붓거나 미디어를 통해 당신을 무너뜨리려고 노력할 때 그들은 더욱더 당신을 홍보해준다. 실제로 내가 큰 성공을 거두면 거둘수록 비난자는 나에 대해 더욱더 신랄한 악담을 퍼부었다. 내가 늘 사람들에게 하는 말이 있다. "미국 인구의

> 비난자는 가장 열정적인
> 팬보다 더 열심히
> 당신을 홍보한다. 그들이
> 유일하게 만들어내는 것은
> 증오하는 사람에 대한
> 인지도다.
>
> #BeObsessed @GrantCardone

절반이 나를 증오하게 할 수 있다면 나는 대통령이 될 수 있다!"

비난자들을 쫓아 보내려고 애쓰지 마라. 그들의 부정적인 말을 집착의 연료로 삼아라.

비난자는 훌륭한 아이디어를 선사해준다

비난자가 내뿜은 부정적인 에너지를 창조적인 일의 연료로 활용하라.

한번은 어떤 사람이 자신의 블로그에 내가 완전히 이기적인 사람이라고 주장하는 끔찍하고 악의적인 글을 썼다. 내가 51살이 될 때까지 아이를 갖지 않았다는 게 이유였다. 내가 들어본 미친 소리 중 최악이었다. 거기다가 사실도 아니었다. 우리 부부는 아이를 가지려고 노력했지만 아내가 임신이 되지 않아 그때까지 아이가 없었던 것이다.

나는 그 사람을 차단하거나 보복하지 않았다. 나 자신을 옹호하며 논쟁하지도 않았다. 오히려 〈그랜트 앤드 엘레나 쇼The G&E Show〉를 만들어야겠다는 영감을 얻었다. 아내와 함께 매주 카메라 앞에 앉아 결혼과 자녀, 사업과 관련해 어떤 일이 도전이며 어떻게 헤쳐 나갈 수 있는지 말하는 영상을 만들었다.

비난자의 도움에 힘입어 창조자가 되라!

비난자는 당신이
올바른 궤도로 가고 있음을 알려준다

소셜 미디어가 크게 인기를 끌자 소셜 미디어 컨벤션이 자주 개최되었다. 한 컨벤션에서 2명의 출연자가 내 이름과 내가 포스팅하는 습관을 언급하며 소셜 미디어에서 하면 안 되는 사례로 들었다. 하지만 나는 그들을 공격하거나 논쟁하지 않았다. 나에 대한 그들의 증오가 내가 올바른 행동을 하고 있다는 증거라고 결론 내렸을 뿐이다.

그들은 지금까지 내가 한 행동에 대해 잘못되었다고 말해왔다. 그렇다면 내가 그런 행동을 10배 더 많이 하고 있으니 그들은 계속 불만을 터뜨리며 나를 홍보해야 했다.

하지만 시간이 흐르면서 그들은 나를 홍보하지 않았다. 그들이 틀렸다는 증거가 생겼기 때문이다. 내 구독자는 200퍼센트 늘어났고 현재 우리 회사에서는 소셜 미디어를 적극적으로 활용하고 있어 2억 명의 사람이 우리의 게시물과 동영상, 블로그를 보았다.

모든 걸 알고 있다고 생각한 그 '전문가'들은 어떻게 되었을까? 나한테 졌다.

의심하는 사람에게
먹이를 주지 말고 계속 전진하라

비난자와 반대자가 만드는 진짜 위험은 당신을 궤도에서 이탈시킬 가능성이다. 그들이 쏟아내는 의심과 혼란에 끝까지 맞서지 못하면 결국 패배하고 만다.

삶과 일에서 안전지대를 기꺼이 벗어나야 한다. 엔진은 조속기governor(거버너, 하중의 증감에 따라 회전 속도를 일정하게 조정하는 장치-옮긴이)가 장착되어 있어 안정되고 일관성 있게 작동한다. 그래서 너무 가속되거나 폭발하는 일이 없다. 하지만 집착하는 사람에게는 조속기가 없다. 그래서 엔진을 최대 속도로 올린다. 그러니 사람들이 겁을 낼 수밖에.

집착하는 사람은 인기 투표나 다수결 원칙에 관심이 없다. 어마어마하게 큰 꿈을 품고 있는 그들은 많은 사람이 왜 그렇게 소심하게 생각하는지 이해하지 못한다. 사람들이 왜 원대한 꿈을 꾸지 않는지, 거대한 목표를 이루려고 시도하지 않고 차라리 실망하는 편을 택하는지 납득하지 못한다. 행동은 안 하고 말만 하는 사람들, 그들이 바로 비난자와 반대자다.

사람들이 기대하는 수준, 평범한 수준에 머무르면 결코 폭발적으로 성장하는 사업을 일으키지 못하며 다음 단계로 크게 도약하지 못한다. 반대자는 경고하고 비난자는 악담할 것이다. 그냥 내버려두라. 물론 당신의 원대한 목표 때문에 당신을 사랑하는 보통 사람들은 짜증이 날 것이고, 목표를 포기한 사람들은 울분을 토할 것이다. 반대자에게 그런 말을 더는 듣지 않겠다고 말하기는 쉬운 일이 아니다. 하지만 마음껏 집착하고 집착에 확신해야 의심과 혼란을 부추기는 사람의 말을 듣지 않게 된다.

반대자를 안내자로 여기고 비난자를 연료로 삼아라. 그들과 싸우지 마라. 집착을 줄이려는 시도는 절대 하지 마라. 집착하는 사람은 주변의 인정이나 허락을 구하지 않는다. 그들에게는 자기 아이디어에 대해 "좋아요"라고 말해줄 사람이 필요하지 않다. 대신에 그들은 내면의 결의를 통해 자신의 영역을 확고히 다지고, 아이디어를 분출하고, 한계를 넘어선다. 그들은 기존 현실에

반대자는 경고하고
비난자는 악담할 것이다.
그냥 내버려두라.

#BeObsessed   @GrantCardone

침입한다. 어떤 허가나 승인도 받지 않고 들어갔다가 모든 걸 새로 정의하면서 나오기 때문에 새로운 환경을 창조한다.

비난자와 반대자에 대한 궁극적인 복수는 엄청난 성공이다. 내게 그 정도의 성공은 아직 한참 멀었지만 못되게 굴며 나를 업신여긴 모두가 자가용 비행기를 타는 내 모습을 볼 거라고 생각하니 기분이 너무 좋다. 비난자와 반대자가 잡지에서 내 기사를 읽고, 트위터나 페이스북, 페리스코프Periscope에서 내 게시물이 리포스트repost되고 내 글에 '좋아요'가 달리는 것을 보고, 공항 서점에서 내 책을 볼 거라고 생각하니 설렌다. 하루라도 빨리 나에 대한 영화가 만들어지고 건물과 버스에 내 얼굴이 걸렸으면 좋겠다!

궁극적인 복수는
엄청난 성공이다.

#BeObsessed @GrantCardone

CHAPTER 06

이기려면
지배하라

당신 자신을 지배하라

당신에게는 무한한 에너지와 강렬하고 최고조로 타오르는 투지가 있다. 매일 밤 식은땀을 흘리며 잠에서 깰 정도로 당신에게는 원대한 꿈이 있다. 하지만 삶의 모든 영역을 지배하지 못하면 다양한 형태의 파괴적인 힘에 짓눌려 무너지고 말 것이다.

영역을 지배하는 일은 당신에게서 시작된다. 그다음 당신의 직원과 고객, 경쟁자에게까지 확장된다. 압도적인 존재이자 본이 되려면 모든 영역에서 리더가 되어야 한다. 스스로의 생각, 직원의 생각, 경쟁자의 생각, 대중의 생각을 지배할 수 있다면 당신은 영역을 소유하게 될 것이다. 나는 《일등이 아니면 꼴찌다If You're Not First, You're Last》라는 책에서 지배라는 개념을 처음 사용했다.

사람들 대부분은 내가 말하는 '지배'의 의미를 오해했다. 그들은 이 개념이 경쟁에서 이기는 것이라고 생각했다. 하지만 진정한 지배, 그리고 진정한 집착은 스스로를 지배하는 일에서 시작한다.

쉬워 보일 수 있지만 많은 사람은 절대 지배하는 일의 대가가 될 수 없다. 자신의 마인드셋을 지배하지 못하면 사업이나 인생도 지배할 수 없다. 기업 문화나 가족 문화도 창조할 수 없다. 이렇게 하려면 생각과 행동, 선택을 통제하는 법을 배워야 한다.

자신의 야망과 에너지, 집착을 억누르겠다는 건 나쁜 생각이다. 하지만 이런 것들이 제멋대로 움직이게 놔두는 건 훨씬 더 나쁘다. 이것들은 마치 야생마 같아서 지배하지 않으면 전속력

진정한 지배, 그리고
진정한 집착은 다른 사람이
아니라 스스로를 지배하는
일에서 시작한다.

으로 사방을 치달리며 에너지와 자원을 소진한다. 그렇게 엄청난 노력을 쏟아붓지만 아무것도 생산해내지 못한다.

당신이나 가족, 직원에게 어떤 아이디어가 있다고 해보자. 그 아이디어를 추진해서 검증받은 적이 없다면 아예 처음부터 실험해보지 마라. 내 말은 아이디어 실험 자체를 하지 말라는 게 아니다. 추진하면 성공할 아이디어에 전력을 쏟아 실험하라는 것이다. 성과를 낼 당신의 아이디어가 있는데 다른 사람의 아이디어를 시도할 이유가 어디 있는가.

자신감은 궤도를 유지하는 데만 중요한 것이 아니다. 궤도를 설정하고 모두의 궤도를 탄탄하게 정비해주어 마침내 당신이 성공을 확실하게 거머쥐기 위해서도 중요하다. 자신감을 얻는 최상의 방법은 당신의 영역과 그 안에 있는 모든 것을 지배하는 것이다.

당신 자신을 지배하고 통제하는 일을 소홀히 여길 때 인생에서 오랜 세월을 낭비할 수 있다.

스스로를 지배하는 일과 관련해 군대의 지휘 체계, 군인 정신, 명령, 절대적인 임무 수행을 생각해보면 도움이 될 것이다. 군인이 아닌 평범한 삶을 사는 사람들 대부분은 시간을 정확히 지켜야 한다는 문화나 마인드셋이 결여된 채 살아간다. 특정한 방식으로 옷을 입지도, 최대 역량을 발휘하지도, 명령을 따르지도 않는 삶을 살아간다. 누구도 삶의 과정을 명확하게 정해주지 않기 때문에 사람들의 에너지는 사방으로 흩어진다.

나는 감당할 수 있는 것보다 더 많은 선택지가 있을 때 가장 혼란스러웠다. 스스로에 대한 규칙을 세우는 일은 결국 자기 자신에게 달렸다는 사실을 깨달았다. 삶의 영역을 분류해 각 영역을 분석하는 능력을 발전시켜라. 그래야 당신에게 가장 중요한 영역을 지배할 수 있다. 그 영역을 집착의 핵심 연료로 삼아라.

부정적이고 제한된 사고를 지배하라

처음으로 세일즈 트레이닝 사업을 시작했을 때는 내가 유일한 직원이었다. 나는 회계에서 운송까지 모든 회사 일을 도맡아 했다. 내 삶은 효과적인 일을 찾아내 그 일을 반복하는 것을 중심으로 돌아갔다. 그렇게 성공을 쌓고 강력한 에너지를 발휘했다. 이 과정이 계속 반복되었다.

일에 집착하면서 재정적인 성과가 생기기 시작했지만 성공이 길게 지속하지 않을 거라는 제한된 생각에 고통, 상실감, 두려움, 결핍, 불안을 느끼며 감당하기 힘든 긴장감에 휩싸였다. 나는 목적을 위해서가 아니라 내가 사장이자 유일한 직원이라서 어쩔 수 없이 하루에 19시간씩 일했다. 나는 두려움에 사로잡혔다. 집착은 일부 영역에서 도움이 되었지만 현실적으로 당시 나

는 그 영역에서 엄청난 성공을 거둘 준비가 완벽하게 되어 있지
않았다.

　사람들은 자신의 통제력을 벗어나는 문제가 생기지 않기만
을 바란다. 왜일까? 문제를 통제할 의지와 능력이 없기 때문이다.
하지만 당신이 문제를 장악하는 게 아니라 문제가 당신을 장악
하면 고통스러운 파멸로 가는 건 시간문제다. 부정적이고 제한
된 생각을 없애고 잠재력과 목표에 완전히 초점을 맞추는 법을
배우기 전에는 스스로 부족하다는 느낌에 시달릴 것이다. 하지
만 진정으로 집착할 대상을 찾고 거기에 모든 시간과 에너지를
투자하면 모든 것이 달라지기 시작할 것이다. 고통이 아닌 선택
에 집착하게 될 것이다.

　해를 끼치거나 방해하거나 주의를 산만하게 하는 믿음이나
행동을 억제하라. 모든 제한된 사고를 없애는 법을 알아낼 때까
지는 거기에 초점을 맞추어라. 특정한 영역에 약하다는 걸 알고
있다면 더는 문제가 생기지 않도록 그 문제를 지배하라. 예를 들
어 술이 문제라면 집에서 술을 없애라. 재떨이가 눈에 거슬린다
면 쓰레기통에 버려라. 스트립쇼 극장이 연인과 만날 장소가 아
니라면 가지 마라. 자신을 제어하지 못하면 지배도 할 수 없다.

　함께 시간을 보내는 사람들도 주의해야 한다. 당신 주변 사
람들은 좋은 영향을 주거나 나쁜 영향을 주거나 둘 중 하나다.
중간은 없다. 그들이 어느 쪽인지 모르겠다면 함께 시간을 보내

당신이 문제를 장악 못 하고
문제가 당신을 장악하면
파멸은 시간문제다.

#BeObsessed @GrantCardone

서는 안 된다. 나는 그렇게 한다. 앞으로도 그럴 것이다. 도움이
되는 사람들과만 시간을 함께 보내라.

당신의 시간을 지배하라

사람들은 끊임없이 내게 묻는다. "당신은 어떻게 그 모든 일
을 다 합니까?" 아주 쉽다. 나는 탁월해지고 싶은 일들을 적는
다. 그런 다음 그 일을 할 수 없는 변명이 아니라 그 일을 할 시
간을 만드는 데 집착한다.

좋은 예가 있다. 나는 가족을 위한 시간을 만드는 데 전념한
다. 이를 잘 해내려면 시간을 현명하게 사용해야 한다. 매일 아침

나는 아이들을 깨워 차에 태우고 동네 카페로 간다. 그곳에서 우리 셋은 이런저런 이야기를 나눈다. 15분에서 30분 정도 좋은 시간을 보내면 아이들은 아빠에 대한 필요를 충족시킨다. 집으로 돌아와 식사한 다음 아이들은 학교 갈 준비를 하고 나는 출근할 준비를 한다.

아이들은 당신의 시간을 많이 필요로 하지 않는다. 약간의 시간만 아이들에게 내주면 된다. 아이들과 함께 시간을 보내는 일에 전념하고 어떻게 그렇게 할지 창의적으로 생각함으로써 나는 시간을 필요에 맞게 만든다(예를 들어 밤이 아닌 아침에 아이들과 놀거나 체육관에 데리고 간다). 나는 시간을 관리하지 않고 만든다.

그런데 이런 내 행동은 아이들의 필요 때문만은 아니다. 부모도 아이와 함께하는 시간이 필요하다. 결혼 후 내 삶에는 항상 누군가가 함께 있다. 사업과 결혼, 가정을 비롯한 모든 삶은 도전이다. 그래서 아내와 나는 최대한 함께 사업을 한다. 함께 일하며 브랜드를 성장시킬 기회를 찾는다. 각자가 잘하는 분야를 택해 그 일에 에너지를 투자한다. 나는 아내에게 영업 전화를 하라고 요구하지 않는다. 아내가 잘하는 일을 하게 한다. 그런 일 중에는 그랜트 카돈 TV_{Grant Cardone TV}의 프로젝트 기획을 포함해 많은 일이 있다.

우리 부부가 시간을 최대한 효율적으로 활용하는 한 가지 방법은 사업 파트너들과 함께 시간을 보내는 것이다. 예를 들어 우리는 둘이서만 저녁 외식을 하는 경우가 거의 없다. 직원이나 고객을 저녁 식사에 초대하는데 그러면 그 시간을 효율적으로 사용하게 된다. 단지 우리 둘만을 위해 근사한 저녁을 먹으며 돈을 쓰는 건 의미가 없다고 생각한다. 하지만 이런 식사 비용의 4배라도 우리 부부와 우리 사업에 더 많은 기회를 만들어준다면 나는 기꺼이 쓴다. 솔직히 말해 일주일에 한두 번 데이트한다고 해서 부부관계가 탄탄해지는 건 아니다. 우리는 시간을 바라보는 관점을 포함해 1년 365일 내내 한마음 한뜻이기에 흔들리지 않는 강력한 관계를 유지한다.

앞에서 언급했듯이 일정표에 비어 있는 공간은 내 삶을 지루하게 만들었다. 이로 인해 과거에 어려움을 겪었다. 이런 상황을 피하려고 나는 많은 약속과 활동으로 내 시간을 빈틈없이 채운다. 58살인 현재 나는 말 그대로 한 가지 미팅을 마치면 다른 미팅을 하러 달려간다. 미팅하러 어느 한 도시로 비행기를 타고 갈 때는 그 지역에서 미팅을 더 만들어 일정표를 채운다.

중요하지 않고 집착에 불을 붙이지 않는 일에 더는 시간을 낭비하지 마라. 예를 들어 어떤 사람은 잔디를 깎고 세차하는 데 시간을 쓰는데 그런 일이 목표 달성에 도움이 되지 않는다면 하지 마라. 집착의 대상이 아닌 일은 돈 주고 다른 사람에게 맡겨라.

당신의 시간과 초점은 소중하다. 그러니 그것들을 귀중하게 다루어라.

집착의 대상이 아닌 일은 돈 주고 다른 사람에게 맡겨라.

#BeObsessed @GrantCardone

시간을 관리하지 말고 만들어라. 그러면 모든 일을 할 시간이 생긴다.

돈을 지배하라

돈은 반드시 지배해야 할 중요한 영역이다.

돈 문제를 입 밖으로 꺼내는 사람도 있고 그러지 않는 사람도 있다. 하지만 대부분의 사람에게 돈은 끊임없는 걱정거리다. 병원에 갈 때마다 사람들은 비용을 두려워한다. 마트에 가면 살 수 있는 것과 없는 것을 결정해야 한다. 계산서를 받을 때마다 소비 방식을 다시 생각하게 된다.

하지만 재정 형편이 좋지 않은 사람들의 삶은 그들에게 더 많은 돈을 준다고 해서 나아지지 않는다. 우리 대부분은 가난한 집안이나 중산층 가정에서 자랐고 어른이 된 후에는 빈곤층이나 중산층의 사고방식과 신념을 가지고 살아가게 되었다. 돈에 쪼들리며 사는 부모, 무지한 교사, 무책임한 정부를 보며 자랐기 때문에 우리는 돈에 대한 의심과 혼란에 휩싸인다. 하지만 돈에 대해 어리둥절하고, 혼란스럽고, 심드렁하고, 심지어 화가 치밀어도 우리 각자는 돈과 관련해 부모로부터 물려받은 생각을 극복하려고 노력할 수 있다.

가장 먼저 할 일은 돈을 제대로 이해하는 것이다. 돈을 통제하고 자신의 재정 상황을 지배한다면 가족, 친구, 동업자, 직원, 고객의 머릿속에 있는 재정적 의심을 모두 제거할 수 있다.

다음 질문에 답해보라. 돈에 얼마나 자신감이 있는지, 돈을 지배할 수 있는지 알 수 있는 훈련이 될 것이다.

* 돈에 대한 당신의 좌우명은 무엇인가?
* 돈에 대해 어떻게 생각하는가?
* 어느 정도면 당신에게 충분한 돈인가?
* 너무 많은 돈은 어느 정도인가?
* 너무 적은 돈은 어느 정도인가?

우리 대부분은 가난한 집안이나
중산층 가정에서 자라
어른이 된 후에는 빈곤층이나
중산층의 사고방식과 신념에
길들여진 채 살아간다.

#BeObsessed @GrantCardone

* 돈에 대한 부정적인 생각은 무엇인가?

* 돈을 아끼기 위해 애쓰면서 대부분의 시간을 보내는가?

* 돈을 더 버는 데 얼마나 많은 시간을 쓰는가?

* 마트나 식당에서 가격표를 보면 어떻게 하는가?

위 질문에 정답은 없다. 이런 질문을 한 목적은 당신이 돈을 어떻게 생각하는지, 그런 생각에 문제가 있는지 없는지 인식할 수 있도록 돕기 위해서다.

핵심은 스스로에게 솔직해지는 것이다. 삶에서 뭔가 문제가 있다면 가장 먼저 해야 할 일은 그렇다고 인정하는 것이다. 돈 문제에 끊임없이 시달리고 있다면 그런 상황을 인정하라. 그래야 결핍 사고방식을 풍요 사고방식으로 바꿀 수 있다.

잊지 마라. 당신이 집착하는 것은 현실이 된다. 돈 문제에 집착하면 돈 문제가 반드시 생긴다. 돈이 당신에게 어떤 의미인지 긍정적으로 이해하는 데 초점을 맞추면 돈을 더 많이 버는 법을 알게 될 것이다.

인생 초반에 돈에 대한 내 좌우명은 이런 말들이었다. "돈은 나무에서 열리지 않는다." "티끌 모아 태산." "모든 달걀을 한 바구니에 담지 마라." "부자가 되려는 것은 탐욕스러운 행동이다." "부유한 사람은 불행하다." 이 모든 말이 내가 재정적 성공을 거두지 못했던 이유를 설명해준다. 나는 저녁 식사하러 식당에 가서 스테이크와 랍스터 메뉴 가격이 57달러인 걸 보고 불평했다. 극장에 가서는 3D 영화 티켓 가격이 19달러라고 불평했다. 마트에 가면 9달러짜리 유기농 바나나를 보고 불평했다.

57달러는 큰돈이 아니다. 19달러나 9달러도 마찬가지다. 이 금액이 어떤 제품의 가격이든 상관없다. 큰 그림에서 볼 때 이 정도 금액은 전혀 많은 돈이 아니다. 이 행성에서 57달러 때문에 문제를 겪는 사람은 아무도 없다. 내가 이렇게 말하는 건 57달러로는 당신과 내가 겪는 어떤 문제도 해결할 수 없기 때문이다. 설령 이 정도 돈으로 뭔가를 해결했더라도 비슷한 문제가 곧 또 생긴다.

2008년 금융 위기가 닥친 후 나는 돈에 대한 놀라운 깨달음을 얻었다. 내가 대형 부동산 3건의 대출을 받은 은행이 부도가 났다. 대출자들의 채무불이행 사태가 터지고 미국 집값은 헐값이 되었다. 내가 열심히 일해서 모은 수백만 달러가 하룻밤 사이에 눈앞에서 사라졌다.

부도가 난 은행을 보고 나는 초점을 잃은 사람은 누구나 빈털터리가 될 수 있음을 깨달았다. 나는 집착하는 일을 그만두고, 바쁘게 활동하는 일에서 뒤로 물러나고, 현재 상태에 만족하는 살찐 게으름뱅이가 되었다. 현실을 깨닫고 다시는 그렇게 살지 않겠다고 맹세했다. 그리고 엄청난 노력을 기울이며 어려운 상황에서 벗어나는 데 집착했다.

돈에 관한 생각을 지배하라

우리 대부분은 돈은 만악의 근원이라고 배웠다. 입에 올려서는 안 되는 것 중 하나가 돈 이야기였다. 이 사회에서는 자신이 빈털터리라거나 중산층이라는 말은 해도 괜찮은 것처럼 보인다. 하지만 부자가 되면 더는 돈 이야기를 할 수 없다.

누가 자신의 롤스로이스 자동차, 자가용 비행기, 컨트리클럽에 대해 말하는 걸 들으면 사람들 대부분은 극도로 신경이 예민해진다. 그럴 이유가 있을까? 나는 당신이 재정적 성공에 대해 자유롭게 말했으면 좋겠다.

돈 이야기를 하는 사람을 불쾌하게 여기지 마라. 오히려 돈 이야기를 하지 않는 사람을 피하라. 그리고 돈을 못 벌거나 가진 돈을 모조리 쓰거나 음식값을 내지 못하는 사람을 조심하라. 아주 인색하게 25센트짜리 동전까지 쥐어짜며 한 푼 한 푼 절약하는 구두쇠에게서는 아무것도 배울 수 없다.

돈을 벌려면 자본이 필요하다는 말은 진실이 아니다. 돈을 벌려면 용기가 필요하다. 이것이 진실이다. 현재 백만장자 중 80

돈 이야기를 하는 사람을
불쾌하게 여기지 마라.
오히려 돈 이야기를 하지
않는 사람을 피하라.

#BeObsessed @GrantCardone

돈을 벌려면 자본이 아니라 용기가 필요하다.

#BeObsessed @GrantCardone

퍼센트는 자수성가한 사람들이다. 그들은 돈을 물려받지도 않았고 자본금을 가지고 시작하지도 않았다. 당신이 새로운 고객을 만나고 더 많은 주의를 끌어모으려면, 그리고 고객이 당신 말고 다른 거래처는 생각도 할 수 없도록 그들을 지배하려면 용기가 있어야 한다. 돈을 벌고 지키고 불리려면 성장에 대한 엄청난 전념과 몰입, 집착이 필요하다. 누군가의 회사에 고용되어 근무한다면 그저 월급을 받는 데 만족하지 말고 회사의 성장에 책임감 있는 태도를 보여야 한다. 그래야 회사와 당신 모두에게 판이 유리하게 돌아간다. 돈 버는 일에서 관중이 되지 마라. 경기장으로 들어가 득점을 올리기 위해 노력하라.

이 지구상에는 상상 못 할 정도로 어마어마한 돈이 있지만 사람들 대부분은 돈이 거의 없다. 그들에게 돈이 없는 건 이 세상에 돈이 부족하다고 믿기 때문이다. 또는 자신이 부자가 될 자격이 안 된다거나 돈을 벌기 어렵다고 믿기 때문이다.

"돈은 어디에나 있다." 바로 이것이 돈에 관한 내 태도다. 누구에게나 돈이 있다. 그래서 사람들은 자신이 좋은 서비스를 받고, 요구한 것(그리고 요구한 것 이상)을 받으면 기꺼이 돈을 지불한다. 내 슬로건은 이것이다. "내 돈이 누구에게 있지?"

젊은 시절 세일즈를 할 때 나는 새 구두와 양복이 필요했다. 당시 직장에 가면 스스로에게 이렇게 물었다. "누구에게 내 새 구두와 양복을 살 돈이 있을까?" 내가 필요한 제품을 살 돈을 벌기 위해 내 제품이나 서비스를 살 고객을 찾았다. 수입을 바라는가? 충분하지 않은 수입에 집착하지 말고 이 세상에 있는 많은 돈에 집착하라. 당신이 제공하는 것이 필요한 사람을 만나는 일에 초점을 맞추어라.

돈은 어디에나 있고 내 목표는 내 돈을 차지하는 것이다. 이런 마인드셋 덕분에 힘들게 노력하지 않아도 풍부한 돈이 자연스럽게 내게 온다. 나는 많은 돈을 쓰고 기부하지만 여전히 돈이 많다.

주변 사람들의 돈에 관한 생각을 지배하라

돈에 대한 당신의 관점만큼 중요한 것이 또 있다. 주변 사람들이 돈을 당신과 같은 방식으로 바라보고 다루지 않는다면 당신은 진정한 성공을 거둘 수 없다.

그저 평생 혼자 일하는 데 만족할 수는 없지 않은가. 탄탄하고 훌륭한 조직을 세워야 하는데 그러려면 당신 회사에서 돈을 친근한 주제로 만드는 일에 집착해야 한다. 이는 관리와 세일즈, 재정 등 모든 분야에 해당한다. 직원들은 돈에 관해 당신과 비슷한 생각을 해야 한다. 현실을 직시하라. 돈에 관한 직원들의 생각을 당신이 지배하지 않으면 다른 사람이 지배한다.

이 때문에 돈과 관련한 당신의 태도와 본이 중요하다. 영업 전화를 하고 돈을 창출하는 당신의 능력은 직원들에게 영감을 불어넣는다. 탁월한 재정적 결정을 거듭 내리는 일은 승자의 태

> ## 돈에 관한 직원들의 생각을 당신이 지배하지 않으면 다른 사람이 지배한다.
>
> #BeObsessed   @GrantCardone

도다. 누구나 승리하는 팀에 속하고 싶어한다. 당신은 직원들의 본보기다. 당신이 어떤 본을 보였는지 알려면 주변 사람들의 재정 형편을 살펴보라.

업무 성과가 좋은 직원들에게 집착하라. 그러면 당신은 그들 삶에서 거인이 될 것이다. 더욱 원대한 목적을 추구하면서 그들이 꿈꾸었던 것보다 더 많은 돈을 창출하는 방법을 보여주라. 그러면 그들은 충성스럽고 헌신적인 직원이 될 것이다.

전문 분야를 지배하라

어떤 일에 권위자가 되어 당신의 메시지를 세상에 알려라. 당신이 다른 사람보다 더 잘하는 것은 무엇인가? 무슨 일에 열정을 느끼는가? 무엇에 대한 꺾이지 않는 견해가 있는가? 세상이 알아야 하는 중요한 것은 무엇인가?

몇 년 전 나는 세일즈 업계에서 나보다 더 유명한 사람들 때문에 신경이 거슬렸다. 내 이름이 브라이언 트레이시Brian Tracy, 톰 홉킨스Tom Hopkins, 오그 만디노Og Mandino, 나폴레온 힐Napoleon Hill, 지그 지글러Zig Ziglar 같은 세일즈 거물들과 나란히 있지 않다는 사실 때문에 숨이 막혔다. 이 목록에서 내 이름은 어디에 있을까? 단지 나에 대해 들어보지 못했다는 이유로 사람들이 내 글을 읽기보다 그들의 말에 관심을 가지는 게 짜증 났다. 하지만 이건 내 잘못이었다. 내 이름을 세계적으로 널리 알리는 데 집착하지 않고 이미 달성한 성공에 안주했던 탓이다.

이런 상황을 바꾸고 세일즈 거물들처럼 전문가로 알려지는 방법을 알아내기 위해 나는 다음 훈련을 개발했다.

종이 한 장을 가져와서 중앙에 당신 얼굴을 그려라. 이 훈련을 당신 개인을 위한 훈련으로 만들고 항목들 중심에 누가 있는지 상기하기 위해서다. 그다음 종이를 두 칸으로 나눠 한쪽에는 '공적인 삶', 다른 한쪽에는 '사적인 삶'이라는 제목을 적어라. 각 제목 아래에 당신의 전문 능력과 남다른 특징을 적어라.

내가 작성한 표는 이렇다.

공적인 삶	사적인 삶
세일즈 천재	아버지
자수성가	남편
작가	마약중독에서 벗어남
프로그램 제작	아버지, 어머니, 큰형 돌아가심
강연가	일란성 쌍둥이
억만장자	자선가
부동산 투자자	군대 지원
세무 감사와 승소	배우와 결혼
캘리포니아주를 떠남	5개 도시에서 거주해봄

소셜 미디어 인플루언서	영적임
자동차 업계 전문가	건강함
일중독자	가족을 위한 시간을 만듦

표를 만들었으면 각 제목에 맞게 당신의 특성을 나눠 적어라. 공적인 삶에서 나는 '세일즈 천재'가 되는 게 무엇을 의미하는지 생각하기 시작했다. 나는 30살 때 세일즈 분야에서 혁신을 일으켰고 그 혁신을 현재까지 이어오고 있다. 유명한 오디오 프로그램과 동영상을 제작했고 책을 저술했다. 모두가 세일즈 및 사업 성장과 관련 있는 내용이었다.

세일즈 천재가 된다는 건 또한 다양한 세일즈 주제에 관해 이야기할 수 있는 능력이 있어야 함을 의미했다. 판매 성사, 고객 서비스, 고객 통제, 후속 조치, 영업 전화, 텔레마케팅팀 운영, 장기 세일즈, 소매 세일즈, 인터넷 세일즈, 웨비나(웹 세미나), 강연 현장 판매, 부동산 세일즈, 보험 세일즈 등에 관해 막힘없이 말할 수 있어야 세일즈 천재라고 할 수 있다.

이 표를 만들고 나서 나는 내가 누구인지, 왜 이 전문 분야를 지배하는지 짧은 선언문을 제시했다. "나는 세일즈의 대부다. 이 분야에서 나보다 더 잘하는 사람은 없다. 나보다 더 현실 감각 있고 효율적이고 실제적인 행동을 하는 사람은 아무도 없다. 자랑처럼 들릴지 모르지만 사실이니 자랑이 아니다. 세계 최고

기업들이 나와 우리 회사가 그들 각각의 필요에 맞게 매출을 올려줄 세일즈 기술과 고객 경험 접근법을 가르쳐줄 거라고 믿고 있다."

그런 다음 내가 사람들에게 무엇을 해줄 수 있는지 메시지를 더욱 정확하게 전달하기 위해 항목마다 다른 사람에게 제공할 수 있는 혜택을 제시했다. 나는 누구에게나 세일즈를 좋아하고 이 분야에서 탁월해지는 방법을 가르쳐줄 수 있다. 나는 좋은 세일즈맨을 훌륭한 세일즈맨으로 만들 수 있다. 훌륭한 세일즈맨은 세일즈 대가로 만들 수 있다. 아무리 세일즈를 싫어하는 사람이라도 세일즈를 탁월하게 해내는 방법을 알려줄 수 있다.

사적인 삶의 항목들에서는 직업 영역으로 확장할 기회를 발견할 수도 있다. 예를 들어 군대를 지원하면서 나는 퇴역 군인들에게 세일즈를 가르쳐 직업 전환을 돕고 싶다는 생각과 열정이 생겼다. 몇 년 전 나는 펜타곤과 포트 브래그, 포트 베닝에서 전역 예정인 군인들을 대상으로, 그리고 콜롬비아 보고타에서 장성들을 대상으로 직업 전환 강연을 했다.

위 표를 완성하자 내게 무기가 될 수 있는 정보가 생겼다. 내 메시지를 널리 알려야 하는 다른 영역에서도 이런 표를 만들 수 있게 된 것이다. 이것이 그랜트 카돈이라는 브랜드를 지배하기 시작한 방법이다(이 내용은 나중에 더 다룬다). 하지만 무엇보다 내 전문 지식이 무엇이고, 그것이 왜 도움이 되는지 적는 과정이

나를 다음 단계로 도약시킨다. 유능해져라. 그리고 집착하라.

이 훈련을 활용해 당신이 무엇을 가장 잘하는지, 어느 영역에서 전문 지식이 있는지 명확히 알아야 한다. 하지만 기억하라. 당신이 작성한 항목들은 살아가면서 계속 달라지고 확장한다. 따라서 정기적으로 이 표를 다시 작성해야 한다. 그래야 당신의 영역에서 어려움을 헤치고 나가는 때 필요한 연료를 공급받을 수 있다.

경기에 계속 참여하라. 그리고 당신의 영역을(심지어 다양한 영역을) 지배하겠다는 집착에 쉬지 말고 먹이를 주라. 그러면 당신이 꿈꾸어왔던 수준 이상으로 더 많은 일을 해내는 능력을 발휘하게 될 것이다.

당신의 브랜드를 지배하라

지난 몇 년 사이에 나는 소셜 미디어의 리더 중 한 명이 되었다. 사실 이 정도로 말하는 건 아주 겸손한 표현이다. 작년에 거의 2억 명이 내 사이트를 방문하면서 내 온라인 영향력이 입증되었다.

내가 처음 소셜 미디어를 사용하기 시작했을 때 어떤 사람이 내게 물었다. "소셜 미디어에 대한 투자 수익률을 어떻게 계산

합니까?" 나는 그 사람을 바라보며 말했다. "나는 고객을 만들려고 소셜 미디어를 하는 게 아닙니다. 내 영역을 지배하고 내 이름을 세일즈의 대명사로 만드는 일에 집착하기 때문에 소셜 미디어를 하는 거죠. 나는 이 세상의 모든 세일즈 조직이 나에 대해 알기를 바랍니다. 나는 경쟁자들을 지배하고 그들에게 충격을 주고 싶습니다. 그들에게 두려움을 주고 완전히 항복하게 만들고 싶습니다. 그래서 결국 경쟁자들이 '카돈이 나보다 더 에너지 넘치고 열심히 일한다'는 사실을 인정하게 만들 겁니다."

나는 내 아이디어와 해법, 의견을 세상에 전하는 일에 집착했다. 그래서 내 콘텐츠를 전파할 수 있는 모든 통로를 찾아냈다. 만약 콘텐츠가 왕이라면 나는 콘텐츠 공장이 되어 세상과 소통할 수 있는 모든 수단을 활용했다. 48개월 동안 트위터에 7만 8000개의 트윗을 올렸고 6개월 동안 9000개의 동영상을 올렸다. 지나치게 많은가? 자신의 브랜드를 지배하려면 이 정도는 많은 게 아니다. 내가 너무 많은 게시물을 올려서 일부 사람들의 신경을 건드렸을까? 아마 그럴지도 모른다. 하지만 내게 정복할 영역을 준 건 경쟁자들이다.

누가 봐도 내가 소셜 미디어를 사용하는 정도는 보통 수준, 심지어 일반인이 사용하는 수준을 훨씬 넘어선다. 하지만 이 정도는 너무 많은 게 아니라 꼭 필요한 수준이다. 요즘 나는 회사의 인터넷 부서(나는 이 부서를 IT나 커뮤니케이션 같은 표현을 쓰지 않고 인터넷 부서라고 부른다)를 불러 6분마다 트윗을 올릴 수 있게 충분한 콘텐츠를 확보해 매일 총 100개의 새로운 트윗을 올리라고 지시한다. 이 양이 너무 많다고 말하는 사람은 인터넷과 소셜 미디어가 얼마나 광대한 공간인지 이해하지 못하는 것이다. 그 공간은 엄청나게 광대하다. 그곳에 돌덩이 하나 던진다고 해서 바다를 채울 수 있을까?

소셜 미디어나 마케팅, 심지어 일반 광고를 통해 제품을 홍보하면서도 많은 사람이 성공하지 못한다. 왜일까? 자신의 영역을 지배하는 데 필요한 노력을 과소평가하기 때문이다.

완벽한 사례를 보여주겠다. 소셜 미디어가 삶의 일부가 되면서 세 종류의 집단이 형성되었다. (1) 소셜 미디어를 몹시 싫어하는 사람들, (2) 관중(소셜 미디어에 이용되는 사람들), (3) 소셜 미디어를 마케팅과 자신을 알리는 데 활용하는 사람들. 첫 번째와 두 번째 집단에 속한 사람들은 어마어마하게 많다. 처음에는 나도 첫 번째 집단이었다. 소셜 미디어를 이해하지 못했기 때문에 이런 플랫폼들을 몹시 싫어했다. 하지만 그런 감정은 곧 사라졌다. 소셜 미디어가 얼마나 강력한 도구인지 알게 되면서 모든 채널을 맹렬하게 활용하기 시작했다. 그러니까 내 말은 이런 플랫폼들이 공짜고 얼마나 자주 포스팅하든 제한이 없었다는 뜻이다. 내가 게시물을 너무 자주 올리자 곧 사람들은 궁금하게 여겼다. "카돈이 그 일을 어떻게 할까? 그의 회사 규모가 얼마나 크지? 그는 일을 얼마나 많이 하는 거야?"

처음에 나는 소셜 미디어에 대해 아무것도 몰랐다. 하지만 모든 세일즈에서 내 이름이 언급되는 일에 집착하고 소셜 미디어가 이런 내 목표를 이루는 데 도움이 되리란 사실을 깨달으면서 이 세상에서 소셜 미디어를 가장 많이 사용하는 사람 중 하나가 되었다. 나는 내 전문 지식(세일즈에 가장 도움이 되는 최고의 정보)을 지배적인 브랜드로 바꿔놓았다.

오늘부터 당신도 삶의 모든 영역을 지배하기 위한 긍정적인 변화를 만들 수 있다. 지금 당장 팔굽혀펴기 20회를 하며 몸매를 변화시키는 일을 시작할 수 있다. 지금 당장 전화를 걸고 판매 실적을 쌓아 재정 상황을 개선할 수 있다. 직장에 있는 동안 자녀나 배우자에게 동영상을 보내 당신이 가족과 함께 소중한 시간을 보내고 싶어한다는 사실을 알려줄 수 있다.

다양한 영역에 집착하기만 하면 당신은 즉시 그 모든 영역을 결합하고, 먹이고, 강화할 수 있다. 지배하기로 선택하기만 하면, 당신이 쏟는 노력의 밀물이 삶의 모든 배를 띄워 올릴 것이다.

CHAPTER 07

위험해져라

위험한 사람이 되어라

위험으로 가득한 이 세상에서 위험을 피하기는 불가능하다. 선량한 사람들에게 나쁜 일들이 날마다 일어난다. 훌륭한 직원들이 해고된다. 기업은 대우를 아무리 잘해주어도 더 나은 혜택을 제공하는 기업에 직원을 빼앗긴다. 때로는 돈을 벌기도 전에 잃는다. 경쟁에서 밀리면 고객으로부터 배신당한다. 배우자는 당신을 떠나고 직원들은 일을 망쳐놓는다. 주식 시장은 당신의 어리광을 받아주지 않는다. 경제는 좋은 사람이나 나쁜 사람이나 똑같이 벌준다.

조심하면서 위험을 피하려고 애쓰면 실제로는 위험 속에서 살아가게 된다. 푼돈을 벌고 싶다면 위험을 피해도 좋다. 하지만 위험을 감수하는 것만이 위험을 줄이는 유일한 방법이다.

푼돈을 벌고 싶다면
위험을 피해도 좋다.

#BeObsessed @GrantCardone

상식에 어긋나는 말처럼 들릴 수 있지만 항구에 정박해 있는 것보다 바다에 나가는 것이 실제로 더 안전하다. 특히 당신이라는 대형 선박은 항구에 머물도록 제작되지 않았기 때문이다. 당신이란 큰 배는 깊은 바다와 크고 사나운 물결을 헤쳐 나가게 만들어졌다. 큰 물고기가 헤엄치고 보물이 기다리는 곳으로 긴 항해를 하도록 설계되었다. 편안함이 가장 큰 위협이다. 편안함을 추구하다보면 잠재력을 발휘해 얻을 수 있는 유익을 놓치기 때문이다.

당신 영역에서 가장 위험한 사람이 되는 일에 집착해야 안전하다. 이것이 당신의 안전을 보장하는 유일한 방법이다. 위험한 사람이 아니라면 당신은 누구에게도 위협이 되지 않는다. 그래서 경쟁자, 고객, 거래처, 직원, 배우자, 심지어 자녀까지 당신을 함부로 대할 것이다.

더는 웅크린 채 두려움에 휩싸여 소심하고 말 잘 듣는 사람으로 살아가지 마라.

이제 당신이 언제나 위험한 사람이 되는 몇 가지 방법을 소개하겠다.

고향을 떠나라

2008년 퓨 리서치Pew research 보고에 따르면 88퍼센트의 사람이 자신이 자란 고향에서 몇 킬로미터 이내에서 산다.

내 인생에서 신의 한 수는 익숙하고 편안한 환경을 떠난 일이었다. 편안함은 집착의 적이다. 위험해지려면 스스로를 안전지대 밖으로 몰아내야 한다. 말 그대로 새로운 도시로 가야 한다.

내가 고향인 루이지애나주 남서부의 작은 도시를 처음 떠난 건 시카고에서 새로운 일자리를 구했기 때문이었다. 그다음에는 휴스턴으로 이사했다. 그곳으로 이사하니 좋았다. 하지만 내게 도움이 되는 환경은 아니었다. 내가 정말로 원하는 환경과는 반대로 아는 사람이 있는 곳이었기 때문이다. 동생과 두 누나가 그곳에 있었다.

그 후 캘리포니아주 샌디에이고카운티 라호이아로 이사했

다. 그곳에는 아는 사람이 아무도 없었다. 거기서 12년을 살았다. 그러다보니 다시 너무 편안해지기 시작했다. 모든 사람이 나를 알았다. 이런 상황은 내가 새로운 사람을 만나지도, 더는 성장하지도 않는다는 뜻이었다. 또 나는 아내를 맞아 가족을 꾸리고 싶었다. 하지만 샌디에이고 지역에서는 그런 일이 생길 것 같지 않았다.

나는 대도시인 로스앤젤레스를 선택해 이사했다. 다시 아무도 모르는 곳에서 살게 되었다. 그런데 로스앤젤레스에서 평생의 반려자를 찾았다. 그것도 이사한 첫날 밤에 아내를 만났다. 처음에는 친구가 아무도 없었지만 폭넓은 인맥을 쌓았다. 나는 꾸준히 사업을 펼쳐나가며 번창했다.

그리고 난 뒤 몇 년의 기간을 돌아보자 내가 계속 성공을 거두었지만 또다시 편안함에 매혹되고 있다는 느낌이 들었다. 그래서 3년 전 엘레나와 나는 사는 곳을 정리하고 익숙하고 편안한 환경을 떠나 플로리다주 마이애미로 이사했다.

이러한 이사는 모두 내게 엄청난 성장을 안겨준 요인임이 입증되었다. 이사하면서 나는 내가 민첩하게 행동하고, 어디서나 성공하고, 어디서든 친구를 사귀고, 지역과 상관없이 행복을 창조할 수 있다는 자신감을 얻었다.

여러 조사에 따르면 이사는 가장 큰 스트레스를 받는 일 중 하나다. 이사를 스트레스받는 일로 생각한다니 얼마나 슬픈 일인가. 사람들은 돈을 빌려서라도 모험을 찾아 여행한다. 그런데 기회를 찾아 이사하는 것을 스트레스받는 일이라고 부르다니.

혹시 가장 작은 연못에서 가장 큰 물고기가 되고 싶은가? 그러면 당신의 야망을 죽이고 말 것이다. 그렇기에 나는 고향을 떠나 이사하는 위험은 무릅쓸 만한 가치가 있다고 믿는다. 지금 있는 곳에 계속 머무르면 발전이 없다. 안전지대에는 기회가 없다. 나는 목표를 추구하고 잠재력을 온전히 펼치기 위해 내가 아는 환경과 편안함에서 빠져나와 미지의 세계를 탐험해야 했다. 이렇게 할 때 목적을 달성하려는 집착이 다시 깨어난다.

그리고 나는 위험한 사람이 된다. 내가 다음번에 어느 곳으로 갈지 아무도 모르기 때문이다!

> 가장 작은 연못에서
> 가장 큰 물고기가 되는 건
> 야망을 죽이는 일이다.
>
> #BeObsessed @GrantCardone

위험해져라

끊임없이 새로운 사람을 만나라

어디에 살고 있든 반드시 새로운 사람을 계속 만나야 한다. 지구상에서 아무리 위대한 국가에서 산다고 해도 영예가 아니다. 소파에 누워서 빈둥거리거나 클럽에서 시간을 보내는 일에도, 같은 사람들과 시간을 보내는 일에도 영광스러운 구석은 전혀 없다.

인터넷에서든, 직접 만나서든, 전화로든, 콘퍼런스에서든, 멘토를 통해서든 새롭고, 더 영향력 있고, 더 똑똑한 사람을 끊임없이 만나라. 그러지 않으면 정말로 자신을 위험에 빠뜨리고 만다.

새롭고, 더 영향력 있고, 더
똑똑한 사람을 끊임없이 만나지
않으면 위험에 처하게 된다.

#BeObsessed @GrantCardone

    ＊ 29살에 일리노이주 록퍼드에서 세일즈맨 5명에게 강연한 일

* 애덤 캐롤라Adam Carolla와 처음으로 라디오 방송 인터뷰를 한 일

* 폭스 TV 뉴스에서 닐 커부토Neil Cavuto와 처음으로 TV 인터뷰를 한 일

* 노스웨스턴 뮤추얼Northwestern Mutual에서 연봉이 100만 달러인 최고위 임원 1000명 앞에서 강연한 일

* 펜타곤에서 장군과 대령, 직업 전환을 앞둔 병사를 대상으로 강연한 일

* 내슈빌에 있는 교회에서 경제와 영성에 관해 400명 앞에서 강연한 일

위의 상황 하나하나가 다 두려웠다. 모든 상황이 불편했다. 하지만 나는 안전지대를 벗어나 인맥을 쌓으면서 당장이나 미래 어느 시기에 도움을 얻을 수 있는 새로운 사람을 만났다. 그렇게 위험을 감수했다.

인기가 없어도 괜찮다

당신은 누구나 좋아하는 아저씨처럼 보일 수 있지만 당신의 영역에서는 가장 무서운 사람이어야 한다. 모두에게 친절하고 공손하고 예의 바르게 행동하는 건 좋은 일이다. 하지만 성공은 인

당신의 영역에서 가장
무서운 사람이 되라.

#BeObsessed @GrantCardone

기 투표가 아니라는 사실을 기억하라.

최근 나는 조지아주 서배너에서 3200만 달러 규모의 대형 부동산 거래에 참여했다. 모든 당사자가 가격에 동의하면서 거래가 진전되고 있었다. 하지만 실사가 끝나갈 무렵 나는 이익을 극대화하려면 가격을 재협상해야 한다고 생각했다. 다들 당혹스러워하리라는 게 예상되었다. 재협상을 하자는 제안 자체도 어이없는데 거기에 더해 휴가를 반납해야 할 수도 있기 때문이었다. 당시는 12월이라 매수자들은 모두 크리스마스와 새해에 출근하지 않고 쉴 생각을 하며 연휴 분위기에 들떠 있었다.

나는 부동산 중개인에게 전화를 걸어 말했다. "거래를 포기해야겠습니다. 합의한 가격으로는 도저히 거래할 수 없어요." 모두가 신경이 날카로워지고 긴장했다. 판매 대리인은 자기 수수료가 사라지는 건 말할 것 없고 판매자로서 명성에 금이 갈까봐 걱정하기 시작했다. 한편 나는 가격 할인을 요구함으로 '재협상자~retrader~'(계약에 따라 거래가 성사되어 부동산이 매물 시장에서 사라졌는데 가격을 재협상하는 구매자)라는 꼬리표가 달릴 위험이 있었다. 재협상자로 알려지고 싶은 사람은 아무도 없다. 하지만 이미 합의한 가격으로 거래하면 나는 형편없는 거래를 했다는 자책감에 빠질 터였다. 모두가 화를 내더라도 재협상할 수밖에 없었다. 어느 쪽이든 위험에 처한다고 나는 생각했다. 앞서 합의한 가격으로 구매해도 위험에 처하고 재협상해도 위험에 처한다. 그러느니 차라리 스스로 위험해지겠다고 결심했다.

나는 거래 관계자들과 무척 긴장감이 도는 통화를 했다. 몇 분 정도 대화를 나누다가 대리인이 내게 물었다. "당신이 생각하는 합리적인 금액은 얼마입니까?" 나는 그에게 다시 전화를 걸어 말했다. "2920만 달러요." 이후 3주간 서로 욕하고 소송을 걸겠다고 협박하며 적대감과 불확실성의 시간을 보냈다. 하지만 마침내 2920만 달러로 거래가 마무리되었고 나는 280만 달러를 절약했다.

아내가 내게 말했다. "어떻게 거래를 그런 식으로 해? 모두가 당신을 싫어할 거야." 나는 이렇게 답했다. "내가 스스로를 하찮게 생각하는 것보다 차라리 남들에게 무시당하는 게 나아. '착한 남자'인 척하며 나 자신과 내 사업, 내 미래 그리고 당신을 위험에 빠뜨리느니 중개인과 대리인, 판매자에게 나쁜 사람이라는 소리를 듣겠어."

스스로를 하찮게 생각하는
것보다 차라리 남들에게
무시당하는 게 낫다.

#BeObsessed @GrantCardone

나는 사람들과 사이좋게 지내려고 거래를 할 생각이 없다.
일반적으로 나는 거래 당사자들과 게임을 하려거나 재협상하려
는 생각은 좀처럼 하지 않는다. 내가 한 거래 중에는 처음 합의
한 금액대로 진행한 건이 많다. 하지만 이번 건은 재협상을 해야
했고, 그렇게 해서 나는 기쁘다. 이 부동산은 더 높은 가격으로
팔릴 수 있었겠지만, 결과적으로는 내가 지불한 금액의 거래가
더 좋은 거래였다.

나는 훌륭한 거래를 할 의무가 있다. 그래서 더 중요한 우선
순위는 절대 타협하지 않고 위험해지기를 마다하지 않는다. 거
래는 기술이다. 나는 거래 협상을 주제로 책 한 권을 쓸 수 있다.
하지만 내가 넘지 않는 선이 있다. 간단하다. 스스로 납득할 수
없는 요구는 하지 않는다. 내가 당하기 싫은 일이나 상대방이 납

득하지 못하는 일은 요구하지 않음으로써 선을 넘지 않는다. 하지만 내가 상대방이어도 납득할 만한 건 밀어붙인다. 거래에서 내 주장을 관철하기 위해 열심히 밀어붙인다.

280만 달러를 벌려면 무엇이 필요한지 나는 안다. 그리고 내 행동의 이유가 타당하기만 하면 3주간의 감정적 위험과 비난은 기꺼이 감수하겠다. 그래야 수년간의 경제적 위험을 피할 수 있으니까.

투자 리스크를 감수하라

기업가는 리스크를 감수하면서 자금을 운용한다. 기업가란 돈을 만들기 위해 보통 이상의 큰 재정적 리스크를 감수하면서 하나 또는 여러 사업을 조직하고 운영하는 사람이다. 이것이 기업가 역할의 정의다.(나는 이 정의가 정확하지 않다고 주장하고 싶다. 우리는 실제로 돈을 만들 수 없기 때문이다. 돈을 만드는 주체는 중앙은행이다. 우리는 현재 가진 돈을 리스크를 감수하며 굴려서 다른 사람의 돈을 얻는다. 그리고 한동안 돈을 보유하고 있다가 재투자한다. 그런 다음 이 일을 똑같이 반복한다.)

새로운 벤처 사업에 투자하는 것은 위험하다. 돈을 벌기 위해 자신의 시간과 에너지, 자원, 명성을 리스크에 빠뜨리는 일이기 때문이다. 하지만 다른 사람 밑에서 일하거나 다른 사람의 아이디어에 투자하는 것도 리스크를 떠안기는 마찬가지다. 그렇다면 자기 사업에 모든 걸 쏟아부어야 하지 않을까?

미국의 중산층은 투자를 다각화해야 한다고 세뇌당해왔다. 우리는 안전하게 장기 투자를 해야 한다고 배웠다. 하지만 투자의 전설들은 그렇지 않다고 말한다. 기업가이자 투자자인 마크 큐번Mark Cuban은 "다각화는 멍청이들이나 하는 짓이다"라고 말했다. 그에 따르면 위험이 종이처럼 얇아질 때까지 분산시키면 절대 부자가 될 수 없다. 마크의 철학은 위대한 앤드루 카네기Andrew Carnegie가 한 말을 상기시킨다. "부자가 되는 방법은 모든 달걀을 한 바구니에 담은 다음 그 바구니를 주시하는 것이다."

투자를 다각화하라고 가르치는 이유는 따로 있다. '전문가'들은 사람들이 게을러서 적절한 투자에 필요한 행동을 하지 않을 거라고 가정하기 때문이다. 거기에 더해 개인 투자자들이 투자를 다각화하면 전문가의 도움이 필요하기에 전문가를 고용해야 한다. 뮤추얼 펀드 매니저, 자산 관리사, 은행, 주식 중개인, 채권 중개인 등 여러 금융인의 도움을 받아야 한다. 그러니 전문가들은 자기 자리를 확보하기 위해서라도 투자 다각화를 권유할 수밖에 없다.

투자를 다각화하며 안전지대에 머물려고 하지 말고, 에너지를 공격적인 지출과 투자에 투입하라. 당신의 에너지, 시간, 돈을 비롯한 여러 자원을 새로운 수익을 창출하는 일에 모조리 쏟아붓는 데 집착하라. 충분히 많은 수익이 창출되도록 리스크가 큰 곳에 돈을 투입하라. 그렇게 해서 얻은 수익의 30~40퍼센트를 사업 확장에 재투자하라.

성장하려면 뭔가를 버릴 리스크를 기꺼이 감수해야 한다. 모든 투자가 눈에 보이는 수익을 안겨주지는 않는다는 것을 알고 투자하라. 나는 광고와 마케팅 캠페인, 브랜드 캠페인, 소셜 미디어 포스팅에 돈을 투자했지만 그중 어느 것도 후회되는 지출은 없다. 당신은 항상 더 많이 노출되어야 한다. 나는 투자를 멈추거나 "이런. 그 투자에서는 수익을 올리지 못했어"라고 후회하지 않는다. 투자 수익을 입에 올리는 것은 투자하지 않을 구실을 만들고 싶어서 스스로에게 하는 거짓말이다. 이것은 투자하지 않는 행동을 정당화하려는 짓이다.

매출 증대에 초점을 맞추면서 투자하고 또 투자해야 한다. 충분한 돈을 벌고, 충분한 자금을 조달하고, 충분한 돈을 빌려서 사업을 확장해야 한다. 특히 새 사업에 착수했다면 이윤을 많이 남기려고 하기보다 재투자할 수 있는 총수입을 늘리는 데 초점을 맞추는 게 중요하다. 매출 증대가 최우선순위여야 한다.

'저축 먼저'라는 전통적인 생각을 뒤집고 얼마나 많은 돈을 재투자할 수 있는지에 집착하기 시작하면 마법 같은 일이 벌어진다. 당신은 나가서 사업을 번창시킬 새로운 방법을 생각해내고 창조할 수밖에 없게 된다. 그리고 새로운 수익을 창출하기 위해 새로운 시장을 정복하기 시작한다.

오늘날에는 돈을 벌려면 배짱과 용기가 필요하다. 당신 자신에게 투자하기를 주저하는가? 그렇다면 고객이 당신에게 투자하기를 기대하지 마라. 리스크를 감수하고 시장에 돈을 투자하라. 훨씬 더 많은 돈을 벌기 위해 번 돈을 시장에 재투자하라. 그러면 엄청난 수준으로 날아오르는 성공을 맛볼 것이다.

당신 자신에게 투자하기를
주저하는가? 그렇다면
고객이 당신에게 투자하기를
기대하지 마라.

#BeObsessed @GrantCardone

새로운 기술을 받아들이고 활용하라

새롭고 낯선 기술이 등장하면 즉시 그 시류에 올라타라. 그 기술을 사용하는 법을 배워서 더 새롭고 좋은 기술이 나오기 전까지 마음껏 활용하라.

페리스코프와 페이스북에서 스트리밍 서비스를 선보였을 때 나는 즉시 앱을 다운로드했다. 그리고 스트리밍 방송을 시작해 내가 모르는 사람들, 그리고 나를 아직 알지 못하는 사람들을 대상으로 매일 생방송을 했다. 그 새로운 기술을 내 목표를 도와주는 최상의 도구로 활용했다. 3개월 만에 나는 세계 톱 5 스트리머streamer(인터넷 방송인)에 올랐다.

회사와 인맥, 시장 지배력을 계속 발전시키려면 새로운 기술을 받아들이고 거기에 집착해야 한다. 신기술은 모르는 사람, 낯선 환경, 새로운 사물을 만나게 해준다. 얼리 어답터early adopter가 되라. 낯선 세계로 과감하게 도전하라.

엄청나게 성공한 사람처럼 행동하라

나는 어떤 일을 처음 할 때 이런 말을 스스로에게 상기시킨다. "기회를 잡아라. 사람들에게 알려져라. 자기 의견을 가져라.

나는 엄청나게 성공한
사람처럼 행동한다.
아직 아니라도 그런 척한다.

#BeObsessed @GrantCardone

무슨 일이든 일어나게 하라. 사람들에게 영감을 주어 나를 기억하게 하라. 그 상황에서 최대 성과를 얻을 수 있는 일이라면 무슨 일이든 하는 위험한 사람이 되라." 나는 공간과 무대, 인터뷰를 내 것으로 만들겠다고 결심한다. 내가 무엇을 알고 있는지, 무엇을 제공하고 얻을 수 있는지 판단하고 거기에 죽기 살기로 매달린다.

다시 말해 나는 자신이 무엇을 하는지 잘 아는 사람, 엄청난 성공을 거둔 사람처럼 행동한다. 심지어 아직 아니더라도 그런 것처럼 연기한다. 나는 자신이 무엇을 하는지 아는 사람처럼 말하고 행동한다. 내가 누구에게나 무엇이든 팔 수 있다는 걸 아는 것처럼 말하고 행동한다. 나는 배우인 아내에게 이렇게 말한다. "나는 사업가 연기를 하는 진정한 배우야."

몇 가지 자랑할 만한 연기를 소개해보겠다.

* 어느 날 밤 호텔로 돌아가려면 뉴올리언스에서 아주 위험한 곳으로 알려진 거리를 지나가야 했다. 그때 나는 거리에서 가장 위험한 사람처럼 행동했다. 그래서 아무도 나를 건드리지 않았다.

* 내셔널지오그래픽 채널 경영진 앞에서 〈회복왕Turnaround King〉 쇼 프레젠테이션을 할 때 나는 이렇게 말했다. "이 쇼가 여러분 회사에서 가장 성공적인 쇼가 될 거라고 장담합니다." 그들은 내 쇼를 8편 구매했다.

* 처음으로 5000만 달러가 넘는 규모의 부동산 포트폴리오 구매를 앞두고 있었는데 다른 입찰자가 38명이나 더 있었다. 나는 어디서 투자금을 구해야 할지 전혀 몰랐다. 하지만 매도자와 중개인에게 전화를 걸어 이렇게 말했다. "내가 유일한 매수자입니다. 장담하는데 당신을 실망시키지 않을 겁니다. 다른 사람들보다 더 신속하게 거래를 완료하겠습니다. 의사 결정을 나 혼자 하니까 그럴 수 있습니다. 당신이 나와 거래를 해본 적 없고 내가 최고가를 제시하지는 않았지만 내가 이 거래를 성사시키겠다고 약속합니다." 그리고 45일 뒤 나는 그해 플로리다주에서 민간 매수로는 최대 규모의 부동산 거래를 성사시켰다. 그게 4년 전 이야기다. 당시 3200만 달러를 지불하고 매수한 부동산의 가치는 현재 1억 800만 달러로 올랐다.

공격 자세를 계속 유지하라

성공의 전설들은 올인해야 할 순간이 되었을 때 어떻게 올인하는지 알고 있다. 그들은 위험한 환경으로 들어가 그 환경을 이용한다.

2008년 경제가 붕괴했을 때 워런 버핏은 붕괴된 시장으로 들어가 골드만삭스에 50억 달러를 대출해주었다. 조건은 10퍼센트의 수익률과 골드만삭스 우선주를 통한 완벽한 방어권 보장이었다. 당시 은행들은 투자한 돈의 0.25퍼센트를 겨우 지불하고 있었다. 이런 상황에서 버핏은 과감한 투자에 나선 것이다.

투자금의 40배를 버는 이런 거래를 누가 할 수 있겠는가? 자신의 영역에서 가장 위험한 사람만이 그렇게 한다.

절대 안주하지 마라

2008년 금융 위기 때 워런 버핏은 위험한 태도를 유지했다. 불행히도 나 역시 그랬다고는 말할 수 없다.

금융 위기가 터지기 몇 년 전 성공을 차곡차곡 쌓아나가고 있을 때 나는 새로운 목표 설정에 게을러지기 시작했다. 목적을 리부팅하는 일을 중단했다. 집착이 약해지기 시작하면서 나는 꽤 한가해졌다. 끈질기게 밀어붙이고, 완전히 몰입하고, 엄청나게 열심히 일하는 내 성공 신념을 무너뜨리고 있었다. 나는 좀 '쉬고' 싶었고, 경기장에서 한 발 빼고 싶었으며, '스스로에게 보상'을 주며 주말에 편히 쉬고 싶었다. 골프를 5시간 치고, 저녁에 외식하러 나가고, 집에서 '좋은 시간'을 보내며 더 많은 자기 성찰을 하고 싶었다.

내가 널리 받아들여지지만 도움이 안 되는 조언에 현혹되지 않았다면, 집착하는 대상을 추구하는 일에 계속 먹이를 주었다면, 경제가 무너졌을 때 나는 완전히 다른 위치에 있었을 것이다. 경쟁사들을 거저 인수할 수 있었고, 그토록 차지하려고 고군분투했던 시장 점유율을 가져올 수 있었고, 돈을 얼마 안 들이고 부동산을 매수할 수 있었을 것이다. 내 제국을 100배로 확장할 수 있는 용기와 자금도 있었을 것이다.

그렇다. 금융 위기 당시에 엄청난 기회를 얻을 수 있었다. 하지만 내 집착 수준은 그 기회를 잡기에 턱없이 부족했다. 나는 많은 부분에서 다시 시작해야 했다. 사업과 브랜드를 일으켜 세워야 했다. 다시 일어서기 전까지는 재정적인 두려움에 휩싸여 하루하루를 보내고, 생존을 위해 치열하게 버텨야 했다. 나는 이제 막 얻은 아내와 아기, 직원들, 내 브랜드, 꿈을 위험에 빠뜨리고 말았다.

나는 집착에 다시 연결되지 않으면 안 되었다. 이제 그것은 선택이 아니라 생존의 문제였다.

그로부터 몇 년 뒤 나는 흥미로운 사실을 깨달았다. 10년 전 친절하게 내 삶과 행복을 걱정하던 친구들과 교사를 자처하던 사람들 대부분이 이미 오래전에 제 갈 길을 가며 나와는 상관없는 삶을 살고 있었다. 그중 많은 사람이 파산 신청을 하거나 직장을 잃었다. 그들은 자기 집과 자산을 지키려고 아등바등했다. 주택 담보 대출을 감당해내지 못하는 사람이 많았다. 내게 쉬엄쉬엄 일하라고 조언한 고객들은 회사 문을 닫았다. 내가 끊임없이 문제를 겪고 어떤 문제도 해결하지 못할 것이라고 진단하며 문제아 꼬리표를 달아준 심리학자와 상담사는 사무실 문을 닫았다.

경기가 불황으로 치닫는 상황에서 나는 내 세미나 기획자가 수년 동안 아이디어를 훔치고 있었다는 사실까지 알게 되었다. 내 아이디어를 가져갔음에도 불구하고 그는 파산 신청을 해야 했다. 그의 회사는 큰 혼란에 빠졌고 그의 직원들은 모두 하루아침에 직장을 잃었다.

나는? 나는 살아남았다. 전례 없는 최악의 경제 여건 속에서 나는 내 열심 근육을 다시 키웠고, 목적을 다시 발견했으며, 집착에 다시 불을 붙였다.

그동안에는 나쁜 조언을 받아들였고, 승리에 안주했다. 나쁘다는 걸 어느 정도 알면서도 그렇게 했다. 이제는 내가 현실에 안주하며 집착을 저버리고 있다는 신호를 알아챌 수 있다.

이 행성에 위대한 기여를 한 사람 치고 승리에 안주한 사람은 아무도 없다. 나는 나보다 10배 더 성공한 사람들, 엄청난 부자들을 알고 있다. 나보다 더 큰 성공을 했음을 증명한 사람 중 누구도 내게 활동을 덜 하라거나 일을 줄이라고 한 사람은 없다. 내게 너무 집착하지 말라고 한 사람들은 오직 평균적인 삶에 전념하는 보통 사람들뿐이다. 나는 그런 사람이 아니다. 2008년 금융 위기 이후 내 집착에 대해 두 번 다시는 방어적인 태도를 취하지 않는다. 공격할 준비가 되어 있어야 한다는 사실을 나는 잊지 않는다. 위험해지겠다고, 결코 현실에 안주하지 않겠다고 늘 되새긴다.

두려움은 멋진 선물이다

두려움은 가만히 있으라는 신호가 아니다. 행동해야 한다는 신호다. 내 커리어의 대부분은 두려운 일들이었다. 두려움이 느껴지지 않으면 내가 새로운 일에 도전을 안 하는 건 아닌지 걱정되기 시작한다.

경제가 무너졌을 때 나는 몹시 두려웠다. 그리고 그 두려움을 창조성과 영감, 동기부여와 힘으로 전환시켰다. 당시에는 모두가 공포를 느꼈다. 하지만 대부분의 사람이 보인 반응은 눈을 가리는 것이었다.

당신은 두려움을 힘으로 바꿔야 한다. 나는 그렇게 했다. 경기 침체가 시작되자 아내는 내게 물었다. "대체 무슨 일이 벌어지고 있는 거야?" 나는 이렇게 대답했다. "우리는 곧 죽게 될 거야. 우리가 알고 있는 세상이 끝나는 거지. 하지만 나는 우리가 이 어려움을 잘 헤쳐 나가게 만들겠어. 우린 다른 사람들과는 달라. 그들보다는 상황이 더 나을 거야. 하지만 이제 당신을 자주 보지 못할 것 같아. 당신에게 약속하는데 두 번 다시 긴장을 풀지 않겠어. 뭘 모르는 사람들에게 휘둘려서 내 꿈과 가족에게 전념하겠다는 결심이 약해지게 만들지 않을 거야. 당신한텐 남편으로서, 아이들한텐 아버지로서 잘해주지 못했지만 이런 어려움을 우리 가족이 두 번 다시 겪게 하지 않겠어."

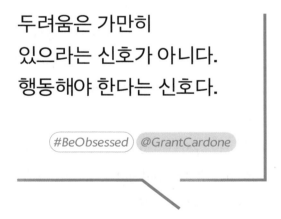

두려움은 가만히
있으라는 신호가 아니다.
행동해야 한다는 신호다.

#BeObsessed @GrantCardone

궁지에 몰리면서 사실상 프로젝트가 중단되고 수입이 동결되었다. 그때 내 인생 최대의 두려움이 닥쳤다. 하지만 이런 일이 벌어졌다는 사실은 인생의 멋진 선물 중 하나였다. 눈앞에 닥친 위험 때문에 안전지대 밖으로 완전히 벗어났기 때문이다. 안전지대를 벗어나게 되니 중단하지 말았어야 하는 일을 다시 시작할 수밖에 없었다. 나는 마케팅을 해야 했고, 계속 확장해야 했고, 나 자신을 더 많은 분야와 산업에 알려야 했고, 책들을 써야 했고, 라디오와 TV에 출연해야 했다.

세상 사람은 과거에 내가 집착한다고 생각했을까? 아니었다. 지금에서야 나는 집착하게 되었다. 나는 다시 살아났고, 다시 불타올랐다. 살아남지 못할 수 있다는 위협에 압박감을 느껴 120퍼센트의 에너지를 사업에 쏟았다. 출발점으로 되돌아갔다. 아무 특권 의식도 없었다. 대신에 매일 아침 눈을 뜨면서 '노력한 만큼 수익을 얻는다'라는 정신 태도로 무장했다. 사업을 모두 장악하라. 일절 타협하지 마라. 윤리적으로 하되 공정할 필요는 없다. 필요하다면 장애물을 짓밟고 밀치고 부숴버려라.

다른 사람이 뒤로 물러설 때가 확장할 타이밍이었다. 그래서 처음 사업을 시작했을 때 했던 행동을 하며 나는 바쁘게 지냈다. 나를 모르는 사람들에게 내가 누구인지 알리려고 엄청난 수준으로 행동했다. 2만 개의 사업체가 아니라 2800만 개의 사업체에 내 이름을 알리는 일에 전념했다. 그런데 그 정도로는 내가 집중한 분야에서 약 2퍼센트에 해당하는 기업만 상대하는 것이었다. 그래서 한 번에 한 분야에만 집중할 수 있다는 착각을 극복하는 것이 급선무였다.

새로운 고객, 낯선 분야, 모르는 사람에게 접근하는 일은 두려웠다. 나를 아는 사람이 아무도 없었다. 새로 접근하는 분야에서 나는 거물이 아니었다. 아무것도 아닌 존재였다. 날마다 내가 얼마나 보잘것없고 멍청한지 깨달았다. 내게는 훌륭한 제품이 있었고 22년 동안 사업을 해왔는데 아무도 나를 몰랐다.

즉시 액셀러레이터를 밟아 두려움을 뚫고 지나가면서 나는 오랜만에 다시 살아난 기분이 들었다. 최선을 다할 때는 언제나 그런 기분이 든다. 행동하고 있고, 적극적으로 다가가고, 새로운 사람을 만나고, 새로운 것을 배울 때 나는 살아 있는 기분이 든다. 당신도 이러한 일들을 자주 한다면 두려움을 힘과 자신감으로 바꿀 수 있을 것이다.

두려움이 저절로 사라질 거라고는 기대하지 마라. 없애려고 노력하지도 마라. 두려움을 활용하라. 집착하는 사람의 삶은 평화와 균형 상태와는 거리가 멀다. 그들의 삶은 두려움과 가능성이 있는 곳으로 끊임없이 이동한다. 그곳에는 두려움이 항상 존재한다. 따라서 당신이 물어야 할 질문은 이것이다. "두려움을 활용해 무엇을 할 것인가?"

두려움은 당신의 친구가 될 수 있다. 자산이 될 수 있으며 에너지와 창조성, 영감의 원천이 될 수 있다.

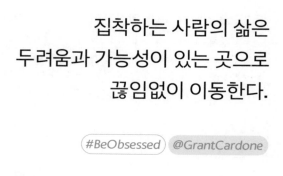

집착하는 사람의 삶은
두려움과 가능성이 있는 곳으로
끊임없이 이동한다.

#BeObsessed @GrantCardone

위험과 불편함에 집착하라

불편한 감정을 느끼는 일에 전념하라. 나는 불편해지자는 생각에 집착했다. 그런 상황이 성공으로 이어진다는 것을 알기 때문이다. 장담하는데 안전지대에 머물면 목적을 이루는 길을 찾지 못한다. 안전지대에서 멀리 벗어날 때 당신에게 있는 최고의 탁월함이 모습을 드러낼 것이다.

당신이 성공에 얼마나 전념하고 있는지 철저하게 검토하라. 위험해지는 것이 아니라 진짜 위험한 벼랑 끝에 서 있을 수 있기 때문이다. 다음 훈련을 통해 당신의 현재 위치를 확인하라.

* 당신이라는 존재를 확장하며 재창조하고 있는가? 그렇지 않다면 정체된 것이다.

* 새로운 고객층을 확보하려고 노력하는가? 그렇지 않다면 쓸모없는 존재가 되어가는 것이다.

* 신제품을 개발하는가? 그렇지 않다면 더는 영감을 얻지 못하는 것이다.

* 새로운 수입원을 개발하는가? 그렇지 않다면 돈을 잃는 길로 들어선 것이다.

* 당신은 작은 연못에서 가장 큰 물고기인가? 그렇다면 게을러지고 있는 것이다.

* 지금 있는 방에서 당신이 가장 똑똑한 사람인가? 그렇다면 지루한 삶을 추구하는 것이다.

* 고객 한 명 때문에 늘 걱정에 시달리는가? 그렇다면 수입을 창출하는 파이프라인이 충분하지 않은 것이다.

지금 이 순간 당신은 두려움을 느끼는가? 그렇지 않다면 가치 있는 행동을 하고 있지 않다는 뜻이다.

절대 현실에 안주하지 마라. 위험해져라. 집착하라. 그리고 승리하라.

CHAPTER 08

세일즈에
집착하라

세일즈는 신이다

세일즈는 그저 하나의 부서나 커리어, 누군가의 직업이 아니다. 어느 사업에서든 세일즈는 신이다(불손한 의도는 없다).

세일즈는 모든 것에 영향을 미친다. 세일즈의 영향력을 피해 가는 사람이나 회사, 산업은 없다. 경제 전체도 세일즈에 영향을 받는다. 기업이 쇠락의 길로 들어서는 이유는 뭘까? 자사의 제품을 높은 가격으로 많이 팔지 못하기 때문이다.

당신 회사에서 세일즈는 중요한 것 이상이다. 세일즈는 생명줄이자 기업의 모든 것이다. 새로운 수입을 계속 창출하지 못하면 기업은 쇠퇴의 길로 갈 수밖에 없다. 사업체의 운명은 제조나 연구, 아이디어에 달린 것이 아니다. 바로 세일즈에 달려 있다.

사업체의 운명은
제조나 연구, 아이디어에
달린 것이 아니다.
바로 세일즈에 달려 있다.

#BeObsessed @GrantCardone

당신이 한 회사의 관리자든 자기 회사를 운영하든 이제 막
창업했든 모든 회사의 재무제표에서 가장 중요한 항목이 수입이
라는 점을 이해해야 한다. 사람들은 사업 계획서나 작성하면서
시간을 보낸다. 제품이나 아이디어를 어떻게 판매해야 하는지는
고민하지 않는다. 맞다, 사업 계획서도 필요하고 제품 개발도 필
요하다. 하지만 더 중요한 건 당신의 제품을 구매할 고객을 어떻
게 확보할지, 새로운 수입을 어떻게 창출할지 방법을 알아내는
것이다.

당신이 집에서 컨설팅 사업을 하든 미용실을 운영하든 다국
적 기업의 CEO든 상관없다. 어떤 상황이든 팔 제품이나 서비스
가 있어야 하며, 당신의 제품과 서비스에 사람들의 관심을 끌어

시장에서 팔아야 한다. 그리고 고객층을 확장해야 한다. 세일즈는 기업의 매출을 보장해주는 유일한 수단이다. 세일즈 없이는 어떤 매출도 일어나지 않는다.

만약 "나는 세일즈를 좋아하지 않아"라거나 "나는 세일즈 타입이 아니야"라고 말한다면, 또는 세일즈를 하지 않겠다고 결심한다면 당신은 꿈에 충분히 집착하고 있는 것이 아니다. 세일즈가 싫다고 말하는 사람은 사업의 성배holy grail를 부정하는 것이다.

내가 세일즈를 좋아해서 했겠는가? 아니다. 살아남기 위해 했다.

살아남는 기업의 생존력은 새로운 매출과 신규 고객에 달려 있다. 소수의 고객에게만 의존하는 기업은 얼마 안 되는 고객에

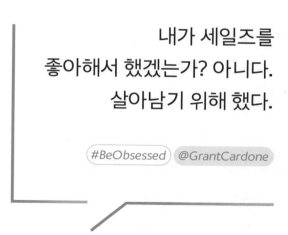

내가 세일즈를
좋아해서 했겠는가? 아니다.
살아남기 위해 했다.

#BeObsessed @GrantCardone

세일즈에 집착하라

의해 운명이 좌우된다. 높은 이윤을 안겨주는 가격을 기꺼이 지불하는 고객이 많아야 한다. 신규 고객을 만들고 새로운 수입을 창출하는 일에 집착하라.

당신의 제품에 집착하라

당신과 직원은 당신 회사에서 판매하고 있는 제품에 집중해 열정적으로 팔아야 한다. 지속적인 세일즈를 위해 다음 질문에 답해보라.

* 매일 내가 하는 일이 세상에 더 나은 변화를 가져오는가?

* 내 제품을 사랑하는가?

* 내 제품을 파는 일이 즐거운가?

* 내 제품을 직접 보유하고 사용하는가?

* 가족에게 내 제품을 사라고 했는가?

* 사람들이 돈을 빌려서라도 내 제품을 사려고 하는가?

* 내 제품에 관심이 없다고 말한 사람에게 꾸준히 다시 전화하는가?

* 내 제품의 가격을 2배로 올려도 말이 된다고 생각하는가?

이 질문에 모두 "예"라고 대답했다면 당신은 어려운 시험을 통과해 경주에 나설 준비가 된 것이다. 만약 어느 한 질문에라도 "예"라는 대답을 하지 못했다면 아직 당신의 제품을 전적으로 믿고 있는 게 아니다. 당신이나 직원들이 팔고 있는 제품을 믿지 못한다면 당신의 노력은 물거품이 되고 팔아야 할 제품을 팔지 못할 것이다.

오작동하는 엔진을 달고 경주에 나서는 것은 당신 선택지에 없다. 따라서 이런 결심을 해야 한다. '내가 파는 제품이나 서비스를 사랑하는 일에 전념하겠다. 정말로 사랑하게 될 때까지 전념하겠다.' 나도 자동차를 판매할 때 이렇게 했다. 이게 안 된다면 파는 제품을 바꿔라. 시장이나 고객이 무엇을 해달라고 말하기를 기다리지 마라. 당신이 먼저 나서서 고객이 원하는 것을 해주어라.

거래를 성사시키는 유일한 방법은 끝까지 책임지는 것이다

세일즈 조직이 세일즈에 실패하는 주된 이유는 이렇다. 세일즈맨과 관리자는 고객과 대화만 하고 정작 가격을 제시하지는 않는다. 고객에게 연락해 이야기는 나눈다. 그런 다음 고객이 제품을 구매하지 않는 이유를 상사에게 보고한다.

"지금은 살 생각이 없어요"라는 고객의 말은 중요하지 않다. 세일즈맨이 구매 제안을 하지도 않는 게 문제다.

미국 기업 500곳을 대상으로 미스터리 쇼퍼mystery shopper(손님으로 가장한 채 서비스나 제품의 질을 평가하는 사람-옮긴이) 프로그램을 진행한 적이 있다. 그때 70퍼센트가 넘는 곳에서 구매 제안이 실종된 것을 목격했다. 솔직히 말해 세일즈 조직이 실패하는 가장 큰 이유 중 하나는 주문을 요청하지 않는 것이다. 경쟁과 거절을 두려워하거나 다른 노이로제에 시달리는 세일즈맨은 구매 제안을 하러 잠재 고객에게 다가가기를 거부한다. 나는 세일즈 조직 수만 곳에 컨설팅을 해주고 있는데 이런 말을 들으면 깜짝 놀라겠지만 세일즈맨이 물건을 팔지 못하는 건 그들 스스로의 잘못 때문이다. 이런 일이 생기는 이유는 세일즈맨을 대상으로 한 교육이 부족한 탓이다. 거래 과정에서 일어나는 사소한 일들에 대해서까지 세일즈맨에게 책임을 묻는 사람은 사실상 없다.

이로 인해 판매 주기가 필요 이상으로 길어지고, 가까스로 약간의 이윤만 내며, 절반이 넘는 세일즈 조직이 팔아야 할 할당량을 채우지 못한다. 이 모두가 세일즈맨이 거래를 끝까지 책임지지 않기 때문이며 관리자가 그들에게 책임을 묻지 않기 때문이다.

필요한 단계를 놓치면 제품을 팔지 못한다. 이는 아주 간단한 사실이다.

* 주문하라는 말을 안 하면 판매를 성사시킬 수 없다.
* 구매 제안을 하지 않으면 판매를 성사시킬 수 없다.
* 의사 결정자를 상대하지 않으면 판매를 성사시킬 수 없다.
* 영향력 있는 사람을 상대하지 않으면 판매를 성사시킬 수 없다.
* 미궁 속에 빠진 문제를 해결하지 않으면 판매를 성사시킬 수 없다.
* 후속 조치를 제대로 하지 않으면 판매를 완전히 성사시킬 수 없다.

거래를 성사시키는 일에 완전히 집착하지 않으면 그 일을 해낼 수 없다. 반드시 판매를 성사시킬 수 있다는 믿음을 갖고 모든 세일즈 현장과 고객 소통에 뛰어들어라.

책임감을 갖고 당신 자신과
다른 사람을 밀어붙여라

최근에 나는 세일즈맨 중 50퍼센트가 자신의 할당량을 채우지 못한다는 브리지 그룹Bridge Group의 조사 결과를 보았다. 할당량이 너무 높은 것일까? 아니면 할당량을 달성하라고 요구하는 사람이 아무도 없어서 실적이 부진한 것일까? 내 생각에 사람들은 대개 목표를 너무 낮게 설정한다. 그리고 관리자는 팀원들을 강하게 밀어붙이지 않는다.

절대 목표를 낮게 설정해서는 안 된다. 이것이야말로 실패 공식이다. 오히려 당신 자신과 다른 사람들이 더 많은 행동을 하도록 밀어붙여야 한다. 나는 내 꿈과 목표, 나에 대한 믿음을 낮추지 않는다. 점점 더 강도를 높이며 나 자신을 밀어붙인다.

매출 목표에 책임감을 느껴라. 당신의 직원들도 책임감을 느끼게 하라. 그렇게 해서 목표를 달성하도록 요구하라.

**절대 목표를 낮게
설정해서는 안 된다.
이것이야말로
실패 공식이다.**

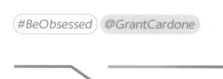

#BeObsessed @GrantCardone

어떤 직원이 판매를 성사시키지 못하면 다음 질문을 그 직원에게 하라.

* 구매 제안을 했는가?

* 조건과 가격을 제시했는가?

* 거래를 포기한 것인가?

* 거래를 왜 성사시키지 못했는가?

거래가 성사되지 않은 고객에게 바로 전화해 해당 직원이 책임감을 느끼게 할 수도 있다. 구매를 거절한 고객에게 전화를 걸어 이렇게 질문하라.

* 오늘 우리 직원에게서 제품을 사지 않은 이유가 무엇인가?

* 무슨 일이 있었는가?

* 직원이 당신에게 제품을 구매하라고 요청했는가?

* 직원이 제품을 보여주었는가?

* 직원이 당신에게 구매 제안을 했는가?

나는 항상 이렇게 한다. 직원들을 밀어붙이고 책임을 물어라. 그러면 집착 문화가 조성될 것이다. 이런 문화에서는 책임지는 태도가 자연스럽게 드러나며 직원들의 목표 초과 달성을 기대할 수 있다.

'그렇게 밀어붙이면 너무 사소한 것까지 간섭하는 게 아닐까?'라는 의문이 들지 모른다. 글쎄, 그럴 수도 있겠지만 이렇게 생각해보자. 당신이 병원에 입원해 있는데 의사가 시시각각 당신 몸을 모니터링한다. 적절한 처방을 즉시 내리기 위해 사소한 변화까지 관찰하는 것이다. 의사가 당신을 정상 생활로 복귀시키려고 사소한 것까지 챙기는 게 싫은가?

나는 사소한 것까지 간섭하고 통제할 것이다. 그럴 필요가 없어질 때까지 그렇게 할 것이다. 어떤 관리자는 "나는 팀원들을 감시하고 싶지 않다"라고 말할지 모른다. 이런 사람은 팀원들이 할당량을 채우지 못하는 이유를 설명하려고 온갖 변명을 할 것이다. 그러면 회사가 갈 곳은 어디일까? 희미한 맥박에 숨을 의지하며 응급실로 가게 된다.

직원들에게 책임을 물어라. 그러지 않으면 당신의 목표를 중요하지 않게 생각하는 직원들이 당신의 노력을 물거품으로 만들 것이다. 직원들이 목표를 향해 열심히 노력하게 하라. 그들의 잘못을 눈감아주지 마라. 목표를 달성한 사람에게는 상을 주고, 그렇지 못한 사람에게는 벌을 주라.

당신을 비롯해 관리자와 경영진은 더 높은 수준의 생산성을 유지해야 한다. 당신이 회사에서 가장 높은 사람이라서 당신의 상사가 없다면, 그래서 당신에게 책임을 물을 누군가가 필요하다면 마스터마인드 그룹mastermind group에 참여하거나 당신의 실적을 보고할 개인 코치를 구하라.(마스터마인드는 나폴레온 힐이 창안한 개념으로, 과제 수행을 위해 두 사람 이상이 협력해 개발하는 심성을 가리킨다-옮긴이)

세일즈에 대한 노력을 단 1초도 게을리하지 마라. 매출을 올리지 않거나 판매 지원을 하지 않거나 신규 고객을 확보하지 않는 사람을 직원으로 쓰면서 나를 대표하게 한다면 이것은 나 자신과 회사, 가족에 대한 배신이다. 이런 일이 생기지 않도록 나는 회사의 직원 한 명 한 명의 기여도와 생산성에 대한 통계를 작성하고 검토한다. 이런 압박을 견디지 못하거나 세일즈에 기여하기를 거부하는 직원이 있다면 나는 그 사람에게 회사를 떠나달라고 요청한다. 당신도 이렇게 해야 한다.

성공을 수치로 나타내라

숫자는 거짓말을 하지 않는다. 하지만 사람은 거짓말을 한다.

얼마 전 한 직원에게 물었다. "오늘 몇 명에게 전화를 걸었죠?" 그는 "3명에서 4명이요"라고 대답했다. 나는 "그래서 몇 명이요? 3명입니까, 4명입니까? 3명과 4명은 차이가 큽니다"라고 숫자는 거짓말을 하지 않는다.
하지만 사람은 거짓말을 한다.

말했다. 그리고 그가 실제로는 단 2명에게 전화를 걸었다는 걸 알게 되었다.

내게 숫자를 제시하라. 중요한 숫자일수록 나는 더 자주 보고 싶다. 매시간 나는 몇 가지 세일즈 수치를 보고받는다. 집착하는 세일즈 관리자는 모든 활동의 정보를 파악하고 이해하기를 원한다. 시도, 접촉, 프레젠테이션, 전화, 계약서 작성, 구매 제안, 약속, 결정, 성사에 이르는 모든 것을 파악하기를 원한다. 나는 판매 주기에서 중요한 정보에 대한 통계를 모두 확보한다. 가격 제안과 계약 조건에서부터 고객 관리 프로그램에 입력된 데이터에 이르기까지 모든 수치를 파악한다.

성공은 당신의 지속적인 관심을 요구한다. 관심을 거두면 성공을 얻지 못한다. 당신이 2억 달러 규모의 블록버스터 영화에 투자했다고 가정해보자. 그러면 영화 개봉일에 매시간 보고받고 싫어할 것이다. 티켓이 얼마나 판매되고 있는지 보고받고 싶지 않겠는가? 분명히 그런 보고를 간절히 원할 것이다. 당신이 바라는 건 각본, 배우, 상, 리뷰에 대한 보고가 아니다. 결국 영화는 표가 얼마나 많이 팔렸는지에 따라 순위가 정해지기 때문이다. 당신 회사가 월스트리트에 상장된다면 당신은 순간순간 주가가 어떻게 움직이는지 주시하게 될 것이다.

성과에 집착하느냐 그러지 않느냐에 당신의 생존이 달려 있다. 성과를 알아야 수입과 비용, 현금 흐름을 예측할 수 있기 때문이다. 그리고 성공을 측정할 수 있는 최상의 방법은 새로운 수입과 신규 고객 숫자를 파악하는 것이다. 당신의 희망과 포부, 안전은 세일즈 능력에 달려 있다. 그러니 계속 정보를 파악하라.

하루 종일 보고받아라. 그 일에 집착하라. 중요한 숫자일수

> # 하루 종일 보고받아라.
> # 중요한 숫자일수록
> # 더 자주 보고받아라.

#BeObsessed @GrantCardone

록 더 자주 보고받아야 한다. 그러면 당신이 성장을 중요하게 생각한다는 사실을 모두가 알게 될 것이다. "말로 하지 말고 숫자로 보여줘요"라고 말하라. 그렇게 말하는 데 집착하라. 나는 사람들이 하는 말을 믿지 않는다. 그들이 보여주는 숫자를 믿는다.

날마다 영업 회의를 하라

영업 회의를 화상으로 하든 전화로 하든 직접 만나서 하든 상관없다. 중요한 건 매일 하는 것이다. 당신 직원들이 당신처럼 세일즈와 새로운 수입에 집착하기를 기대한다면 그들을 매일 만나 그들의 비전에 먹이를 주어야 한다. 설령 당신 혼자 일하는 경우라도 매일 영업 회의를 해야 한다. 회의에 참석하는 사람이 당신 혼자라도 말이다.

목표를 적어라. 당신이 사용하는 메트릭스(성과 지표)를 파악하라. 고객 관리 프로그램을 활용하라. 고객과 만나거나 전화한 일 등 모든 활동의 정보를 파악하라. 데이터를 분석하고 그 수치를 활용해 앞으로 할 행동에 연료를 공급하라. 당신을 따르는 많은 직원이 있다고 생각하고 행동하라.

세일즈 관리자 중 52퍼센트는 팀원들에게 세일즈를 교육할 시간이 없다고 말한다. 그렇다면 짧게 교육하되 팀원들이 판매 현장으로 나가기 전에 해야 한다. 회의하고 교육하는 게 중요하지, 거기에 얼마나 많은 시간을 할애하느냐는 별로 중요하지 않다.

회의의 목표는 팀원들이 세일즈에 집중하고, 동기부여를 받고, 좋은 출발을 하게 하는 것이다. 팀원들이 영업 전화를 시작하기 전에 기본적인 세일즈 프레젠테이션을 검토하라. 고객에게 제품을 어떻게 설명할지 점검하라. 해법을 제시하라. 팀원들에게 어떻게 팔지 그냥 말로 하게 하지 말고 실제로 프레젠테이션을 시연해보게 하라. "밥, 나는 마이크라고 합니다. 그랜트 카돈의 소개로 당신에게 개인적으로 전화하게 되었습니다. 카돈은 30일 안에 당신의 매출을 20퍼센트 증가시킬 프로그램을 개발했는데 그것을 당신에게 보여주려고 합니다." 모든 팀원이 이런 식의 설명을 반복해서 연습하게 하라. 그리고 그날 전화하면서 들을 수 있는 가장 심한 거절 반응을 3~4개 다루어라. 그러면 고객이 실제로 그렇게 반응해도 팀원들은 처음 듣는 소리가 아니게 된다. 그다음에는 이런 문제를 해결하는 방법에 관해 이야기하라.

매일 같은 사항을 반복해서 다루어라. 팀원들이 그 문제에 완벽해질 때까지 반복한 다음 다른 문제로 넘어가라. 아침마다 내가 되새기는 목표는 세일즈 팀원들이 100가지 일을 대충 하는 게 아니라 한 가지를 하더라도 놀라운 수준으로 하도록 돕는 것이다. 나는 그들이 한 가지 탁월한 일을 물 흐르듯 수월하게 해내도록 돕고 싶다. 그래야 확실성이 생기기 때문이다. 예를 들어 영업 회의 주제가 '30일 안에 매출을 20퍼센트 증가시키기'라고 해보자. 이건 우리의 거대한 주장이다. 이제 회의에서 내가 할 일은 팀원들에게 매출을 20퍼센트 증가시키자고 말하는 것이 아니다. 우리가 이 목표를 달성하고 있음을 보여주는 것이다. 사업주로서 내 역할은 팀원들이 고객에게 내건 약속이 실현되게 하는 것이다. 그리고 성공 사례를 팀원들과 공유해 그들의 자신감을 키워주고 목적과 집착에 불을 붙여주는 것이다. 그래서 우리는 날마다 성공 사례에 관해 이야기한다.

내 목표는
세일즈 팀원들이 100가지
일을 대충 하는 게 아니라
한 가지를 하더라도
놀라운 수준으로 하도록
돕는 것이다.

#BeObsessed @GrantCardone

다른 회사들은 영업 회의를 다양하게 진행한다. 동영상을 보거나 오디오를 듣고, 외부 강연가를 초청하고, 음악이나 보고서를 활용한다. 하지만 회의를 어떤 식으로 하든 최고의 세일즈 조직은 날마다 회의한다. 개인적으로 나는 솔선수범한다. 그래서 사무실에 있을 때면 내가 회의를 진행한다. 회의를 팀원들이 마음대로 하게 내버려두면 그들은 의심과 불안 때문에 흔들리고 만다. 매일 아침 팀원들에게 활력을 불어넣어주고 당신과 똑같은 생각을 하게 하라.

세일즈에 본을 보여라

나는 종종 세일즈 부서로 찾아가서 우리 제품을 구매하지 않는 고객 명단을 보여달라고 한다. 당연히 세일즈맨은 이 명단을 작성한다. 명단을 받으면 나는 전화기를 들고 그들에게 전화하기 시작한다.

전화 한 통을 할 때마다 다양한 상황이 발생하지만 나는 끈질기게 전화하는 모습을 팀원들에게 보여준다. 포기해도 괜찮다고 여기는 세상에서는 계속 견디는 법을 가르치는 것이 중요하다. 평균 수준의 사람이라면 중간에 그만두고 말 불가능한 임무를 끝까지 해내는 모습을 팀원들에게 보여주어야 한다.

중요한 사실은 이것을 강의로는 가르칠 수 없다는 것이다. 사람들은 강의라면 들을 만큼 들었다. 직접 보여주어야 한다. 팀원들이 지켜보는 가운데 당신이나 팀원의 구매 제안을 거절한 모든 사람에게 전화를 걸어 이렇게 말하라. "당신이 우리 제품을 사지 않은 이유를 알아보고 싶어서 전화했습니다." 또는 "당신 마음이 바뀔 때까지 당신에게 계속 연락하는 책임을 맡았습니다. 우리는 당신 회사와 거래하는 일을 포기할 생각이 없습니다."

제대로 밀어붙여 거래를 성사시키는 법을 보여줄 때 세일즈에 성공하려면 무엇이 필요한지 가르쳐줄 수 있다. 영업 전화를 한 통이라도 더 할 시간을 매일 만들어라. 당신이 세일즈에 집착한다는 사실을 행동으로 세일즈팀에 보여주라.

무리하게 약속하고 더 많은 것을 주라

무리하게 약속하라

틀림없이 당신은 "덜 약속하고 더 해주라"라는 오래된 속담을 100만 번은 들어봤을 것이다.

"무리한 약속을 한 다음 지키지 못하는 상황은 피하고 싶습니다. 나는 당신에게 약속한 것보다 더 많은 것을 해드리고 싶습니다"라고 고객에게 말하는 것은 이론상으로 볼 때 그럴싸해 보인다. 하지만 솔직히 이런 말은 내게 아무런 자극도 주지 않는다. 그래, 나도 이런 말을 이해한다. 하지만 덜 약속하고, 덜 설명하고, 뭐든 줄여서 말하는 건 내게 최상의 유익이 되지 않는다고 생각한다. 나는 세일즈나 마케팅, 브랜딩을 그저 그런 수준으로 하거나 조심스럽게 하고 싶은 생각이 전혀 없다.

나는 세일즈나 마케팅,
브랜딩을 그저 그런
수준으로 하거나
조심스럽게 하고 싶은
생각이 전혀 없다.

#BeObsessed @GrantCardone

고객과의 관계를 거짓말로 시작하지 마라. 덜 약속하는 것은 일종의 속임수다. 그래서는 사업을 아예 할 수 없다. 덜 약속하면 당신의 제품과 서비스의 질이 떨어지고 만다. 당신의 제품과 서비스가 탁월하다면, 당신 회사가 자사의 제품이나 서비스, 아이디어를 이용하는 고객을 소중히 여기고 책임지려 한다면 당신에게는 다음과 같은 의무가 있다.

* 당신이 제공하는 제품이 얼마나 훌륭한지 고객에게 말하라.
* 고객이 당신의 제품을 반드시 사게 하라.

* 당신이 약속한 것보다 더 많은 것을 고객이 경험하도록 그들을 책임지고 돌보라.

* 위 사항을 모두 반복하라. 그래서 고객이 당신 제품을 다른 사람에게 추천하도록 만들어라.

나는 처음 사업을 시작했을 때 열심히 일했다. 하지만 어떻게 사람들의 주의를 끌어야 할지 몰랐다. 뭔가를 놓치고 있었다. 그러다가 드디어 답을 찾았다. 문제는 가격이나 제안, 제품, 서비스가 아니었다. 거대한 주장을 안 한다는 것, 이것이 문제였다. 이 사실을 깨닫자 모든 것이 가능해졌다.

그동안 나는 잠재 고객에게 이런 식으로 말해왔다. "나는 당신 직원들이 더 많은 매출을 올릴 수 있게 도울 수 있습니다." 비록 내 말이 사실이라도 결과는 끔찍했다.

그러던 어느 날 즉흥적으로 고객에게 "당신 직원들을 내게 30분만 맡겨보십시오. 그러면 내가 보장하는데 오늘 정오까지 직원 절반이 추가 매출을 반드시 달성할 것입니다"라고 말했다. 그는 "그럽시다"라고 했다. 그 회사는 그날 신기록을 달성하지는 못했지만 몇 개월 만에 최고의 매출을 기록했다.

그때 나는 깨달았다. 내가 나를 믿지 못한다면 어떻게 다른 사람이 나를 믿겠는가? 성공하려면 거대한 주장을 해야 했다.

다음 장소로 이동해 사장에게 나를 소개하며 물었다. "여기

세일즈맨은 몇 명입니까?" 12명이라는 대답을 듣고 나는 "30분 동안 회의실에서 그들을 교육하겠습니다. 지금 9시군요. 장담하는데 오늘 정오까지 직원들이 6건의 계약을 체결할 겁니다"라고 말했다. 지난 3일 동안 6건의 계약을 성사시키지 못했을 그에게는 대단한 일이었다. 그런 일을 내가 3시간 안에 하겠다고 약속한 것이다. 그는 내게 30분의 시간을 주었고 나는 온 직원을 상대로 내 지식을 팔았다. 직원들은 정오까지 5건의 계약을 성사시켰고 오후 2시 전에 2건을 더 체결했다.

한순간에 나는 사람들의 관심을 끌기 시작했다. 나는 무리하게 약속했고 거대한 주장을 했다. 거짓말을 한 게 아니었다. 약속한 대로 해낼 수 있다고 믿었다. 누군가에게 짧은 시간 내에 어떤 일을 해주겠다고 말하면 약속 때문에 나는 그 일을 해내야 했다.

나는 윤리적인 사람이다. 그러므로 무리하게 약속하면 무슨 일이 있든 내게는 그것을 지켜야 할 의무가 있다. 범죄자들이나 약속을 지키지 않는다. 이 공식의 핵심은 내가 점점 더 좋은 제안을 하게 되고 그래서 고객에게 더 좋은 혜택을 주게 되었다는 것이다. 앞으로 이 장을 통해 이 방법이 얼마나 효과적인지, 무리한 약속을 어떻게 최대한 활용할 수 있는지 알아보자.

> 무리하게 약속하면
> 내게는 그것을
> 지켜야 할 의무가 있다.
>
> #BeObsessed @GrantCardone

거대한 주장을 하라

거물들의 세상이 어떻게 돌아가는지 관찰하라. 그들은 거대한 주장을 한다. 몇 가지 예를 살펴보자.

* 운전하며 길을 가다보면 거대한 광고판이 보인다. 12미터 높이의 코카콜라 캔에 15미터 길이의 빨대가 꽂혀 있다. 엄청난 크기의 얼음들과 거품이 이는 탄산음료가 너무 압도적이어서 그걸 보고 갈증을 느끼지 않을 수 없다. 광고가 주장하는 건? "코카콜라 한 캔을 마실 때마다 행복해진다!" 엄청난 주장이다.

* 햄버거 광고는 어떤가? 완벽한 참깨 빵 안에 먹음직스럽게 구워진 더블 등심 패티, 싱그러운 토마토, 양파, 피클, 상추를 넣는다. 그리고 베이컨도 넣는다. 이런 광고를 보면 채식주의자라도 고기가 먹고 싶어질 것이다.

* 블록버스터 영화의 개봉을 알리는 거대한 광고가 24층 건물을 덮고 있는 모습은 어떤가?

이런 거대한 주장과 당신의 주장을 비교해보자. 당신은 제품을 어떻게 마케팅하고 고객에게 무슨 말을 하는가? 입증할 수만 있다면 거대한 주장을 한다고 해서 비윤리적인 게 아니다. 좋은 제품을 가지고 있으면서 적절하게 홍보하지 못하는 것이 비윤리적이다. 특히 사람들의 삶을 나아지게 할 탁월한 제품이 있는데도 사람들의 관심을 끌지 못한다면 죄를 짓는 것이다.

내게는 훌륭한 회사, 우수한 제품, 놀라운 수익률, 특출난 직원이 있다. 그래서 무리하게 약속하고 더 많은 것을 제공한다. 혹시 당신 회사가 스타트업인가? 아니면 구조 조정 국면에 있는가? 그렇다면 당신 자신과 회사, 직원, 환경, 약속, 가치 제안 등을 거창한 이미지로 꾸며야 한다.

세상은 아직 당신을 모를 것이다. 당신의 아이디어도 낯선 것일 수 있다. 시간을 투자해 당신이 제공하는 것을 진지하게 검토하라. 고객이 경험할 수 있는 모든 혜택을 목록으로 작성하라. 제품을 하나하나 살피며 그것이 만들어낼 기적을 전부 목록으로 작성하라.

당신은 세상에서 가장 위대한 존재가 아직 아닌가? 그렇다면 가장 위대한 존재가 되어야 한다. 경쟁자들이 당신을 보면 얼굴이 하얗게 질려 당신 이름을 입에 올리지조차 못하게 해야 한다. 이제 내가 어떻게 거대한 주장을 했는지 몇 가지 예를 보여주겠다. 당신도 이런 주장을 할 수 있어야 한다.

* 내게는 경쟁자가 없다. 나를 따라 하는 사람들만 있다. 그들에게는 나만큼의 시간과 자금, 배짱, 자원, 에너지, 끈기, 리더십이 없다. 나 말고 다른 사람과 거래한다면 엄청난 실수를 저지르는 것이다.

* 나는 내 분야에서 가장 낮은 비용과 가장 높은 수익률을 제시한다. 알아보고 평가하고 비교해보라. 다 뒤져봐도 결국은 내가 제시한 것을 찾게 될 것이다.

* 내가 제시한 가격이 너무 높아 고객이 다른 데보다 2배 비싸다고 말할 때 사실 나는 내 제품의 가격이 다른 데보다 8배 더 비싸야 한다고 생각한다. 그 이유를 고객에게 제시할 수 있다. 내

제품은 가격이 2배 더 비싸도 8배 더 높은 가치를 제공한다. 경쟁자가 내 신규 고객에게 왜 나와 거래하는지 물으면 그 고객은 이렇게 말한다. "그랜트가 제시하는 가격이 더 싸요."

최고가 되는 일에 집착하라. 그러면 무리하게 약속해도 자랑하는 것이 아니다. 그게 사실이니까. 합법적인 회사라면 약속을 하고 지킨다. 지킬 수 있으면 부풀려 말하는 것이 아니다. 아무도 평범한 것은 원하지 않는다. 평범한 것을 가치 있게 여기는 사람은 없다. 누구도 평범한 것에 발길을 멈추거나 돈과 시간을 평범한 것과 교환하지 않는다.

당신은 세상에서 가장
위대한 존재가 아직 아닌가?
그렇다면 가장 위대한
존재가 되어야 한다.

많은 것을 주겠다고 약속하면
많은 것을 주게 된다

무리한 약속을 하지 않으면 당신이나 당신 직원들은 고객에게 결코 많은 것을 주지 못한다. 높은 수준의 성과를 이루려고 밀어붙이지 않으면 당신은 스스로가 얼마나 탁월한지, 당신 회사가 얼마나 성장할 수 있는지 절대 알 수 없다. 고객에게 약속하는 혜택이 많으면 많을수록 나는 사람들의 관심을 더 많이 끌어모은다. 그리고 내가 얼마나 훌륭한 제안을 하는지 듣지 못하는 사람이 없을 정도로 소리 높여 외치기 때문에 나는 약속을 이행할 수밖에 없다. 무리한 약속을 하면 고객에게 제공할 혜택을 이례적인 수준으로 설정할 수 있고 그 이상으로 달성할 수 있다.

당신에게 창조성이 부족하다면 이유는 오직 충분히 몰입하지 않기 때문이다. 확장할 수 있는 창의적인 방법이 보이지 않을 때 나는 나와 주변 사람들의 몰입 수준을 검토한다. 그런 다음 상황을 개선하기 위해 반드시 노력한다.

최근 나는 몰입이 창조적인 해법으로 이어진다는 사실을 증명해 보였다. 나는 세일즈 부서로 찾아가 말했다. "지금 여러분이 접촉하고 있는 고객 명단을 모두 내게 줘요. 20분 안에 내가 거래 한 건을 반드시 성사시키겠습니다." 팀원 모두가 흥분해서 내게 전화번호를 넘기기 시작했다.

첫 번째 전화를 걸자 비서가 나를 사장에게 바로 연결했는데 사장의 음성 메시지만 나왔다. 이 통화에서는 어느 정도 진행은 되었지만 거래가 성사되지 않았다.

두 번째 통화에서는 고객과 직접 통화할 수 있었다. 나는 그에게 우리와 거래하지 않는 이유를 물었다. "다음 분기 전에는 새로운 계획이 없습니다"라고 그는 말했다. 나는 거대한 주장을 했다. "아쉽군요. 1분기에 당신 회사의 1년 매출을 바꿔놓을 수 있는 완벽한 자신감이 있는데 말입니다. 어차피 곧 우리와 거래할 거라면 조금 더 빨리 시작하는 게 어떠신가요?" 그는 "계약서를 내게 보내세요. 오늘 안에 처리하죠"라고 말했다.

팀원들은 눈이 휘둥그레졌다. 전화를 끊고 계약서를 보낸 지 30분 만에 고객은 계약서에 서명해 보냈다. 나는 전화를 걸었고, 거대한 주장을 했고, 거래를 성사시켰다.

이 상황에서 고려할 점은 2가지다. (1) 우리는 고객과 거래를 성사시켰다. (2) 팀원들은 내 행동을 지켜보면서 교훈을 얻었다. 나는 팀원들에게 해내겠다고 말했고, 아니나 다를까 좋은 일이 생겼다. 나는 행동함으로써 미래의 실적을 현재로 끌어왔다.

완전히 몰입하라. 손해를 피하려는 생각으로 머뭇거리지 마라. 그러면 창조적인 해법이 나타날 것이다. 내가 보장한다.

완전히 몰입하고 이례적인 수준의 혜택을 고객에게 주겠다고 생각하라. 이 생각 말고 다른 선택지는 버려라. 그러면 아무

무리한 약속을 하지 않으면
당신은 스스로가
얼마나 탁월한지, 당신 회사가
얼마나 성장할 수 있는지
절대 알 수 없다.

#BeObsessed @GrantCardone

리 불가능한 약속처럼 보여도 결국 해내는 방법을 찾아내게 될 것이다. 몰입하는 만큼 창조적인 해법을 찾는다. 약속을 세상에 알린 만큼 당신은 성공하게 될 것이다.

당신 자신과 당신 제품을 세상에 적극적으로 내놓아라. 작은 생각의 경계를 뛰어넘어 크게 도약하라.

먼저 전념하고
세부 사항은 나중에 파악하라

집착하는 사람은 무모해지기를 마다하지 않는다. 성장하기 위해 혼돈을 창조하고 관리한다. 그들이 천재적인 능력을 발휘하는 건 오직 용기 때문이다. 그들에게 용기에 대해 질문하면 이렇게 대답할 것이다. "용기 있게 완전히 전념할 때 내 천재성을 발견한다."

먼저 전념하라. 그리고 세부 사항은 나중에 파악하라. 처음부터 모든 걸 파악하고 조직하려고 하면 일을 제대로 진행할 수 없다. 세부 사항을 먼저 파악하려고 할 때는 다음과 같은 두려움이 생긴다.

* "지금 하는 모든 일을 어떻게 다 끝내지?"

* "이게 좋은 거래일까?"

* "만약 실수하면 어쩌지?"

* "자금은 어떻게 구하지?"

* "만약 자금을 구하지 못하면 어쩌지?"

* "휴일은 어떻게 하지?"

* "하겠다고 약속한 걸 못 하면 어떡하지?"

만약 지구가 앞으로 12시간 안에 거대한 혜성과 부딪히면 어떻게 될까? 그렇다면 지금 하고 있는 거래처럼 사소한 문제도 없을 것이다. 오늘 안에 이 세상이 멸망할 수 있는데 이따위 거래가 무슨 대수인가.

그러니 사소한 일 때문에 불안해하지 마라. 세부 사항에 얽매이지 마라. 리스크를 무릅쓰고 새로운 영역에 자금을 투자하며 모험하는 일을 두려워하지 마라.

당신이 성취한 모든 일은 다 '처음' 시작한 일이다. 결혼했을 때, 아이가 생겼을 때, 세무 감사를 받았을 때, 첫 사업을 시작했을 때, 둘째 아이가 생겼을 때, 소송을 당했을 때 나는 그저 그 일들을 해나가면서 관련된 세부 사항 모두를 파악했다. 모든 걸 파악하지 못해서 일의 시작을 미루고 있는가? 그렇다면 그 일에 완전히 전념하지 않았기 때문일 수 있다.

> 당신이 성취한 모든 일은
> 다 '처음' 시작한 일이다.
>
> #BeObsessed @GrantCardone

    몇 년 전 우리 회사에서 인터넷 생방송에 필요한 프로그램을 사들였다. 내 작업실에서 생방송을 내보낼 수 있는 프로그램이었다. 우리는 방송 날짜를 정하고 프로그램을 연구했다. 그리고 72시간 후에야 생방송을 할 수 있었다.

    전 세계에서 거의 1만 명이 우리 사이트에 동시에 접속하는 바람에 과부하가 걸리면서 서버가 다운되었다. 직원들은 내가 불같이 화를 낼 거라고 생각했다. 아니었다. 나는 오히려 신이 났다. '사이트가 다운될 정도로 이렇게 많은 사람이 몰리다니! 굉장하군.' "내가 인터넷을 박살 냈어"라고 외치며 난 어린애처럼 신나서 사무실을 뛰어다녔다.

    사이트를 리부팅하고 그날 밤 거의 5시간 동안 쉬지 않고 콘텐츠를 내보냈다. 그리고 100만 달러에 가까운 수입을 올렸다.

    한 달 뒤 다시 인터넷 생방송을 했다. 이번에는 지난번 같은 문제가 일어나지 않도록 철저히 대비했다. 1만 명이 넘는 접속자가 사이트를 찾았지만 서버는 정상적으로 작동했다. 하지만 새로운 문제가 생겼고 전과는 다른 실수를 하게 되었다. 5시간의 방송이 끝난 후 우리는 보완이 필요한 부분을 다시 알아냈다.

    방송이 완벽하지는 않았지만 두 차례 생방송을 통해 우리는 무리한 약속을 했고 더 많은 것을 제공했다. 2시간 방송한다고 약속하고 5시간 동안 진행했고, 30쪽 분량의 전자책을 제공한다고 약속하고 80쪽 분량의 전자책을 제공했다. 완전히 전념할 때만 이렇게 더 많은 것을 제공할 수 있다.

　나는 모든 걸 완벽하게 만들기 전에 제품을 판다. 그래야 돈을 벌 수 있다. 팀이 준비를 다 마칠 때까지 또는 제품이 완성될 때까지 기다리고 싶지 않다. 이건 터무니없는 소리가 아니다. 소프트웨어는 늘 완벽한 상태가 되기 전에 판매된다. 그리고 문제가 생기면 업데이트해서 문제를 보완한다. 가장 성공한 제품 중하나인 아이폰은 언제나 출시된 이후에 더 완벽해진 최신 제품이 나온다.

　따라서 제품의 모든 요소가 완벽해질 때까지 기다리지 마라. 먼저 제품을 팔아 수입을 창출하겠다는 목표를 세우고 이를 토대로 생각하고 행동하라.

　투자에 전념하는 사람은 다른 사람이 아직 보지 못하는 미래를 볼 정도로 광적으로 몰입한다.

　무하마드 알리는 평생 고수한 철학을 이렇게 밝혔다. "나는 가장 위대한 사람이다. 심지어 내가 가장 위대하다는 걸 알기 전부터 이 말을 했다." 시합에서 이길 수 있든 없든 링에 오르기 전에 상대를 겁주기 위해 우렁찬 소리로 포효하는 건 전혀 문제가 되지 않는다. 오히려 사람들의 관심을 끌어모아 전 좌석을 매진시킨다면 더 좋은 일이다.

투자에 전념하는 사람은
다른 사람이 아직 보지 못하는
미래를 볼 정도로 광적으로
몰입한다.

(#BeObsessed) (@GrantCardone)

자신감을 보여주라

내 사업이 폭발적으로 성장한 건 내가 거대한 주장을 하면 서부터다. 이런 주장 때문에 어쩔 수 없이 나는 안일한 태도를 버리고 대담하게 행동해야 했다. 반복해서 그렇게 행동하고 새로운 수준으로 스스로를 계속 밀어붙였다. 그 결과 나는 완벽한 자신감을 얻었다. 잠재 고객에게 이런 자신감을 보여주기 위해 현재 내가 사용하는 몇 가지 표현은 다음과 같다.

* 내가 처리할 수 있다.

* 내가 고칠 수 있다.

* 내가 완수할 수 있다.

* 내가 보장한다.

* 우리에게 해결책이 있다.

* 내가 알아내겠다.

* 내게 맡겨라.

1995년 로버트 크래프트Robert Kraft는 자기 제지 회사에서 올린 수익으로 프로 미식축구팀 뉴잉글랜드 패트리어츠New England Patriots를 1억 7200만 달러에 인수했다. 그는 시즌이 시작할 때마다 팀이 압도적인 성적으로 슈퍼볼 우승 반지를 획득하는 데 완전히 전념하도록 돕는다. 그래서 팀의 모든 선수는 주저하지 않고 이렇게 약속한다. "우승을 위해 싸우는 우리를 지켜보십시오. 놀라운 경험을 하게 될 겁니다." 패트리어츠의 팬이든 아니든 그들의 자세와 태도, 전념을 보게 된다. 그들은 자기네 고객에게 탁월한 서비스를 제공하고 있는가? 물론이다. 혹시 그들이 시즌을 시작하면서 작은 것을 약속해야 할까? 절대 아니다.

만약 그들이 관중에게 약속한 것보다 더 많은 것을 보여주고 싶어서 덜 약속하고 시즌을 시작한다면 500달러짜리 티켓이나 50만 달러에 달하는 박스석을 결코 판매할 수 없을 것이다.

홍보팀은 팬들에게 어떻게 홍보할까? "다가올 시즌에 큰 기대는 하지 않습니다"라고 할까? 아니면 "누구도 다치지 않는다는 전제 아래 경쟁력 있게 싸워 팬들에게 좋은 경기를 보여주겠습니다"라고 할까? 아니다. 그들은 이렇게 말한다. "우리는 최고의 전사들을 투입했습니다. 또 한 번 슈퍼볼 우승을 쟁취하겠습니다."

현재 뉴잉글랜드 패트리어츠의 가치는 32억 달러에 달한다. 그리고 크래프트는 올인하는 사람, 승리를 위해서라면 무엇에든 전념하는 사람으로 알려졌다. 그는 재정적으로도 큰 수익을 올렸다. 당신 역시 이런 자신감으로 접근해야 한다. 고객에게 해주겠다는 약속을 최대한 부풀려라. 거기서 공기를 빼버리면(재밌자고 하는 말이다) 돈과 명성, 미래를 대가로 치러야 할 것이다.

자화자찬하라

약속은 계속 더 나아지고 더 간결해지고 더 강렬한 인상을 주어야 한다. 그래야 더 많은 관심을 끌고, 효과적으로 홍보할 수 있다.

여기서 내가 하는 말을 과소평가하지 마라. 자기 삶을 경영하는 사람으로서 당신은 자신이 누구인지, 자신의 강점이 무엇인지, 어떻게 자신을 홍보해야 하는지 배워야 한다. 자신의 존재와 가치를 스스로 명확하게 알지 못한다면 다른 사람이 어떻게 알겠는가. "자화자찬하지 마"라는 말은 평범한 수준의 사람들이 퍼뜨린 또 하나의 거짓말이다. 자랑하지 않을 거라면 근사한 뿔이 무슨 쓸모가 있는가?

> ## 자신의 존재와 가치를 스스로 명확하게 알지 못한다면 다른 사람이 어떻게 알겠는가.
>
> #BeObsessed @GrantCardone

대부분의 사람은 스스로를 자랑하려고 하지 않는다. 그래서 자신을 홍보할 시간을 내지 않는다. 하지만 당신이 무엇을 하는지, 누구인지, 무엇을 제공하는지 설명하지 않으면 당신이 하는 일과 당신 존재에 대해 관심을 가질 사람은 아무도 없다. 이것이 현실이다. 하물며 당신이 제공하는 것에 관심이나 가지겠는가? 당신 회사에서 제품을 팔고 있다면 직원들이 제품을 어떻게 홍보하는지 들어보라. 잠재 고객에게 제품을 어떻게 설명하며, 어떤 구매 제안을 하고, 회사를 어떻게 홍보하는지 시간을 내서 들어보고 가능하면 녹음도 해보라. 틀림없이 그들은 제품의 가치를 제대로 홍보하지 않을 것이다. 덜 약속하고, 소극적으로 마케팅을 하면서 낮은 매출을 올릴 것이다. 그건 자신이나 회사, 고객에 대해 정직한 태도가 아니다. 맙소사, 어쩌면 당신도 그럴지 모르겠다. 당신이나 당신 직원의 태도가 그렇다면 이득을 얻는 사람은 단 하나, 당신의 경쟁자다.

당신의 가치를 홍보하는 소리를 귀청이 떨어지도록 요란하게 하라. 점잖게 말하지 마라. 나는 당신이 조심스러운 성향을 깨부수고 더욱 거침없이 행동하도록 도우려고 한다. 슈퍼볼 중계방송 중간에 광고 시간으로 30초가 당신에게 주어진다면 무슨말을 할지 생각해보라. 거창하게 홍보하라.

먼저 어떤 약속이 탁월한 제안이 될지 목록을 작성하라. 당신이 왜 놀라운 존재인지, 왜 가장 위대하고 최고의 존재인지 세상에 말하라. 그러면 훨씬 더 높은 수준으로 성과를 달성해야할 이유가 만들어진다. 당신은 앞으로 해주겠다고 최고의 약속만 하면 된다.

경쟁자의 약점을 이용하라

고객 서비스란 고객이 제품을 구매하기 전과 후, 그리고 제품을 이용하는 동안 제공하는 서비스다. 이런 상호 작용을 통해 고객을 만족시키려면 당신과 당신의 직원은 고객의 필요에 부응해야 한다.

하지만 대부분의 사람과 기업은 이 일을 잘하지 못한다. 또는 잘하려는 의지가 없다. 고객 서비스 산업은 다음과 같은 통계를 꺼내 들며 사업가들을 겁먹게 해서 덜 약속하는 관행을 조장한다.

* 2011년 아메리칸 익스프레스American Express의 설문 조사에 따르면 "고객의 78퍼센트가 계약을 파기하거나 계획한 구매를 하지 않았다. 형편없는 서비스를 경험했기 때문이다." 장담하는데 이 수치는 개선되지 않았다.

* 2014년 에비큐티Ebiquiuty의 조사에 따르면 고객 4명 중 거의 3명이 훌륭한 고객 서비스 역사를 지닌 기업의 제품을 더 많이 구매한다고 말한다.

* 루비 뉴웰 레그너Ruby Newell-Legner의 말에 따르면 해결하지 못한

부정적인 경험 하나를 상쇄하려면 12가지 긍정적인 경험이 필요하다.

* 미국 대통령비서실 소비자 부서는 나쁜 고객 서비스 경험에 대한 보고가 좋은 서비스에 대한 칭찬의 2배가 넘는다고 발표했다.

이런 현실을 당신에게 유리하게 만들 수 있다. 당신 영역에서 다른 경쟁자들의 활동을 살펴보라. 그들이 하지 않는 일을 관찰하고 그 상황을 이용하라.

세월이 흐르면서 모든 기업은 상황별로 자사가 할 일과 하지 않을 일에 관한 정책 목록을 작성한다. 몇 차례 발생한 문제들이 다시 생기지 않도록 정책을 세우는 것이다. 예를 들어 한 임원은 실패를 인정하며 이렇게 말한다. "이제 그만합시다! 새로운 정책으로 가야겠습니다. 세일즈맨이 먼저 처리해야 하는 일은 합의 사항과 관련한 법적 검토입니다. 법적 검토를 마치지 않았다면 고객과 계약해서는 안 됩니다."

경쟁자가 이런 정책으로 나온다면 당신은 고객의 요구에 즉각 반응하고 어떤 요구든 유연하게 받아들임으로써 경쟁자의 정책을 이용할 수 있다. 미스터 성급한 일반화의 오류Mr. Penalize-All-Because-of-One-Situation(앞의 예에서 한 가지 상황 때문에 다른 모든 세일즈맨에게 불합리한 정책을 세운 임원을 가리킨다-옮긴이)의 경쟁자로서 나는 더 신속하게 움직여 내 세일즈 팀원들이 자유롭게 고객과 계약하게 할 것이다. 경쟁사가 합의 사항에 대한 법적 검토를 하며 시간을 보내는 동안 우리 세일즈맨들은 지체하지 않고 고객과 계약할 것이다.

한번은 동남부 지역에 있는 대형 부동산 회사에 전화를 걸어 보유 중인 부동산 목록을 문의한 적이 있다. 나는 한 베테랑 대리인에게 "지금 그 정도 규모의 부동산을 거래하려면 비용이 얼마나 듭니까?"라고 물었다. 그녀는 "죄송하지만 회사 정책상 이자율이나 담보 대출과 관련된 내용은 말씀드릴 수 없습니다"라고 말했다.

30년 동안 수백만 달러의 거래를 해온 그녀가 이자율을 말할 수 없다고? 나는 돈을 대출해달라고 한 게 아니었다. 이자율을 확정적으로 약속해달라고 한 것도 아니었다. 그저 구매에 대한 내 관심을 골라인으로 몰고 가려고 했을 뿐이다. 나는 공을 그녀에게 패스했다. 그녀는 공을 골문으로 몰고 가면 되었다. 그런데 그녀가 내게 한 말은 사실상 이런 말이었다. "내게 공을 패스하지 마세요. 지금 이후로 당신을 도울 수 없습니다. 돕지 않겠어요. 내게는 당신을 도울 권한이 없습니다. 당신 스스로 알아서 하세요." 이처럼 어처구니없는 말이 또 있을까. 하지만 시장에는 이런 태도가 만연하다. 이처럼 스스로 해를 자초하는 경쟁자의 정책을 이용할지 말지는 당신에게 달렸다.

주의 깊게 살펴보라. 오늘날 소비자들은 무한한 양의 정보에 접근할 수 있다. 그런데 놀랍게도 많은 기업이 거래를 성사시키는 데 필요한 중요한 정보에 대해 말하기를 거부한다. 배관공이나 다른 설비업자들은 전화로는 서비스 가격을 알려주지 않는다. 경쟁자가 더 좋은 가격을 제시하거나 가격을 말하면 고객이 거절할까봐 두렵기 때문이다. 그들의 홈페이지에는 이런 약속이 실려 있을지 모른다. "우리가 가장 합리적인 가격으로 서비스를 제공해드립니다. 우리에게 전화하세요." 하지만 고객이 전화를 걸면 그들은 가격을 알려주지 않거나 이틀이 지나서야 알려준다. 이런 상황을 이용하라!

인터넷 판매가 소규모 동네 가게의 한계를 이용해 성장해나가는 것 역시 당연한 일이다. 오래전에 만들어진 어리석은 정책들 탓에 고객은 원하는 서비스를 제대로 받지 못하는 경우가 많았다. 하지만 인터넷 판매 덕분에 더는 그런 나쁜 경험을 인내할 필요가 없다.

매주 나는 그랜트 카돈 TV 쇼 방송을 한다. 방송을 하면서 몇몇 기업에 전화를 걸어 나쁜 고객 경험을 해본 적 있는지 물어본다. "이야기할 게 있으면 해보세요." 그러면 구역질 나는 문제들을 마주하게 된다. 몇 가지 사례는 다음과 같다.

* 주 거래처에 전화를 걸었다. 벨이 12번이나 울렸는데 아무도 받지 않았다.

* 피트니스 브랜드인 크로스핏CrossFit은 점심시간에 고객과의 대화를 거부했다. 그 시간이 '신성한 운동 시간'이라는 이유에서다.

* 법률 회사는 수임료를 받을 때까지 업무를 시작하지 않는다. 한 번에 한 의뢰인을 상대하는 경직된 태도 때문이다.

* 부동산 중개인이 내가 비밀 유지 서약에 서명하기 전에는 내게 매물을 보여주거나 뭔가 제안을 하지 않았다. 매수자가 수수료 3퍼센트를 아끼려고 중개인이나 판매자 주변에 접근한다는 이야기를 들었기 때문이다.

* 명품 시계 판매장에서는 전화로 가격을 알려주지 않는다. 그들이 말하는 이유는? "가격만 쇼핑하는 건 거부한다."

사람들은 과거 문제를 해결하느라 너무 분주한 탓에 눈앞의 기회를 놓친다. 우리 회사에서도 그런 일이 있었다. 세일즈 부사장이 인터넷 부서에 메일을 보냈다. 어떤 기업의 부사장이나 그 이상 직급의 사람이 우리 홈페이지 쇼핑몰에서 온라인 유니버시티Online University를 구매하려고 하면 주문을 바로 처리해서는 안 되고 그 잠재 고객의 정보를 세일즈 부서로 보내 처리하게 하라는 내용이었다. 진심인가? 한번 상상해보자. 당신이 한 기업의 부사장이다. 그리고 세일즈맨과 상담하지 않고 온라인으로 프로그램을 구매하려고 한다. 그런데 구매할 수 없다. 이는 있을 수 없는 일이다. 나는 부사장을 호되게 꾸짖으면서 말했다. "다시는 주문이 중간에 중단되게 하지 말아요." 부사장의 의도는 일을 잘 처리하려는 것이었다. 그런 고객은 대부분 제품을 잘못 주문하기 때문이다. 기업 전용 프로그램을 주문해야 하는데 개인 프로그램을 주문하는 일이 비일비재했다. 하지만 고객에게 주문의 번거로움을 주는 일은 절대 옳지 않다.

우리 회사에서 이런 일이 일어날 수 있다면 당연히 다른 회사들에도 시대에 뒤떨어지거나 형편없는 정책과 규정, 신념이 있을 수 있다. 그러한 것들을 찾아보면 기회를 발견할 것이다. 경쟁자의 약점을 모두 이용하는 일에 집착하라. 평균적인 다수의 기업은 다 거기서 거기다. 그들과 차별화하기 위해 이용할 수 있는 건 무엇이든 이용하라. 법적 한도 내에서, 그리고 윤리적이고 도덕적으로 문제가 되지 않는 선에서 다른 사람의 약점을 어떤 방식으로든 최대한 이용해 고객에게 혜택을 주어라.

남들이 하지 않겠다고 하면 그 일이 무엇이 되었든 나는 고객에게 내가 해주겠다고 할 것이다. 남들이 오래 걸린다고 말하면 나는 지금 당장 그 일을 할 것이다. 모두가 하는 일은 하지 마

라. 남들이 안 하는 일을 하라. 남들이 제안하지 않는 것을 제안
하라. 판을 깨고 새로운 게임을 만들어라.

당신 자신을 팔아라

잠재 고객에게 제품을 소개하기 전에 그 제품이 당신이 제시
한 가격보다 더 많은 가치가 있다는 사실을 상기하라. 그러면 언
제 어디서든 최고의 거래를 하게 된다.

언제나 고객이 제품 가격 이상의 가치를 얻을 수 있게 하라.
예를 들어 한 회사가 170만 달러를 투자해 자사 맞춤형 세일즈
트레이닝 프로그램을 구매했다고 해보자. 그리고 이 프로그램
덕분에 첫해 매출을 1500만 달러 올렸다고 하자. 그러면 거래에
서 더 많은 이득을 본 쪽은 누구일까? 그렇다. 프로그램을 구매
한 고객이다.

사람들이 사는 건 가격이 아니다. 제품이나 해결책, 인재, 회
사를 산다. 가격은 그저 제품이나 서비스를 평가하는 퍼즐의 한
조각일 뿐이다. 이는 당신이 제공하는 다른 가치에도 적용된다.
가격, 보증 내용, 할부 조건, 판매 조건, 제품, 서비스를 더 좋은
조건으로 제공할 때 고객에게 최고의 가치를 제공하게 된다.

그러면 궁극적인 부가가치가 창출된다. 바로 당신이다. 다른

궁극적인 부가가치는
바로 당신이다.

사람이 하는 거래에서는 당신이라는 부가가치를 내놓지 못할 것이다.

나는 도요타, 폰티액, 르노, GM, 중고차 등 다양한 자동차를 판매했는데, 당시 내가 판매한 건 단순히 자동차가 아니었다. 나는 나를 팔았다. 한번은 워런이라는 고객이 이런 말을 했다. "다른 곳에 가면 똑같은 차를 더 싸게 살 수 있어요." 나는 "거기서 사면 나를 사지는 못하겠죠. 워런 씨, 여기 서명하시죠"라고 말했다. 그는 트럭을 구매했고 나중에 내게서 11대의 자동차를 더 구매했다. 그가 다른 데서 사는 것보다 더 비싸게 산 건 맞다. 하지만 장담하는데 그는 내게 자동차를 구매하면서 더 좋은 거래를 했다. 내가 단순히 자동차만 판 게 아니었기 때문이다. 나는 워런과 그의 가족에게 지속적인 서비스를 제공했다. 나는 그의 가족과 친구가 되었다. 그와 그의 가족을 VIP로 대접했으며 그들에게 관심을 쏟았으며 그들이 필요로 하면 언제든 하던 일을 멈추고 달려갔다.

당신이 최고라고 세상에 말하라. 물론 사람들은 당신에 대해 '너무 지나치다'라고 생각할 수 있다. 하지만 포기한 사람의 조언은 들을 필요 없다. 자랑해서는 안 된다고 말하는 사람은 자신에 대해 자랑할 게 전혀 없어서 그런 말을 한다. 당신이 얼마나 놀라운 존재인지 진실을 세상에 알려라. 그리고 그 진실을 보여주라.

CHAPTER 10

집착하는 팀을
꾸려라

최고가 되려면 최고의 인재를 곁에 두라

한 사업가를 만난 적이 있는데 그에게 삶의 주된 사명은 지구를 샅샅이 뒤져 최고의 인재를 찾아내는 것이었다. 그를 만나고 나서 사업을 운영한다는 게 무엇을 의미하는지 내 관점이 바뀌었다.

래리 밴 투일Larry Van Tuyl이라는 어마어마하게 큰 성공을 거둔 사업가인데 자기 회사 중 하나를 워런 버핏에게 40억 달러에 매각했다. 그는 새로운 사람을 만나면 악수하며 자기 쪽으로 바짝 당겨 얼굴을 가까이 대고 이렇게 말한다. "당신이 나와 함께 일하면 좋겠어요!" 이 남자는 열정적으로 인재를 모집했다. 그에게는 만나는 모든 사람이 잠재적 신입 사원이었다. 그는 고객, 상인, 낯선 사람, 식당 종업원, 경비원, 아이 할 것 없이 어디서 누구를 만나든 함께 일할 사람으로 보았다.

래리는 부동산, 보험, 기술, 자동차 등의 분야에서 수십억 달러 규모의 사업을 운영한다. 그는 어떤 일에서든 작게 생각하는 법이 없고 엄청나게 열심히 일한다. 그의 열심은 열정이라는 말로는 설명하기 힘들 정도로 합리적인 수준을 넘어선다. 래리는 올인하고 집착하는 훌륭한 인재를 확보하는 데 대부분의 시간을 쓴다. 이런 인재들이어야 그의 올인하고 집착하는 정신 태도를 확장시킬 수 있기 때문이다. 누가 시키지 않아도 일찍 출근하고 늦게 퇴근하는 헝그리 정신이 있는 사람들을 그는 찾고 있다.

위대한 사업가에게 사업을 어떻게 성공시켰는지 물어보라. 함께 일하는 위대한 사람들에게 공을 돌리는 말을 듣게 될 것이다. 요컨대 최고가 되려면 곁에 최고의 인재를 두어야 한다.

당신의 사업이 성공하는 것을 보겠다고 무엇이든 하는 팀원을 바라지 않는가? 당신을 위해 건물에서 뛰어내리고 벽을 뚫고 통과하는 팀원, 당신 덕분에 하늘을 날 수 있다고 믿는 팀원을 바랄 것이다.

당신을 위해 그렇게 돌진하는 팀원이 없다면 부끄러운 줄 알아야 한다. 그 정도로 전념하는 사람이 주변에 없다면 사업을 성장시킬 수 없다. 당신 혼자 집착광이 되어서는 안 된다. 당신과 함께 집착하는 사람을 고용하지 않으면 사업은 발전하지 않는

당신의 사업이 성공하는 것을
보겠다고 무엇이든 하는 팀원,
당신을 위해 건물에서
뛰어내리고 벽을 뚫고
통과하는 팀원, 당신 덕분에
하늘을 날 수 있다고 믿는
팀원이 없다면 부끄러운 줄
알아야 한다.

다. 그리고 이 세상에는 당신이 꼭 고용해야 하는 집착하는 사람이 많다.

경영진부터 집착하는 태도를 보여서 이 마인드셋을 기업 문화로 만들어야 한다. 모든 위대한 조직에는 위대한 사람들이 있다! 그렇게 모두가 위대해진다.

원맨쇼는 이제 그만하라

위대한 조직은 절대 누구 혼자서 일을 다 하는 법이 없다.

미국에는 직원을 두지 않고 운영하는 소규모 사업체가 2200만 개에 달한다. 《포브스》에 따르면 모든 사업체의 75퍼센트는 1인 사업체다. 그리고 이런 사업체의 연 평균 수입은 고작 4만 4000달러다. 이건 사업이 아니라 고문이다. 이런 사업체는 사업주가 교도소장이자 죄수인 감옥이다.

왜 사업을 시작한 다음 혼자서 일해야 하는가? 작은 사업체를 목표로 하는 걸까? 아니면 인재가 너무 없어 자신만큼 일을 잘 해내는 사람을 고용할 수 없다고 판단해 포기한 걸까? 내 생각에는 후자다. 대부분의 사람은 인재를 찾는 일을 포기하며 이렇게 말한다. "그냥 내가 직접 하는 게 더 쉬워."

나도 그랬기 때문에 잘 안다. 나는 혼자서 다 하려다가 자멸의 길로 갔다. 내 사업은 오직 내게만 전적으로 의존했기 때문에 사업을 시작한 후 10년 동안 성장하지 못하고 가까스로 생존만 할 수 있었다. 그래서 다른 회사와 계약해 내 세미나의 홍보를 맡겼다. 그전에는 재택 근무를 하면서 비서 1명만 고용했다. 그리고 스스로 너무 현명하다고 생각했다. "소규모로 유지하라. 비용을 줄여라. 새는 돈이 없게 하라. 크다고 더 좋은 게 아니다." 사업체를 키우지 못하는 것을 합리화하려고 스스로에게 한 말이었다. 여러 해 동안 그런 식으로 사업을 운영했고 심지어 내가 혼자서 얼마나 잘하고 있는지 자랑하기까지 했다.

나중에 나는 두 번째 회사를 창업했다. 이번에는 동업자를 구해 기존의 세미나 사업과 연계된 컨설팅 회사를 차렸다. 컨설팅 회사는 첫 번째 회사보다 더 빠르게 성장했다. 동업자가 우리를 도울 직원들을 고용했기 때문이다. 하지만 그때도 나는 다른 사람들을 고용하는 데 거부감이 있었다. 직원들을 관리하면서 골치가 지끈거리고 비용이 나가는 게 싫었기 때문이다.

직원이 없었을 때 내 수익은 매우 높았다. 하지만 회사 총 매출을 증가시키려면 나 혼자 다 할 수 있다는 생각을 버려야 했다. 그 이후 나는 내 관심과 노력을 모두 어디에 쏟았어야 했는지 알게 되었다. 한 사람의 노력만으로, 그리고 계약한 홍보 회사의 도움만으로는 회사를 확장시키는 데 한계가 있었다.

많은 강연가나 비즈니스 전문가가 직접 회사를 운영하면서 혼자 북 치고 장구 치고 다 한다. 이는 다른 사람에게는 사업을 성장시키는 방법에 대해 조언하면서 정작 그들 자신의 사업은 성장시키지 못한다는 말이다! 그들의 원맨쇼는 그저 한 남성이나 여성이 앞에 나가 강연을 하며 세미나 참여비를 받고 자기 시간과 책 몇 권을 파는 것이다. 그리고 강연하는 동안 그들의 다른 모든 경제 활동은 중단된다.

나는 엄청난 성공을 거둔 사람과 기업을 연구하기 시작했다.

그리고 그들 모두가 많은 직원을 두었다는 사실을 알게 되었다. 혼자서는 위대한 기업을 만들 수 없다. 이것이 현실이다. 다른 사람을 직원으로 두어야 한다. 내 말을 믿지 못하겠는가? 그렇다면 많은 직원을 두지 않고도 지속적으로 성공하고 발전하는 위대한 기업을 알고 있다면 하나라도 대보라. 행운을 빈다.

사업은 기계나 자동화, 기술이 있다고 다 되는 게 아니다. 사람이 있어야 한다. 프로그램을 시행하고, 열정을 다해 기술을 활용하고, 고객에게 서비스하고, 마침내 당신을 목적지에 데려다줄 사람들이 주변에 있어야 한다. 거대 온라인 기업인 아마존을 생각해보자. 아마존의 직원 수는 22만 명이 넘는다. 애플은 10만 명이 넘는 직원이 있고, 마이크로소프트의 직원 수도 애플과 비슷하다. 세계 4대 회계 법인 중 하나인 언스트 앤드 영Ernst & Young 은 직원이 20만 명이 넘는다.

애플은 애플스토어에서 일하는 직원들을 '지니어스Genius'라고 부른다. 당신도 이런 명칭으로 부를 만한 직원을 고용하고 싶지 않은가? 그들이 당신 회사를 얼마나 강력하게 만들지 생각해보라.

부지런히 사람을 고용하라

나는 훌륭한 인재를 발굴하는 게 어렵다고 생각했고, 그들을 관리하는 건 더더욱 어렵다고 생각했기 때문에 사업 규모를 작게 유지하는 실수를 저질렀다.

당신은 나 같은 실수를 하지 않기를 바란다. 당신은 성장해야 한다. 그리고 사람들을 통해 성장해야 한다. 더욱 중요하게는 훌륭한 직원이 당신의 생존에 필수적이라는 생각에 집착해야 한다. 직원을 고용하지 않겠다는 사람은 사업을 확장하지 못할 게 확실하다.

하지만 오늘날에는 훌륭한 인재를 확보하고 보유하는 것은 물론이고 누군가를 고용한다는 것 자체가 엄청나게 어려운 문제다. 고용주나 사업가, 심지어 기업마저 두 손 두 발 다 드는 게 고용 문제다. 왜 그럴까? 그들이 평범한 수준의 문화에서 사람을 고용하기 때문이다.

2013년 갤럽 조사 '전 세계 직장 현황'에 따르면 전 세계적으로 고용인 중 업무에 몰입하는 사람은 13퍼센트에 불과하며 24퍼센트는 적극적으로 딴짓을 한다. 이는 곧 그들이 직장에서 행복하지 않고 비생산적이라는 뜻이며 동료에게 부정적인 영향을 퍼뜨릴 수 있음을 시사한다. 대략 이 수치를 통해 전 세계적으로 업무에 몰두하지 않는 고용인이 9억 명이고 적극적으로 딴짓을 하는 고용인이 3억 4000만 명에 이른다는 사실을 알 수 있다.

이보다 더 심각한 문제가 있다. 직장에 있는 사람들이 단순히 딴짓만 하는 게 아니다. 그들은 아예 일을 하지 않는다! 맞다. 그들이 사무실에 있고, 출근 카드를 찍는 건 맞다. 의자에 앉아 있는 것도 맞다. 어떤 사람은 컴퓨터 앞에 앉아서 또는 손에 전화기를 들고 뭔가 일을 하는 것처럼 보일 수 있다. 하지만 그걸로 끝이다. 많은 사람이 자신에게 요구되는 일만 하지 그 이상은 하지 않는다. 대다수 고용인은 관리자를 향한 불만으로 가득 차 있으며, 지나치게 권리만 주장하고, 아주 놀라울 정도로 무능하게 업무를 처리한다. 대부분이 자기 업무보다 유명인의 최근 스캔들에 대해 더 많이 알고 있다.

하지만 그렇다고 해서 훌륭한 인재가 없다는 말은 아니다. 나는 훌륭한 직원도 고용해봤고 형편없는 직원도 고용해봤다. 이 점이 의미하는 바는 악착같이 그리고 부지런히 사람을 고용해야 한다는 뜻이다. 함께 일하고 싶은 사람을 찾으려면 쓰레기 더미를 무수히 뒤져야 한다. 힘들지만 중요한 일이다. 당신이 자동차 설계자고 운전자라면 당신 직원은 엔진이고 변속기며 바퀴기 때문이다. 당신 회사는 직원들 없이 전진할 수 없다.

월급 나간다고 투덜대지 마라

많은 사람이 직원에게 지급하는 월급을 아깝게 생각한다. 과연 그런 생각이 맞을까? 사람에게는 돈이 들지 않는다. 사업을 성장시키지 못할 때 돈이 든다. 새로운 직원을 고용할 때마다 당신은 더 많은 돈을 벌어야 마땅하다. 그들이 더 많은 돈을 벌어다 주지 않으면 당신은 직원을 잘못 뽑은 것이고 그들을 제대로 관리하지 못한 것이다.

나는 처음에 5명의 직원을 두었다가 점차 몇백 명으로 늘려갔다. 직원들에게 나가는 월급의 규모가 엄청나게 커졌지만 회사의 수입도 함께 증가했다. 예전과 비교해 세후 순이익이 5배 늘

> 사람에게는 돈이
> 들지 않는다.
> 사업을 성장시키지
> 못할 때 돈이 든다.
>
> #BeObsessed @GrantCardone

집착하는 팀을 꾸려라

었으며 전체 매출은 거의 100배 증가했다. 이건 다른 좋은 소식에 비하면 빙산의 일각이다. 거래처는 8000곳으로 늘어났고 수백만 명에게 관심을 받았으며 기존 제품보다 12배 규모의 제품이 개발되었다. 무엇보다 가장 귀중한 결과는 내가 매일 간여하지 않아도 회사가 저절로 굴러가며 성공해가고 있다는 사실이다. 이제 나는 내 집중력과 노력을 내가 가장 잘하는 일에 쏟을 수 있다.

발전하는 전문 인력 팀의 도움을 받지 않는다면 당신 회사는 이미 쇠퇴하고 있는 게 확실하다. 그러니 월급이 많이 나간다고 더는 불평하지 마라.

최고의 인재를 찾는 방법

당신의 직원이 곧 당신의 능력이다. 최고의 인재를 곁에 두지 않는다면, 당신만큼 목표에 집착하는 기업 문화를 조성하지 않는다면, 당신은 능력을 확장하고 있는 것이 아니다. 꾸준히 새로운 사람을 받아들이지 않는다면 당신에게 있는 건 기존의 직원들 뿐이다. 그리고 오늘 당신이 의지하는 사람이 내일 당신을 실망시킬 수 있다. 따라서 사람에게 투자하라. 계속 투자하라. 사람에게 적게 투자하는 것은 회사의 성공에 집착하지 않는 것이다.

직원을 고용하는 방법은 많다. 여기서 몇 가지 아이디어를 제시하겠다. 먼저 내가 사용했던 매우 독창적인 방법을 알려줄 것이다. 나는 〈무슨 수를 써서라도Whatever It Takes〉라는 제목의 쇼를 제작했다. 250명이 넘는 사람들과 면접을 진행하면서 모든 과정을 녹화했다. 그리고 그들의 페이스북과 스마트폰, 자동차를 살펴봤다. 그다음 엄격한 테스트를 실시했다. 모든 것을 기록하기 위해 그들 얼굴에 계속 카메라를 대고 있었다. 그리고 그들의 동의를 얻어 영상을 공개했다.

이런 과정을 거치면서 우리는 중요한 사실을 발견했다. 훌륭한 인재 몇 명을 찾아내려면 많은 사람을 겪어봐야 한다는 것이다. 쇼의 첫 번째 시즌에서 우리는 10명을 고용했는데 6명이 남았다. 두 번째 시즌에서는 더 괜찮은 사람들이 지원해서 14명을 고용했지만 마지막에는 아무도 남지 않았다.

인재를 찾는 일에 번번이 실패했지만 그럼에도 불구하고 이런 노력 덕분에 우리는 매우 강한 팀을 꾸릴 수 있었다. 우리가 사용한 방법은 다음과 같다.

사람들이 꿈꾸는 직장이라는 명성을 쌓아라

우수한 제품을 만들고, 매출을 증대시키고, 재투자하고, 인맥을 구축하면 당신은 업무 능력이 좋다는 평판을 얻을 것이다. 이런 평판을 활용하라. 당신이 탁월한 업무 능력을 보여주면 탁월한 일을 하고 싶어하는 사람들이 당신을 찾아와 함께 일하자고 할 것이다.

현재 세일즈팀 부사장이 우리 회사로 오게 된 건 우리 고객인 그의 아버지가 '그랜트카돈세일즈트레이닝대학교'에 매료되었기 때문이다. 아버지는 아들에게 "넌 그랜트 카돈 밑에서 일해

> 탁월한 일을 하라. 그러면
> 탁월한 일을 하고 싶어하는
> 사람들이 당신을 찾아와 함께
> 일하자고 할 것이다.
>
> #BeObsessed @GrantCardone

야 해"라고 말했다. 아들은 26살의 나이에 전화 영업을 시작했고 한 달에 2500달러의 월급을 받았다. 현재 그는 우리 회사 세일즈 부서의 총책임자다.

나는 사람들이 나와 함께 일하고 싶어하고 나를 찾는다는 소문을 만들어내느라 매우 분주하다. 스티브 스프레이Steve Spray는 인디애나에서 마이애미까지 차로 달려와 우리에게 자신을 고용해달라고 간청했다! 데이브 로바즈Dave Robards는 자기 돈으로 라스베이거스에서 이사 왔다. 실제로 우리 회사에서 가장 일을 잘하는 사람들은 인근 지역이 아니라 전국 각지에서 모여든 사람들이다.

공석이 생겼을 때만이 아니라
항상 직원을 고용하라

탁월한 사업가는 인재 고용을 최우선순위 중 하나로 둔다. 래리 밴 투일은 만나는 사람 모두를 회사 성장을 위해 고용할 수 있는 사람으로 보았다.

현재 비어 있는 자리에만 직원을 고용하거나 당신의 시야 내에서 만들 수 있는 자리에만 사람을 구한다면, 당신은 스스로를 한계에 가두게 되며 훌륭한 인재를 찾을 수 없게 된다.

어느 날 나는 래리가 직원을 고용하는 과정을 지켜보았다. 그 직원은 나였다! 그는 질문을 통해 내가 마음의 준비를 할 수 있게 했다. "당신은 무엇을 하면서 인생을 살아갈 겁니까?" "당신의 가장 큰 꿈은 뭡니까?" "결혼했습니까?" "돌봐야 할 가족이 있습니까?" "언제 시작할 겁니까?" "내 업무 중 하나를 맡아보고 싶습니까?"

이런 질문이 내게는 칭찬으로 들렸다. 래리가 나를 좋게 봐서 함께 일하자고 제안한다고 생각했다. 비록 내가 다른 곳에서 열심히 일하고 있었지만 래리는 나를 보자마자 내게 자신과 똑같은 열심이 있다는 것을 알게 되었다. 사업을 성장시키는 데 집착하는 사람은 경기가 좋거나 직원이 필요할 때만이 아니라 끊임없이 직원을 고용해야 한다는 사실을 잘 알고 있다.

항상 직원을 채용한다는 사실을 세상에 알려라

먼저 문에 '구인'이라고 광고를 걸어두어야 한다. 소셜 미디어가 등장하면서 직원을 채용하는 일이 어느 때보다 쉬워졌다. 직원을 구한다는 사실을 세상에 알리기 위해 온라인 수단을 이용하라. 페이스북이나 트위터, 자신의 웹사이트, 링크드인

LinkedIn, 크레이그리스트craigslist 등에 포스팅하라. 최대한 많은 온라인 플랫폼에 "그랜트 카돈 기업이 또 한 번 도약하고 있습니다. 우리는 인재를 구하고 있습니다"라는 메시지를 날마다 포스팅해 세상에 알려라.

전통적인 방식도 놓치지 마라. 지역 신문이나 지역 소식지, 잡지 등에 구인 광고를 내라. 그리고 직원들이 가족이나 친구에게 구인 소식을 전하게 하라. 가능한 모든 곳에 직원을 채용하고 있다는 사실을 알려라. 함께 일할 훌륭한 사람을 구하고 있다는 사실을 사람들이 알아야 당신을 찾아오기 때문이다.

합리적인 수준 이상으로 이력서를 최대한 검토하라

캘리포니아에서 마이애미로 회사를 옮겼을 때 우리는 4명을 고용하기 위해 800개의 이력서를 검토했다. 그렇게 뽑았는데도 4명 중 2명은 잘못 고용했다.

고용과 관련해서는 엄청난 수준으로 광고하고 집착해야 한다. 어마어마한 규모로 사람을 물색하고 모집하고 검토해야 한다. 이는 곧 엄청난 양의 이력서를 검토하라는 뜻이다.

최대한 많이 직접 면접하라

고용은 단순히 이력서를 검토하고 링크드인에 등록된 구직자 정보를 확인하는 게 아니다. 지원자가 어떤 사람인지 알아내기 위해 직감을 발휘해야 할 때도 있다. 지원자가 업무 수행 능력이 있는지만이 아니라 당신이 만들려는 기업 문화를 조성하고 활성화할 사람인지 등을 비롯해 많은 것을 고려해야 한다.

당신의 브랜드는 당신의 아기다. 따라서 당신 브랜드에 해를 끼칠 의심 많은 사람이 회사에 들어오지 않도록 주의를 기울여야 한다. 가능하면 지원자 면접에 최대한 참여하라. 적어도 면접 중에라도 들어가 악수하라. 사업을 하는 사람이라면 모두 알겠지만 악수를 하며 인사하는 것은 강렬한 인상을 남긴다.

지원자에게서 무슨 특성을 찾아야 하는지 알고 있어라

당신은 성공에 집착하고 있다. 하지만 다른 사람들에도 당신과 똑같은 집착이 있다는 게 느껴지는가? 그리고 집착 외에 어떤 특성들이 중요하다고 생각하는가? 내가 중요하다고 생각하는 몇 가지 특성은 다음과 같다.

* 필요한 일은 무엇이든지 하려는 의지

* 명령 준수

* 특별히 요청하지 않아도 지시 사항을 완수해내는 능력

* 신속한 행동

* 목적을 달성하기 위해 목숨을 걸 의지

* 잠재 거래처 장부 또는 잠재 고객 명단 보유

당신이 원하는 문화와 환경을 조성할 특성이 지원자에게 있는지 확인하려면 당신 스스로 어느 정도 훈련을 해야 한다. 지원자와 면접하면서 그들의 업적을 검토하거나 그들이 하는 말을 들을 때 다음 질문을 스스로 검토해보라. 그러면 지원자의 특성이 드러날 것이다.

* 그들은 목표를 반복해서 달성했는가? 심지어 초과 달성까지 했는가?

* 그들은 가족과 좋은 관계를 유지하고 지역 공동체에 기여하는가?

* 그들에게 일을 잘해야 할 이유, 이를테면 가족 부양 등의 책임이 있는가?

* 그들은 일을 잘해서 상을 받거나 인정을 받은 적이 있는가?

* 최근에 그들이 독서를 했는가? 그렇다면 무슨 책을 읽었는가?

* 그들이 면접 장소에 일찍 왔는가, 정확한 시간에 왔는가? 아니면 늦게 왔는가?

* 그들은 자신이 지원한 회사와 사업주, 경영진에 관한 조사를 했는가?

* 그들은 과거 업무 경험에 대해 긍정적으로 말하는가, 아니면 과거 고용주들에 대해 부정적으로 말하는가?

* 그들은 당신이 무엇을 원하는지, 또는 무엇을 필요로 하는지 질문하는가? 아니면 당신이 무엇을 잘못하고 있는지 보여주려고 하는가?

* 당신은 그들과 매일 함께하고 싶은가? 그들에게 지시를 내리고 함께 일하며 시간을 같이 보내고 싶은가?

돈 이상의 동기를 지닌 사람을 찾아라

돈을 벌면서 변화를 꿈꾸는 사람을 고용하라. 단지 청구서가 쌓여 돈이 필요한 사람은 고용하지 마라. 자신과 다른 사람의 삶의 수준을 높이기 위해 돈을 원하는 사람을 찾아라. 월급 말

> 돈을 벌면서 변화를 꿈꾸는
> 사람을 고용하라. 단지
> 청구서가 쌓여 돈이 필요한
> 사람은 고용하지 마라.
>
> (#BeObsessed) (@GrantCardone)

고 매일 아침 직장으로 달려가게 할 요인이 무엇인지 찾아라. 온통 마음을 빼앗겨 집착하는 대상이 돈이어서는 안 된다.

적당히 생계를 유지하거나 어느 정도 안락한 생활을 위해 돈을 버는 사람을 고용하면 그 사람이나 당신에게 흔히 똑같은 문제가 되풀이된다. 아주 낮은 재정 목표를 세운 사람은 살면서 지속적으로 문제에 직면한다. 재정 계획을 제대로 세우지 않은 탓에 예상치 못한 작은 문제가 심각한 문제로 바뀔 수 있다. 무슨 일이 일어나든 직장이 있으니 괜찮다고 생각할 수 있다. 하지만 어떤 문제가 생겼는데 그것을 해결할 정도의 월급을 받지 못할 때도 있다. 그러면 당신이 그들의 돈 문제를 물려받는다.

당신은 다른 사람의 재정 문제를 해결해줄 수 없으며 그래서도 안 된다. 고용하려고 고려 중인 사람이나 함께 일하고 있는 직원이 돈의 가치를 모르고 돈에 대한 책임감이 없다면 그 사람의 돈 문제를 해결해주려고 노력해봤자 당신만 문제를 겪게 될 것이다. 나는 다른 사람의 돈 문제를 절대 해결해주지 않는다. 절대로. 다른 사람의 재정 문제를 내가 대신 해결해주면 그 사람은 스스로 문제를 해결하는 법을 절대 배우지 않기 때문이다.

고용하려는 직원이 접수 담당 직원이든 관리자급 임원이든 돈에 대한 동기부여가 제대로 된 사람을 찾아라. 그다음 그들에게 창조하고 생산할 기회와 보너스를 얻을 기회를 주어라. 일주일에 3번 나는 직원들에게 재정 관리의 중요성에 관해 이야기한다.

한번은 임원급으로 전도유망한 지원자를 면접한 적이 있다. 그는 내 사업을 성장시킬 수 있다고 말했다. 하지만 기회가 얼마나 많은지보다 얼마나 많은 연봉을 받을 수 있는지 끈질기게 알아내려고 했다. 나는 그에게 "기회와 연봉 중 무엇이 더 중요합니까?"라고 물었다. 그는 "이번에는 가장 많은 연봉을 주는 회사에 들어갈 겁니다"라고 말했다. 우리는 그 지원자를 탈락시켰다.

정말로 능력 있는 사람은 연봉보다 기회가 더 중요하다는 사실을 안다. 기업가 마인드가 있는 직원은 언제나 돈이 아니라 기회에 초점을 맞춘다. 우리 회사의 그래픽 담당자인 폴을 예로 들어보자. 처음 만났을 때 폴은 "당신은 여러 지역을 다니잖아요. 그래서 당신과 함께 일하고 싶습니다. 내게 월급은 주지 않아도 됩니다. 나 자신을 직접 증명해 보이겠습니다"라고 말했다. 나는 그래픽 담당 자리에 폴을 고용했다. 폴은 우리 회사에 딱 맞는 인재임을 입증했다. 그는 회사에 기회가 있다는 걸 알아보았고 자기 능력을 믿었다. 당장 얼마를 받느냐가 문제가 아니었다. 장기적으로 자신의 가치를 보여주면 보상을 받게 되리라는 것을 알았기 때문이다. 폴의 분야에서 일반적인 연봉은 6만 5000달러 정도지만 지난해 폴은 10만 달러가 넘는 연봉을 받았다.

스스로에게 이런 질문을 해보라. "내 앞에 있는 사람이 케이크에 초점을 맞추는 사람인가, 아니면 케이크 장식에 초점을 맞추는 사람인가?" 즉각적인 만족과 승진 약속, 근무 기간에 따른 보너스에 집착하고 회사에 기여하겠다는 생각보다는 휴가에

기업가 마인드가 있는 직원은 언제나 돈이 아니라 기회에 초점을 맞춘다.

#BeObsessed @GrantCardone

만 더 관심을 두는 사람은 우리 회사에 어울리지 않는다. 나는 자기 업무만 하는 사람이 아니라 내가 돈을 더 많이 벌도록 돕고자 하는 사람을 찾는다. 회사의 확장을 도우며 회사의 성장이 곧 자신의 성장임을 아는 사람을 직원으로 찾는다.

당신 앞에 있는 사람은 개인적인 삶에서 실천하는 생활신조를 그대로 직장으로 들여온다. 그렇다. 이 행성에는 좋은 의도를 가졌지만 망가진 사람들이 대다수다. 이런 곳에서 직원을 채용해야 한다. 그들 대부분은 집착하는 사람과 함께 일하기에 적합하지 않다. 그렇다고 실망하지 마라. 당신이 할 일은 사람들의 혼돈을 해결해주는 게 아니다. 혼돈 속에 사는 사람을 당신 회사에 못 들어오게 하는 것, 이것이 당신이 할 일이다.

의외의 배경을 가진 사람들을 고용하라

새로운 직원을 고용할 때 일반적인 통로가 아닌 곳에서 인재를 찾는 것을 두려워하지 마라. 훌륭한 사람은 의외의 배경을 갖고 있을 수 있다. 크레이그리스트에 낸 구인 광고에 지원한 그래픽 전문가가 아직 미국 시민권을 얻지도 못한 상황에서 우리는 그를 고용했다. 3년 전부터 그는 나와 함께 일하며 가족처럼 지낸다. 그는 결근하는 법이 없고 언제나 시간을 준수하며 믿을 수 없을 정도로 놀라운 성과를 보여준다(이제 미국 시민권도 얻었다).

우리는 동영상 천재를 찾는 인터넷 채용 광고도 했다. 그때 내가 채용한 사람은 의류 브랜드인 바나나 리퍼블릭Banana Republic 에서 일하다가 우리의 광고를 보게 되었다. 나는 그곳에서 직원을 찾을 거라고는 생각도 못 했다. 그는 거의 3년 동안 나와 함께 세계를 누비고 있다. 그의 연봉은 회사에서 손에 꼽힐 정도로 높다.

재능 있는 사람을 집요하게 쫓아라

우리 회사의 COO(최고운영책임자)는 나와 함께 일하기 전에는 로스앤젤레스에서 유명 인사 밑에서 일했다. 나는 그녀에 관한 이야기를 듣고 2년 넘게 그녀를 스카우트하려고 노력했다. 그리고 마침내 성공했다.

현재 그녀는 카돈 어퀴지션스Cardone Acquisitions, 카돈 트레이닝 테크놀로지스Cardone Training Technologies, 그랜트 카돈 TV를 총괄하고 있다.

인재 파견 업체에 의존하지 마라

우리는 시간을 절약하려는 노력으로 다양한 인재 파견 업체 10곳을 활용했지만 모두 실망스러웠다. 그들이 보낸 사람들은 자신감이 없어 나와 악수하며 눈을 맞추지 못했다. 솔직히 말하면 어쩔 수 없이 인재 파견 업체를 이용하긴 하지만 좋아하지는 않는다.

내가 스카우트한 우리 회사의 COO와 달리 인재 파견 업체를 통해 입사한 사람은 확실히 일을 잘하지 못한다. 당신의 사업이나 브랜드를 당신만큼 잘 아는 사람은 아무도 없기 때문이다. 어떤 인재 파견 업체도 나만큼 내 회사에 대한 비전을 제시하거나 회사에 적합한 사람을 찾아낼 수 없다.

이직에 유연하게 대처하라

누구나 이직을 싫어한다. 하지만 많은 데이터를 보면 높은 이직률은 끔찍한 수준이다.

* 2012년 《포브스》 조사에 따르면 일반적인 직장인의 근속 기간은 평균 4.4년이다.

* 페이스케일PayScale의 보도에 따르면 베이비부머 세대 직장인의 평균 근속 기간이 7년인 데 반해 밀레니얼 세대 직장인의 근속 기간은 2년에 불과하다.

* 커리어 네트워킹 사이트인 밀레니얼 브랜딩 앤드 비욘드 닷컴 Millennial Branding and Beyond.com에서 실시한 2013년 조사에 따르면 30퍼센트에 해당하는 기업에서 전년도에 밀레니얼 세대 직원 중 15퍼센트 이상이 회사를 떠났다.

* 2014년 컴데이터 서베이ComData Surveys의 연구가 시사하는 바에 따르면 7명을 고용하면 단 1명만 남는 상황이 될 것이다.

우울한 통계지만 이런 수치가 모든 사실을 말해주지는 않는다. 놀라운 이야기일 수 있지만 내게는 직원들의 이직이 아무런 의미가 없다. 나는 현실을 알고 있다. 나는 함께 일하기 힘든 사람이다. 내가 거칠고 불공정해서가 아니라 많은 사람이 나처럼 직원들을 심하게 밀어붙이는 사람 밑에서 일해본 경험이 없기 때문이다. 그래서 나는 회사에 적합한 사람을 찾기 위해 끊임없이 직원을 고용해야 한다. 더욱 중요하게는 마음에 들지 않는 사람을 회사에서 내보내려면 계속 직원을 뽑아야 한다.

새로 채용한 직원 대부분은 훌륭한 인재가 아닐지 모른다. 실망스러운 요소가 많을 수 있다. 나는 여러 번, 정말 아주 여러 번 내가 고용한 사람들에게 실망했다. 다음과 같은 사람들이 있었다.

* '완벽한' 직원을 고용했다고 생각했지만 그렇지 않음을 입증한 직원

* 마음속으로는 적당하지 않다고 생각했으면서 기회를 주려고 고용한 직원

* 탁월한 이력서와 훌륭한 커리어를 보고 채용했지만 업무 능력이 엉망이었던 직원

* 거짓말쟁이

* 범죄자

* 아무것도 훔쳐 가지 않는 정직하고 평범한 사람이지만 내게 아무것도 주지 않은 직원

* 자기 업무를 제대로 몰라서 세부 사항을 파악하기 위해 시간을 투자하는 '꼼꼼한' 직원

* 자기가 모든 걸 다 안다고 생각하지만 조직이 무엇을 필요로 하는지 전혀 모르는 직원

누군가를 회사에서 내보낼 때마다 나는 잘된 일이라고 생각한다. 우리가 현실에 안주하지 않는다는 뜻이며, 평범한 사람들

에게 인질로 잡혀 있지 않다는 뜻이기 때문이다. 우리는 회사에 적합하지 않은 사람을 계속 내보낸다.

직원들이 20년 동안 그만두지 않고 일한다고 자랑하는 회사들이 있다. 그런데 그들이 정말 생산적으로 일하고 있는가? 혹시 빈둥거리면서 시간만 보내는 사람들은 아닌가? 프로 스포츠를 생각해보자. NFL(프로 미식축구 리그)이나 NBA(미국 프로 농구 리그)는 그런 식으로 선수를 뽑지 않는다. 그들은 "성적을 내라. 그렇지 않으면 다른 선수와 트레이드할 것이다"라고 말한다. 프로 스포츠는 끊임없이 새로운 선수를 영입하고 그들의 자리를 만든다. 당신도 그렇게 해야 한다.

직원을 절대 해고하지 않고 이직률 '제로'를 위해 할 수 있는

> 누군가를 내보낸다는 건
> 우리가 현실에 안주하지 않으며,
> 평범한 사람들에게 인질로
> 잡혀 있지 않다는 뜻이다.
>
> #BeObsessed @GrantCardone

집착하는 팀을 꾸려라

모든 일을 다 하는 회사는 쇠퇴의 길을 가고 있는 것이다. 나는 직원이 스스로 회사를 그만두는 것을 좋아하지 않는다. 회사가 먼저 그를 해고하지 않았다는 뜻이기 때문이다. 공격이 아니라 수비만 하고 있다는 말이나 마찬가지다.

당신 직원이 속으로는 회사를 그만둘 생각을 하고 있다고 해보자. 그가 그런 생각을 하게 된 그날 바로 회사를 그만둘까? 맙소사, 그렇지 않다. 그만둘 결심은 3월에 하지만 12월이 되도록 그만두지 않는다. 용기를 내어 회사를 떠나기 전까지 9개월 동안 그는 회사에 의심을 퍼뜨린다. 그가 회사에 있는 자체만으로 또는 완전히 몰입하지 않는 태도로 조직에 의심을 불러일으킨다. 그러면 그의 생산성만이 아니라 주변 사람 모두의 생산성에 영향을 미친다.

나는 직원을 고용할 때 그들을 잃을 수 있다고 예상한다. "직원들은 늘 왔다가 떠나기 마련이야. 이 사업에서 끝까지 남을 유일한 사람은 우리뿐이라는 걸 예상해야 해"라고 아내에게 자주 말한다. 상관없다. 이런 일 때문에 실망하지 마라. 직원을 고용하라. 더 많이 고용하라. 그리고 다시 고용하라.

직원을 잃는다고 해서 사업이 망가지지 않는다. 고용을 중단할 때 사업이 망가진다. 당신은 사업을 성장시켜 당신 브랜드를 세상 모든 사람에게 알릴 자격이 있다. 하지만 다른 사람의 도움 없이는 불가능하다. 당신 사업을 성장시켜 자신의 소득을 높일

> 직원을 잃는다고 해서
> 사업이 망가지지 않는다.
> 고용을 중단할 때
> 사업이 망가진다.
>
> #BeObsessed @GrantCardone

직원, 당신과 자기 자신, 자기 가족을 위해 장애물을 뚫고 달릴 직원, 목표 달성을 위해서라면 목숨까지 내놓을 직원이 필요하다.

모든 직원이 그러리라고 기대해서는 안 된다. 따라서 믿을 수 없을 정도로 놀라운 능력이 있는 사람을 찾는 데 집착해야 한다. 그들을 얻기 위해서라면 다른 회사에서 빌려오고, 활용하고, 심지어 빼앗아 오기까지 해야 한다. 그런 다음 그들이 당신 회사의 문화에 적응할 수 있도록 필요한 모든 일을 하라. 만약 그들이 당신에게 적응하지 못하면 회사에서 내보내라. 이런 일을 반복하라.

성과에 대해 보상하라

내가 직원을 채용하면서 확실하게 말해두는 정책이 하나 있다. "당신이 이곳에서 오래 근무한다고 해서 저절로 연봉이 인상되지는 않을 겁니다. 연봉 인상이나 보너스를 원한다면 당신 스스로 그것을 획득하세요! 내게 더 많은 돈을 벌어야 할 책임이 있는 것처럼 당신에게도 그럴 책임이 있습니다."

나는 1년 동안 잘 근무했다거나 크리스마스라고 해서 보너스를 주지 않는다. 몇 년 전 한 직원이 내게 와서 말했다 "저는 1년 동안 근무했습니다. 연봉 인상 시기가 된 것 같은데요." 나는 그녀에게 이렇게 말했다. "입사 후 1년이 지나면 당신이 회사를 위해 더 많은 일을 하기를 바랐습니다. 회사에 들어오면서 당신이 맡은 업무 말고 더 많은 일을요. 돈을 더 많이 받고 싶은가요? 그럼 내게 더 많은 돈을 벌어다 줘요. 당신 일만 하지 말고요. 당신이 하는 일에 대해서는 이미 공정한 대가를 지불하고 있습니다."

나는 단지 자기 업무만 할 사람을 뽑지 않는다. 나를 도와 회사를 성장시킬 사람을 고용한다. 연봉 인상을 원하는가? 그렇다면 부서 매출을 올리거나 부서 경비를 줄여라. 이렇게 쉬운 일이 또 있는가?

당신이 받는 돈보다 더 많은 일을 하라. 그러면 보너스를 받을 수 있다. 회사에 충성하거나 의사소통을 잘하거나 팀워크가 좋거나 기획력이 뛰어나거나 시간을 잘 지키거나 장기근속을 했다고 해서 내가 보너스를 주는 일은 없다. 이런 특성은 당연히 있어야 하며 이런 근무 태도에 대해서는 이미 대가를 지급하고 있다. 이런 특성을 보이지 않으면 당장 해고한다. 잘못된 행동을 하는데도 연봉을 인상해주면 그들을 인생 실패의 길로 내모는 것이다.

나는 회사에 보너스를 안겨주는 직원에게 보너스를 준다. 나도 세상에 기여할 때 세상으로부터 뭔가를 받는다. 모든 부서가 마찬가지다. 회사 최고 경영진도 (높지 않은) 공정한 월급을 받고

> 나는 회사에 보너스를 안겨주는
> 직원에게 보너스를 준다.
> 나도 세상에 기여할 때
> 세상으로부터 뭔가를 받는다.
>
> #BeObsessed @GrantCardone

그다음 모든 부서의 최종 결산을 합산한 결과에 따라 분기별로 보상을 받는다. 부서의 관리자들도 목표를 달성해 부서 운영비를 초과하는 순이익을 내면 거기에 근거해 매달 보너스를 받는다. 또 내가 해낼 수 없었던 일을 그들의 노력으로 해내면 보상받는다.

나는 모든 부서의 직원들에게 이렇게 한다. 그러지 않으면 수입 창출은 딴 세상 이야기가 되는 부서도 있기 때문이다. 예를 들어 기술 부서 팀원들은 대부분 판매 수당을 받지 못한다. 나는 그들이 자신의 부서를 바라보는 방식, 수입을 올리는 방식을 완전히 바꿔놓았다. 그들은 이제 기가바이트나 코딩 이런 것보다 부서의 순수익에 더 큰 관심이 있다. 기술 부서 팀원들은 수입을 높이겠다는 동기부여를 얻어서 일 처리를 더는 느릿느릿하게 하지 않는다. 기술을 최대한 활용해 수익을 창출하기 위해 노력한다.

고용에서 끝내지 말고 문화를 창조하라

헝그리 정신이 있는 유능한 사람을 발굴해 고용하는 건 하나의 관문을 통과한 것에 불과하다. 그다음에는 당신이 원하는 기업 문화를 창조해야 한다.

당신이 조성한 문화는 무엇인가? 당신 회사가 어떻게 보이고, 들리고, 행동하기를 바라는가? 당신 회사는 현재 당신이 바라는 대로인가? 당신이 고용한 직원들은 당신이 바라는 기업 문화가 무엇인지 알고 있는가? 개인적으로 나는 내 사업과 집, 자동차, 내가 소유한 모든 것이 나 자신과 내 생각의 연장선에 있기를 바란다. 내 소유의 것들이 다른 사람의 생각에 휘둘리기를 원하지 않는다는 말이다. 내가 조성하고 유지하기 위해 노력하는 기업 문화 몇 가지를 소개하겠다.

* 나는 질서를 요구하고 다른 사람에게도 질서를 기대한다.

* 나는 열심히 일하고 다른 사람도 열심히 일하기를 기대한다.

* 나는 생산성이 높고 다른 사람도 그러길 기대한다.

* 나는 더 유능하고 자신감 넘치는 사람이 되기 위해 시간을 내 나 자신에게 투자한다. 다른 사람도 그렇게 하기를 기대한다.

* 나는 일할 때 특별한 방식으로 옷을 입는다. 다른 사람도 성공을 위한 옷을 갖춰 입기를 기대한다.

이런 행동을 하라고 다른 사람들에게 강요할 수는 없다. 하지만 그들도 자신을 곁에 두라고 내게 강요할 수 없다. 나는 내가 원하는 방식으로 문화를 조성하는 법을 알지 못한 채 핑계나 대며 많은 세월을 보냈다. 언젠가 우리 회사에 오게 되면 내 신념과 방식을 회사 곳곳에서 볼 수 있을 것이다. 나는 멈추지 않고 내가 원하는 문화를 탄탄하게 만든다. 내 성공을 위해 열심히 싸워왔고 그것을 지키려면 계속 싸워야 한다는 사실을 알고 있다. 이 일의 시작이 바로 기업 문화다.

어느 날 회사에서 나는 접착식 메모지에 고객 정보를 적는 직원을 보았다. 그에게 다가가 물었다. "당신이 이야기를 나눈 그 고객의 가치는 어느 정도인가요?" 그는 8만 달러의 가치가 있는 것으로 생각한다고 말했다. "그런데 어째서 8만 달러 가치의 고객을 접착식 메모지에 적어 가치를 떨어뜨립니까? 회사에 종이도 충분하고 사용할 수 있는 프로그램도 많지 않습니까?"라고 말한 뒤 내 사무실로 가서 세일즈 부서에 접착식 메모지 사용을 금지하는 지시를 내렸다. 그렇게 나는 내가 원하는 문화를 만들기 위해 노력하고 있다.

비슷한 일이 또 있었다. 입사 지원자가 면접을 보러 내 사무실로 들어왔는데 향수 냄새가 났다. 나는 그에게 "우리 회사에 입사하면 내 사무실에 두 번 다시는 향수를 뿌리고 들어와서는 안 됩니다"라고 말했다. 나는 향수를 좋아하지 않는다. 그리고 내 회사니까 내 방식대로 한다. 그러니까 담배를 피우거나 마약을 하거나 결혼 생활에 문제가 있거나 돈 문제가 있거나 드라마

속에서 사는 사람은 자기 시간에 그런 일을 하면 된다. 단 내 시간에는 안 된다. 내 회사에 그런 문제를 가져오지 마라.

오늘날 우리가 사는 세상에서는 사업주들이 자기 회사에서 자기가 원하는 것을 얻으려고 할 때도 사람들의 눈치를 본다. 말이 안 되는 일이다! 나는 내가 원하는 것을 얻기 위해 무슨 일이든 한다. 설령 누군가에게 가혹한 진실을 이야기해야 하는 일이라도 나는 그렇게 한다.

나는 항상 직원의 생각을 지배하려고 노력한다. 내 직원들은 하루에 8시간을 나와 함께 보내고 나머지 16시간은 주변 환경에 영향받는다. 나는 그들이 그 16시간 동안 무엇을 읽고 보고 듣고 훈련하고 생각하는지 모른다. 그들의 도덕 신념이 무엇인지, 그들이 사적인 공간인 집에서는 무엇을 하는지 모른다. 다만 내가 아는 것은 '그랜트 카돈' 문화를 지키려면 날마다 아주 열심히 노력해야 한다는 것이다.

매일 우리는 회사의 성공 스토리를 창조하고 이야기하고 전파한다. 하루에 두세 번씩 나는 돌파구, 실적, 고객 성공 사례 등에 대해 직원들에게 문자를 보낸다. 사무실 곳곳에는 동기를 부여하는 문구가 담긴 포스터가 걸려 있다. 그 누구도 자신이 어느 위치에 있는지, 누구를 위해 일하고 있는지, 왜 일하는지 의문을 품지 않는다.

날마다 당신의 성공에 관해 이야기하는 회의로 하루를 시작

직원들이 위대해지기 전에
당신이 먼저 위대해져야 한다.

#BeObsessed @GrantCardone

하라. 하루 종일 성공 스토리를 전파하라. 당신의 좌우명과 사명, 당신이 믿는 것으로 환경을 뒤덮어라. 직원들이 많은 업무를 처리하며 분주하게 보내게 하고 그들이 달성 가능한 목표에 계속 주의를 기울이게 하라.

당신 브랜드가 성공하는 데 직원들의 참여와 관심을 끌어내려면 노력이 필요하다. 리더로서 당신은 팀에서 가장 집착하는 사람이 되어야 하며 당신과 당신의 사명을 믿는 사람들을 곁에 두어야 한다. 하지만 이를 계속 유지하기 위해서는 시스템을 갖춰 시간과 에너지, 자원을 투자해야 한다. 그러지 않으면 그동안의 노력이 모두 물거품이 될 것이다.

탁월한 직원을 원한다면 당신이 먼저 탁월한 사람이 되어 본을 보여야 한다. 직원들이 위대해지기 전에 당신이 먼저 위대해져야 한다. 직원들이 집착하게 하려면 당신이 먼저 집착해야 한다. 당신이 일찍 출근하고 늦게 퇴근하기 전에 다른 사람들이 그렇게 하리라고 기대하지 마라. 당신이 나처럼만 한다면 어느 날 당신이 하는 행동을 당신보다 더 잘하고 있는 직원들을 보게 될 것이다!

CHAPTER 11

통제광이 되어라

나의 롤 모델, 통제광

최근에 어느 인터뷰에서 이런 질문을 받았다. "당신은 스스로를 통제광이라고 생각합니까?"

나는 이렇게 대답했다 "당연하죠. 나는 통제하는 것을 무척 좋아합니다. 통제권을 주장하고 갈망하죠. 틀림없이 나는 통제광입니다. 통제하는 것을 좋아하지 않는 사람은 통제력이 없거나 과거에 통제력을 잘못 휘두른 사람들뿐입니다."

자라면서 내가 롤 모델로 삼은 사람은 모두 외향적이고 공격적이고 카리스마 있고 통제력을 발휘하려는 의지가 강한 사람들이었다. 나는 통제하는 사람이 권력을 갖고 진두지휘하고 결정을 내린다는 생각에 매료되었다.

통제하는 것을 좋아하지 않는 사람은 통제력이 없거나 과거에 통제력을 잘못 휘두른 사람들뿐이다.

문제를 해결하며 사람들을 보호하고 세상을 구하기 위해 위험을 무릅쓰는 통제광이자 슈퍼 히어로를 사랑하고 존경하지 않을 사람이 어디 있겠는가? 제임스 본드를 생각해보자. 그는 최신식 고급 장비를 갖추고 멋진 양복을 입고 다닌다. 옆에는 늘 매력적인 여성이 있다. 그는 모든 일을 책임진다. 옳은 행동을 하기 위해서라면 명령도 거부하고 악당들보다 더 큰 위험을 무릅쓴다.

나는 빨리 자라서 책임지는 사람이 되고 싶었다. 아버지는 통제 기술자였다. 그는 칼을 휘두르듯 통제권을 휘둘렀다. 적어도 집에서는 이치에 어긋나는 행동을 용납하지 않았다. 이 덕분에 우리 가족은 안전한 환경에서 지냈다. 우리는 누구에게 통제권이 있으며 누가 리더인지 알고 있었다. 그리고 아버지는 인생의 목적을 알고 있었고 자신과 남들에게 무엇을 기대해야 하는지도 알고 있었다. 믿기 힘들 정도로 열심히 일했고 사람들을 사랑했다. 그리고 성공을 자신의 의무라고 믿었다. 아버지는 자녀들의 존경을 받았고 자녀들을 잘 훈육했다. 형 커티스가 그런 아버지의 스타일을 빼닮았다. 형은 강하고 빠르며 자신의 주장을 확실히 전달했다. 자신감이 넘치던 형은 내가 만나본 타고난 정치인보다 더 정치인 같은 사람이었다. 형은 내 우상이었다.

형이 자신을 '리더'라고 생각했는지는 잘 모르겠다. 하지만 아버지나 형 같은 사람들은 공식적인 리더의 직함이 없더라도 사람들의 행동에 큰 영향을 미친다.

통제 대 리더십

나는 어떤 스타일의 리더냐는 질문을 자주 받는다. 솔직히 나는 리더십은 잘 생각하지 않는다. 내가 중요하게 생각하는 건 통제다. '리더'가 더 영감을 불러일으키는 것처럼 들린다는 건 안다. 그리고 비즈니스 세계에서는 리더십에 대해 이야기하기를 좋아한다. 하지만 상황이 나쁘게 돌아갈 때 나는 리더십에는 관심이 없다. 나는 통제를 원한다. 최소한 누군가가 통제권을 발휘하고 있다는 걸 알기를 원한다. 답을 원하며 신속하게 문제를 해결하기를 원한다. 그리고 내게는 해결책을 제시하고 상황을 다시 통제할 수 있는 능력이 있다.

나는 리더일까? 회사에서, 재정 부분에서, 가정에서, 교회에서, 공동체에서 나는 리더다. 비즈니스에서, 소셜 미디어에서, 세일즈 무대에서도 리더다. 하지만 다른 회사를 돕거나 펜타곤의 군인들을 도울 때는 리더가 아니다. 그때는 그 조직의 리더들과 협력해 일한다. 하지만 그런 상황에서도 나는 통제하고 싶다.

어쩌면 내가 너무 사소한 문제를 따지고 있는지도 모르겠다. 리더십이든 통제든 상관없다. 다만 내가 관심이 있는 건 결정하

주변을 살펴보면
상황을 전혀 통제하지도
못하면서 자신을 리더라고
부르는 사람이 많다.

#BeObsessed @GrantCardone

고 예측하고 결과를 만들어낼 능력이 내게 있는가다. 주변을 살펴보면 상황을 전혀 통제하지도 못하면서 자신을 리더라고 부르는 사람이 많다.

어린 시절 야구를 할 때 내 포지션은 포수였다. 포수의 역할은 투수의 공을 받는 것뿐 아니라 홈플레이트를 지키며 팀 수비를 리드하는 것이다. 내가 팀에서 가장 뛰어난 선수는 아니었지만 통제력을 발휘할 수 있었기 때문에 어떻게 하면 다른 선수들이 흥분하거나 집중하는지 알고 있었다. 나는 내 목소리, 에너지, 자신감을 최대한 활용해 다른 선수들에게 확신을 심어주었다.

진정한 리더는 기꺼이 통제력을 발휘해야 한다는 게 내 믿음이다. 당당히 일어서서 환경과 사람, 미래에 대해 통제력을 발휘하려면 배짱이 필요하다. 그래야 마땅하다.

통제력을 발휘하려면 용기와 자신감이 필요하다. 통제와 관련한 부정적인 의미를 지우고 통제력을 발휘하겠다고 결정한 다음 주변 사람들의 삶을 개선하는 일에 통제력을 발휘하라. 그러면 당신은 놀라운 일을 해낼 것이다. 통제력을 발휘해 주변 사람들의 삶을 개선하는 일은 특히 중요하다. 주변 사람들을 그들 스스로 결코 감당할 수 없다고 생각하는 수준까지 밀어붙여라. 그러면 그들의 부모, 교사, 형제, 친구도 하지 못한 일을 당신이 해줄 수 있다. 그들에게 삶을 최대한 활용하는 법을 보여주고 집착이라는 당신의 재능을 전염시키게 될 것이다.

통제광이 되어라

한 번도 통제광이란 소리를
못 들어본 사람은
문제가 있는 사람이다.

#BeObsessed @GrantCardone

살면서 어느 한순간에라도 통제광이라는 소리를 못 들어봤다면 문제가 있는 것이다. 통제하는 걸 좋아하지 않는 사람은 문제가 있는 사람이다.

이제 통제하는 일과 사랑에 빠질 시간이다. 더 나은 환경을 만들고 꿈을 현실로 만들기 위해 통제력을 활용하는 법을 배워라. 기꺼이 통제광이 되어라. 비난자와 반대자는 당신이 통제광이 되는 걸 싫어할 것이다. 하지만 우리는 이미 그들의 동기가 무엇인지 알고 있다.

평범한 수준의 사람들만
통제권 갖기를 거부한다

통제는 좋은 것이다. 아무리 사람들이 통제를 나쁜 것으로 만들려고 해도 그렇게 되지 않는다. 사실은 통제력이 없는 사람들이 통제에 나쁜 꼬리표를 달았다. 사람들이 나쁘다고 비난하는 것은 바로 그들이 포기한 것이라는 사실을 기억하라.

통제에 대해 불평하는 사람들은 자신의 환경을 통제하기를 거부하는 사람이다. 그들은 환경을 통제하지 않았으면서 자신의 환경을 원망한다. 과거에 통제력을 잘못 사용한 사람들도 통제하기를 거부한다. 그들은 자신이 다른 사람의 유익을 위해 통제력을 사용할 거라고 믿지 못하기 때문이다.

통제력이 없는 사람은 주도적으로 행동하기를 거부하고 환경을 통제하는 일에 책임감을 보이지 않는다.

당신이 통제하기를 거부하면 다른 사람이 당신을 통제할 것이다. 언론, 배우자, 이웃, 정치인, 트위터, 페이스북, 대형 제약사 등 모든 세력이 자신에게 관심을 기울이는 사람을 통제하기 위해 매일 매 순간 엄청난 노력을 한다.

당신과 내게는 환경이란 짐승을 통제하기 위해 고삐를 쥐고 그 위에 올라탈 기회가 매일 있다. 나는 통제하고 싶기에 매일 아침 해가 뜨기 전에 일어나려고 노력한다. 통제가 중요함을 알기에 체육관에 간다. 통제권을 갖고 싶어서 목표를 초과 달성하고 마감 일자보다 일을 빨리 끝낸다. 나는 두 번 이상 지각한 직원은 해고한다. 기업 문화와 직원의 근무 태도를 내가 통제해야 회사의 성공 가능성이 더 크기 때문이다. 내가 어려운 결정을 내리는 것도 통제력을 발휘하기 때문이다.

그런데 많은 사람이 "고맙지만 괜찮아"라거나 "생각해볼게"라고 말하면서 통제권을 발휘할 기회를 나중에 잡으려고 한다. 그들이 좋아하는 건 운전석 뒷자리에 앉아 있다가 뒤늦게 당신이 차선을 바꾸지 않았다고 말하는 것이다. 더 나쁘게는 그들은 당신 옆에 앉아 당신이 가는 방향을 조종하려고 한다. 그들은 나쁜 일이 일어나면 어떻게 할 거냐며 의심을 심어준다. 하지만 스스로 어떤 태도도 취하지 않는다.

대부분의 관리자는 사장이 되려고 하지 않는다. 어처구니없는 일이지만 대부분의 사장 역시 사장 자리를 원하지 않는다. 성공에 올인해 집착하고, 내가 죽더라도 끝까지 성공하기 위해 무슨 일이든 할 사장이나 관리자는 찾기 어렵다. 일반적으로 사람들은 자기 명함에 '부사장' 직함을 넣는 데 만족한다. 그리고 통제력을 발휘하는 게 싫어서 진정한 책임감을 저버린다.

궁극적으로 통제는 나쁜 것이 아니다. 통제하지 못하거나 통제력이 없는 것이 문제다. 사회는 통제광에 대해 불만을 제기한다. 하지만 문제는 통제하기를 거부하는 수백만 명의 관리자, 경영자, 사업주, 정치인, 부모다. 관리자는 회사에서 어떤 정책을 도입하기 전에 직원들이 받아들이는지 확인하기 위해 그들의 의사를 물어야 한다. 이 얼마나 슬픈 일인가.

내 말을 믿어라. 직원을 채용할 때 여기서 다룬 내용에 문제를 제기하는 지원자를 만나면 고용하지 마라. 혹시 이미 주변에 그런 직원이 있다면 회사에서 내보내라. 통제하기를 거부하는 사람은 뭔가를 숨기고 있는 것이다. 통제력을 발휘하기를 거부하거나 세세한 것까지 통제하기를 싫어하고 부정적으로 말하는 사람은 실적이 형편없다. 또 그들 주변에는 온통 잠재력을 발휘하지 못하는 사람들뿐이다.

> 통제는 좋은 것이다.
> 사람들이 나쁘다고
> 비난하는 것은 바로 그들이
> 포기한 것이라는 사실을
> 기억하라.
>
> #BeObsessed @GrantCardone

많은 사람이 자신은 환경, 자녀, 재정, 시간, 결과 등을 통제할 수 없다고 생각한다. 지난 20년 전부터 정신 분석의 열기가 몹시 뜨거웠는데 자신에게 통제권이 없다는 생각은 이런 열기가 낳은 전염병일 수 있다.

하지만 나와는 거리가 먼 이야기다. 통제력을 발휘하지 못해서 인생의 아주 중요한 일들에 문제가 생기는 걸 나는 허용하지 않는다. 나는 그런 문제를 피하는 데 집착한다. 이런 내가 통제광 같다면 그렇게 불러라. 가족의 안전을 책임지는 일부터 재정 상황을 관리하는 일까지 나는 모든 것을 통제하기를 원한다!

누가 당신에게
통제권을 주기를 기다리지 마라

어떤 책임을 부여받거나 리더의 자리로 승진해야만 통제력을 발휘할 수 있는 건 아니다. 나는 통제권을 받아본 적이 없다. 내가 통제권을 확보했다. 나 스스로 일을 완수해낼 거라고 믿었기에 통제력을 발휘했다. 그건 누군가의 허락을 받는 문제가 아니었다.

문제가 명확하게 보이고 당신에게 해결책이 있다면 통제력을 발휘해 앞으로 나서서 상황을 주도적으로 해결하는 건 당신 책임이다. "내가 해결하겠다"라고 선언하라. 허락을 받는 것보다 용서를 구하는 것이 더 쉽다는 속담도 있지 않은가. 오늘날처럼 치열한 세상에서는 당신의 더 나은 미래를 위해 상사의 지시를 기다릴 여유가 없다. 사장이 회사에 없는데 중요한 고객이 서비스를 요구한다면 당신은 어떻게 하겠는가? 사장이 다시 전화를 걸거라고 말하겠는가, 아니면 당신이 그 서비스를 제공하겠는가? 혹시 당신이 잘못된 결정을 할까봐 두려운가? 그렇다고 해도 결정하라. 위험을 무릅써라. 그 결정을 사장이 좋아하지 않는다면 내게 와라!

나는 내 모든 업무에 대해 누구보다 가장 잘 알고 있다고 믿는다. 만약 어떤 업무를 잘 모른다면 그 업무에 완벽한 자신감이 생기고 유능해질 때까지 계속 훈련한다. 영업 전화를 거는 일이든 4살짜리 아이를 돌보는 일이든 권총을 다루는 일이든, 나는 다양한 영역의 모든 기술에 대해 통제력을 갖고 싶다. 그래야 삶의 모든 영역을 이끌 수 있기 때문이다. 내가 있는 영역에서 가장 똑똑한 사람이 될 필요는 없다. 올바른 사람이 될 필요도 없다. 하지만 상황은 통제해야 한다.

머리가 좋아야 리더십이나 통제력을 잘 발휘할 수 있다고 생각하는 사람은 진짜 문제다. 똑똑한 사람이냐 올바른 사람이냐 하는 문제는 중요하지 않다. 만약 어떤 사람이 올바른 행동을 하지만 상황을 통제하지 않는다면 궁극적으로 자신이 옳다는 걸

내 영역에서 가장 똑똑한
사람이 될 필요는 없다.
올바른 사람이 될 필요도
없다. 하지만 상황은
통제해야 한다.

증명하지 못할 것이다. 그리고 결국 틀렸다는 소리를 들을 것이다!

나는 5개 회사를 소유하고 있지만 사업체들을 관리하지 않는다. 통제한다. 관리자를 고용하고, 부서장을 고용하고, 현금 흐름을 만들고, 위험을 감수하고, 결정한다. 이익을 얻을 수만 있다면 나 자신과 사업체를 위험한 상황으로 몰아넣는다. 나는 사장이고 사업가다. 그래서 업무가 원활하게 돌아가게 하려면 관리자가 필요하지만 원하는 것을 얻기 위해 내가 환경을 통제한다. 내가 직원을 통제하지 않는 유일한 경우는 그들이 더 성공적으로 환경을 통제하는 걸 입증했을 때다.

짐작하지 말고 통제하라

통제광은 미국 국세청의 감사관과 비슷하다. 결과를 매우 까다롭게 검토하는 일에 집착한다. 언제 어느 때든 결과를 보여달라고 요청하라. 나는 직원들에게 항상 이렇게 요청한다. 내게 수치를 보여주라, 성공 사례를 가져와라, 돈을 보여주라, 투자처를 알려주라, 고객이 무슨 말을 했는지 보고하라, 명세서를 보여주라, 고객에게 어떻게 접근했는지 보여주라 등. 통화 내용을 듣는 것도 좋은 방법이다.

세일즈 부서에서 이루어지는 통화는 모두 녹음된다. 그러면 나중에 필요할 때 다시 들을 수 있다. 더욱 효과적인 방법도 있는데 때때로 나는 내가 전화기를 들고 있다는 사실을 알리지 않고 세일즈 부서의 통화 내용을 실시간으로 듣는다. 이보다 더 나은 방법은 통화 중간에 내가 끼어들어 통화가 끝나는 걸 막는 것이다.

나는 무슨 일이 일어나는지, 어떻게 전개되고 있는지 직접 보고 싶다. 벌어지고 있는 상황의 맥박을 늘 느끼고 싶다. 내 직원들을 믿을 수 없냐고? 그들이 스스로 책임지지 못하냐고? 직원들을 잘못 뽑았냐고? 적절한 시스템이 없냐고? 아니다. 다만 나는 짐작으로 상황을 파악하기를 거부한다. 그렇게 하는 사람은 나중에 후회할 게 뻔하다. 이런 속담이 있지 않은가. "짐작은 당신과 나를 바보로 만들 뿐이다." 짐작하는 일은 사양하겠다.

나 자신, 환경, 직원, 사업, 궁극적으로 집착을 정면으로 마주해 통제하라. 그럴 때만 더 낫고 빠르고 현명한 방법을 찾을 수 있다.

CHAPTER 12

끈기에 집착하라

성공의 중요한 특성, 끈기

목표를 끝까지 밀어붙이지 않고 포기하는 태도가 용인되고 있다. 위대한 성공 스토리에는 성공의 중요한 특성 중 하나로 끈기의 중요성이 늘 언급된다. 그런데도 사람들은 끈기를 발휘하지 않는다.

합리적인 수준을 넘어서는 끈기를 발휘한 사람들의 사례를 살펴보자.

* 월트 디즈니는 자금 지원을 요청했다가 302번 거절당했다. 그의 첫 애니메이션 회사는 파산했다.

* 스티븐 킹의 첫 소설 《캐리Carrie》는 30개 출판사에서 거절당했

다. 그는 원고를 쓰레기통에 던져버렸다.

* 오프라 윈프리는 TV 출연에 부적합한 사람이라는 말을 들었다.

* 위대한 무용가이자 배우인 프레드 아스테어Fred Astaire는 첫 오디션에서 "연기도 못하고, 노래도 못한다. 그리고 좀 대머리처럼 보인다"라는 소리를 들었다.

* 레이디 가가는 첫 레코드사와 계약한 지 한 달 만에 잘렸다.

* 하워드 슐츠의 사장은 슐츠가 내놓은 커피 아이디어에 관심이 없어 '스타벅스'라는 브랜드를 그에게 팔았다.

* 스티븐 스필버그는 영화 학교에 지원했다가 3번이나 떨어졌다.

* 빌 게이츠는 하버드대학교를 중퇴했고 자신이 처음으로 설립한 회사 트래프오데이터Traf-O-Data에서도 나왔다. 그는 어디에도 갈 데가 없었다.

* 헨리 포드가 처음 세운 자동차 회사 두 곳은 망했다. 그는 빈털터리가 되었다.

* 위대한 투자자인 마크 큐번은 목수로도, 웨이터로도, 요리사로도 실패했다.

누군가가 목표를 포기하면 다른 사람들은 이런 말을 하며 그를 위로한다. "노력했으면 됐어." "괜찮아. 그냥 일이 잘 안 풀린 거야." "쉬운 길을 찾아봐. 너를 함부로 대하지 않고 네 서비스의 가치를 알아보는 곳을 찾는 게 어때?" "가진 것으로 만족해." 이렇게 사람들은 당신에게 포기해도 된다고 말한다.

일이 잘 진행되지 않는다고 해서 다른 사람의 위로를 받을 필요는 없다. 당신에게 필요한 건 그런 동정이 아니다. 위로는 아무것도 가져다주지 못한다. 내가 다른 장에서 강조했듯이 안전지대를 벗어나 불가능한 일을 가능하게 만들기 위해 자신을 몰아붙이고 한계에 도전할 때 최고의 기량을 발휘할 수 있기 때문이다.

유일한 실패는 포기다

사업을 처음 시작했을 때 나는 대박을 터뜨릴 새로운 아이디어를 들고 프레젠테이션하며 돌아다녔다. '판매 지원 정보 Information Assisted Selling'라는 명칭의 세일즈 트레이닝 프로그램을 독점 판매하는 일이었다. 모든 사람이 내 설명을 귀 기울여 듣고 제품을 사려고 할 거라고 생각했다. 나는 사업 계획을 세웠다. 내 프레젠테이션을 들은 사람 중 10퍼센트만 제품을 구매해도 대성공을 거둘 거라는 계산이 나왔다. 아이디어는 빈틈이 없었고 프로그램에 사용된 기술은 뛰어났다. 시장은 새로운 것을 원했고 나는 세일즈 실적이 좋았다. 미국에서 2800만 개에 달하는 회사가 세일즈에 의존하니 잠재 시장은 어마어마했다. 내 생각은 이랬다. '어느 누가 판매 증가를 원하지 않겠어?'

하지만 사업을 시작한 지 24시간 만에 나는 포기할 준비가 되었다. 그리고 2년 동안 날마다 포기하고 싶었다. 영업 전화를 하면 너무 많은 사람이 내가 말하는 도중에 전화를 끊어버렸다. 욕하는 사람, 다시는 전화하지 말라는 사람이 한둘이 아니었다. 그런데 간혹 "한번 들르세요"라고 말하는 사람이 있었다. 그러면 나는 비행기를 타고 그 사람이 있는 도시로 날아가 내 제품을 보여주었다. 그 도시에서 시간이 남으면 내가 전화했을 때 관심이 없다고 말한 회사들을 방문했다.

나는 성공한 사업가와 백만장자에게 더욱더 많은 돈을 버는 법을 팔려고 노력했다. 어떻게 하면 세일즈 직원들에게 더 높은 매출을 올리도록 가르칠 수 있는지 알려주는 방법을 팔려고 했다. 그 일이 쉬울 거라고 생각했다. 하지만 아니었다! 나는 벌이가 시원찮아 청구서 대금을 낼 돈이 없었고 손에 들어오는 현금은 금방 사라졌다. 두려웠다. 잠 못 이루는 밤이 하루 이틀이 아니었다. 그리고 영업 전화를 걸기가 끔찍하게 싫었다.

이런 상황이 3주 정도 지속되면 대부분의 사람은 더 이상 견디지 못한다. 하지만 한계점이 지나고도 나는 날마다 수백 통의 전화를 하고 회사를 방문해 사람을 만났다. 그런데도 여전히 내 제의를 덥석 무는 사람은 아무도 없었다. 내가 아는 사람 중

그 누구도 내가 하는 일을 해본 적이 없었다. 내게는 존경할 만한 롤 모델이 없었으며 방법을 가르쳐줄 사람도 없었다. 나를 사랑하는 가족이나 친구들은 내게 이제 그만해도 된다고 이야기했다. 나는 시간을 낭비하고 있는 것 같아 끔찍했다. 어찌할 바를 몰라 이제 포기해야겠다고, 정말로 다 그만두어야겠다고 생각했다. 포기하고 다른 사람 밑에서 세일즈를 다시 해야 하나 심각하게 고민했다.

하지만 나는 디즈니, 오프라, 포드 등 포기하기를 거부하고 성공한 사람의 이야기에 매달렸다. 집착하는 사람은 포기하기를 거부한다. 엄청난 성공을 거둔 사람은 그저 실패를 극복만 한 게 아니다. 그들은 실패를 끈기의 연료로 사용했다. 실패에도 불구

> **엄청난 성공을 거둔 사람은
> 포기하기를 거부한다.
> 그들은 실패를 끈기의
> 연료로 사용한다.**
>
> #BeObsessed @GrantCardone

끈기에 집착하라

하고 끈질기게 집착한 그들의 능력으로부터 나는 동기부여를 받았다.

《해리 포터Harry Potter》 시리즈의 작가 조앤 롤링J. K. Rowling은 2008년 6월 하버드대학교 졸업식 연설에서 실패가 성공에 얼마나 중요한 요소인지 강조했다. 그녀는 자신의 연설을 들을 기회를 얻은 청중에게 이렇게 말했다. "여러분은 내가 경험한 크기의 실패는 하지 않을 겁니다. 하지만 실패를 전혀 하지 않고 사는 것은 불가능합니다. 매사에 조심스럽게 살아야 실패하지 않을 텐데 그렇게 사느니 차라리 살지 않는 게 낫습니다. 그런 삶은 아예 실패한 삶입니다."

이러한 이유 때문에 당신은 확실하게 집착해야 한다. 내가 이 책에서 집착을 강조하는 것도 같은 이유에서다. 집착이 있다면 은행 대출이 필요할 때 처음에 거절당했어도 계속 은행을 찾아가게 될 것이다. 어떤 물건을 원하는 가격으로 사고 싶은데 판매자가 그 가격으로는 팔지 않겠다고 할 때도 끈질기게 협상하게 될 것이다. 당신에게 전혀 관심이 없는 사람과 결혼하고 싶을 때도 굴하지 않고 계속 노력하게 될 것이다.

잠재 고객은 "아니요"라고 말할지 모르며, 투자자는 당신을 비웃으며 쫓아낼지 모른다. 은행은 당신을 만나주지도 않고, 고용주는 당신을 해고하고 희망을 앗아가고 심지어 당신 것을 훔쳐 갈 수 있다. 가족과 친구들은 당신에게 미쳤다고 할지 모른다.

> 성공과 실패의 차이는
> 무엇일까? 성공한 사람은
> 남들이 기권하고
> 경기장을 떠날 때도 계속
> 경기장에 남아 있다.

#BeObsessed @GrantCardone

당신은 빚을 질 수도 있다. 당신의 모든 것이 소진되고 있다는 느낌을 참고 견뎌야 하는 상황이 생길 수 있다. 낮은 보수를 받고, 과로하고, 기진맥진해질 것이다. 포기해야만 오아시스를 찾을 수 있다는 생각이 들 것이다.

하지만 그렇지 않다. 집착하는 사람은 끝까지 간다.

성공과 실패의 차이는 무엇일까? 성공한 사람은 남들이 기권하고 경기장을 떠날 때도 계속 경기장에 남아 있다. 프로 스포츠 시합에서 마지막 순간에 승부를 뒤집어 승리를 쟁취하는 일이 얼마나 많은지 아는가? 그들은 포기하는 법이 없다. 설령 지고 있더라도 벤치에 앉아 언제든 경기장 안으로 뛰어들 준비가 되어 있으며 경기장에 들어가면 챔피언처럼 달린다.

무슨 일이 있어도 끝까지 해내려면 동기가 필요하다. 지금 당장 그런 동기가 없더라도 걱정하지 마라. 동기는 발전시킬 수 있다. 끈기 근육을 훈련하는 몇 가지 방법을 소개하겠다.

* 모든 임무를 완수하라. 시작한 일은 반드시 끝내라. 공적인 삶이나 사적인 삶에서 미완성 프로젝트를 더는 미루지 마라.

* 난관에 부딪힐 때 장애물에 초점을 맞추지 마라. 다시 도전해 볼 창조적인 방법을 찾아라.

* 다른 사람이 포기할 것임을 예상하라. 당신은 처음부터 끝까지 끈기 있게 도전하겠지만 주변 사람들은 포기할 것이다. 그들은 당신도 똑같이 포기하라고 설득하려 할 테니 거기에 대비하라.

* 어제의 성공을 오늘의 끈기의 연료로 삼아라. 과거의 성공에 안주하지 마라. 다음에 이룰 성공, 그다음에 이룰 더 큰 성공에 집중하라.

* 이자나 수입을 창출하는 활동에서 바쁘게 일하라. 또는 당신이 전진하는 데 도움이 되는 일을 배우거나 하며 바쁘게 지내라. 구르는 돌에는 이끼가 끼지 않는 법이다.

* 이미 이룬 승리에 안주하지도, 만족하지도 마라. 승리를 당신의 잠재력을 온전히 펼치며 앞으로 나아가기 위한 연료로 사용하라.

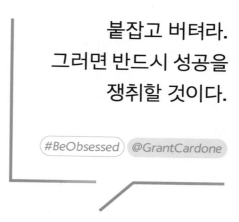

붙잡고 버텨라.
그러면 반드시 성공을
쟁취할 것이다.

#BeObsessed @GrantCardone

성공과 관련해 어머니가 자주 하던 말이 있다. "붙잡고 버텨. 그럼 반드시 보람이 있을 거야." 무슨 일이 있든 버텨라. 우리 인생에는 포기하면 편한 일들이 많을 수 있다. 하지만 그러면 성공은 멀어지고 만다.

기적이 일어날 때까지
끈질기게 인내하라

대부분의 사람은 기적이 일어나기 직전에 포기한다.

어느 날 점심시간에 나는 건강 식단으로 유명한 식당에 혼자 앉아 있었다. 휴스턴의 힙한 거리에 있는 식당인데 밀싹과 숙주를 기본으로 제공하는 곳이었다. 그때 나는 다른 도시에 갔다가 아무런 성과도 없이 막 돌아온 참이었다. 오후 1시 정도였는데 나는 전화기를 내려놓고 있었다. 마치 어제 일처럼 기억난다. 나는 피곤하고 지칠 대로 지쳐 있었다. 두려움에 휩싸였고 에너지는 방전되었다. 진짜로 다 포기하기 직전이었다. 그날 아침에는 만나던 여자친구에게 "이제는 이 일을 더는 못 할 것 같아"라는 말까지 했다.

철저히 패배한 나는 그 식당에 앉아 이런 생각을 했다. '뭔가 신호가 필요해. 포기해야 할지 아니면 계속해야 할지 뭔가가 내게 말해줬으면 좋겠어. 만약 계속한다면 다음에는 어디로 가야 할까? 무엇을 해야 하는지 분명한 신호가 필요해.'

누구에게 한 말이었을까? 신에게 기도한 건지, 누군가에게 간청한 건지, 아니면 나 자신에게 말한 건지 모르겠다. 지금도 모르겠다. 분명한 건 당시 나는 의심에 휩싸여 인생의 맨 밑바닥까지 내려가 있었다. 어디로 가야 할지 길을 잃은 나는 점을 보기 시작했다. 점성술에 내 미래를 맡겨 가야 할 길과 지침을 찾으려 했다. 하지만 점성술에 매달리기 시작하면 문제에 휘말리게 된다는 사실을 당신도 알 것이다.

그렇게 신호를 달라고 애원한 다음 집에 가려고 차에 올라탔다. 운전하며 가고 있는데 바로 내 앞에 있는 차의 번호판을 보니 솔트레이크시티에서 온 차였다. 나는 솔트레이크시티에 가본 적이 한 번도 없었다. 그래서 그 상황을 그 도시로 가서 다음 세미나를 하라는 신호로 받아들였다. 물론 미친 소리처럼 들린다는 건 안다. 하지만 당시 나는 앞차의 번호가 내 요청의 신호라고 생각했다.

자포자기한 심정으로 완전히 절망에 빠졌던 나는 지푸라기라도 잡고 싶었다. 아무리 사소한 것이든 경기를 계속하게 해주는 동력을 찾아야 했다. 물론 이렇게 말하는 내가 미신을 믿는 사람처럼 보일 수 있다. 하지만 나는 다음에 무엇을 해야 할지, 어디로 가야 할지에 대한 신호가 될 만한 것은 무엇이든 찾고 있었다. 나를 앞으로 나아가게 하는 것이 필요했다. 멈추지 않고 나아가는 일은 계속 집착하는 데 꼭 필요하기 때문이다.

나는 작디작은 내 사무실로 돌아가 솔트레이크시티에 있는 회사들에 전화를 걸기 시작했다. 3일 동안 그렇게 계속 전화를 걸었다. 언제나 그렇듯 영업 전화는 어려웠다. 되돌아오는 반응은 늘 한결같았다. "관심 없어요." "다시는 전화하지 마세요." "당신에 대해 들어본 적이 없어요." 그러다가 마침내 이렇게 말하는 고객을 만났다. "알겠어요. 한번 들어보세요. 시간이 되면 이야기를 들어볼게요."

바로 그날 나는 비행기 티켓을 예약했다. 그리고 그 주 일요일에 비행기를 타고 솔트레이크시티로 갔다. 그 후 몇 주 동안 기적이 일어났다. 지난 2년간 벌었던 돈보다 더 많은 돈을 단 2주만에 벌었다. 불현듯 뭔가가 뇌리를 스쳤다. 내 삶과 커리어, 미래를 영원히 바꾸는 법을 알게 된 것이다. 그 여행은 당장 필요한 돈을 벌 기회를 주었다. 그에 더해 사업을 지원할 자금을 얻고, 다른 사람을 돕겠다는 목적을 실천하고, 세일즈 세계에서 스타가 되는 길을 열어주었다.

나는 포기를 거부했다. 정말 잘한 결정이었다. 기적이 모퉁이에 있었기 때문이다. 당신이 무엇을 만들어내기 위해 노력하고 있든, 포기를 거부한다면 실패하는 일은 결코 없을 것이다. 당신의 성공은 단지 시간문제다. 성공하지 못하는 동안 나는 무엇이 효과가 없는지 배우는 중이었다. 그래서 무엇을 하지 말아야 하는지 배웠다. 그러다가 어떤 행동을 해야 하는지 알게 되었고 그 뒤로 나는 엄청나게 행동했다.

내 앞에 있던 자동차의 번호판이 기적의 신호였을까? 당연히 아니다! 포기하고 싶다는 생각이 들었을 때 포기하지 않았던 것뿐이다. 나는 한 번 더 시도했고 최선의 노력을 다했다.

> 모든 한계를 넘어섰다고
> 생각했을 때 한 번 더
> 한계를 넘어서면 기적이
> 일어난다.

#BeObsessed @GrantCardone

이때 '기적의 순간'이 다가온다. 모든 한계를 넘어섰다고 생각한 다음 한 번 더 그 한계를 넘어설 때 기적이 일어난다. 그럴 때 상황은 순식간에 뒤바뀐다.

완전히 집착하는 사람은 도저히 버틸 수 없는 상황에서도 끈질기게 버틴다. 끈기를 강력한 무기, 위대한 자산으로 발전시키는 일에 집착하라. 아무리 가혹한 역경과 불가능이 가득한 시기에도 계속 앞으로 나아간다면 성공이 보장되기 때문이다. 평범한 수준의 사람들이 계속 앞으로 나아가지 않을 때 당신은 앞을 향해 발을 내디뎌야 한다. 중간에 포기하면 어차피 다시 시작해야 한다. 이 점을 기억하고 절대 물러서지 마라.

완벽주의에 속지 마라

'완벽주의'는 시작하지도 않고 끈기도 없는 사람을 위한 허황된 말에 불과하다. 혹시 당신은 모든 게 완벽해야 일을 시작하겠다고 생각하는가? 그렇다면 너무 오래 기다리다 성공을 지연시키게 될 것이다. 그러다가 시도하는 것은 꿈도 못 꾸게 될 게 뻔하다. 하지만 탁월한 성과를 얻으려면 일단 시도하는 것이 꼭 필요하다.

완벽주의자는 스스로에게 거짓말한다. 끈기 부족을 감추려고 모든 게 완벽해지면 저절로 잘될 거라고 주장한다. 어떻게 그런 망상에 빠져 자기중심적으로 생각할 수 있을까? 남들이 상황이 완벽해지기를 기다리는 동안 나는 그들에게서 시장 점유율을 빼앗았다. 대개 사람들은 핑계를 내놓는다. 앱이 준비가 안 되었다, 오류가 다 해결되지 않았다, 어떤 사람이 우리 제품을 좋아하지 않는다, 원고를 더 손봐야 한다 등. 이렇게 상황이 완벽하지 않다는 이유로 사람들은 대중 앞에서 강연하거나 영상을 찍거나 녹음하는 걸 매우 두려워한다. 특히 생방송 인터뷰라면 몸서리를 친다. 그들은 일을 너무 잘하고 싶어한다. 그래서 시도조차 못 한다. 하지만 나는 그냥 일을 끝내고 떨쳐버리는 게 좋다.

시장은 제품이나 서비스의 지속적인 개선과 변화를 요구한다. 커피 메이커든 세일즈 트레이닝이든 차세대 스마트폰이든 끊임없는 변화가 필요하다. 그게 시장이다. 시장은 끈기를 요구한다. 그리고 완벽한 사람이 아니라 끈기를 보여주는 사람에게만 보상을 안겨준다. 이 보상을 얻기 위한 비결이 있다. 계속 앞으로 나아가고, 끈기를 발휘하고, 끊임없이 혁신하는 것이다. 즉 계속 집착하는 것이다. 시장은 당신의 천재성과 제품의 기발함을 발전시킬 유일한 곳이다. 인정사정 봐주지 않는 거대한 경제는 자기 한복판에서 끈질기게 버티는 사람만 보상한다. 처음부터 모든 걸 잘하는 사람은 아무도 없다.

판매하려는 제품이 있는가? 그렇다면 모든 게 완벽해질 때까지 기다리지 마라. 아직 준비가 덜 되었더라도 당신이 집착하고 있는 제품을 팔아라. 나는 처음으로 제작한 12개의 세일즈 프로그램과 첫 저서 2권을 자비를 들여 만들고 판매했다. 첫 책 《팔든가 팔리든가》는 사무실에서 3시간 만에 썼다. 책을 출간하고 난 후에는 엄청난 비난을 들어야 했다. 맞춤법이나 문법이 틀렸다는 지적을 받았고 문장이 엉망이라는 소리까지 들었다. 하지만 잘못된 부분을 수정하고 책 표지와 제목을 바꿔 4쇄까지 찍었다. 그렇게 판매한 책으로 '베스트 세일즈 비즈니스 북best sales business book' 상을 받았다. 내가 이렇게 앞으로 나아가는 동안 내 책을 비난한 사람들은 책 한 권 내지 못했다. 그렇다고 내가 일을 대충대충 한다는 뜻은 아니다. 다만 어떻게든 시장에 들어가야 한다는 말이다. 처음부터 일을 잘할 수는 없다. 그러니

시장은 완벽한 사람이 아니라
끈기 있게 버티는 사람에게만
보상을 안겨준다.
처음부터 모든 걸 잘하는
사람은 아무도 없다.

끈기를 발휘하라. 그러면 결국에는 성공하게 될 것이다.

때로는 최고의 방법을 찾는 데까지 시간이 걸린다. 따라서 당신이 무슨 일을 하든 그 일을 반복해서 수행하라. 그러면 그 일을 제대로 하게 될 것이다. 노력의 양과 빈도가 천재성을 키운다. 어떤 일을 수천 번 하고 나서도 그 일을 하는 방법을 계속 바꾸게 된다. 어떤 일을 하면 할수록 그 일을 더 잘 이해하게 되면서 더 잘하는 방법을 찾아내기 때문이다.

나도 그랬다. 내 성공이 하룻밤 사이에 이루어진 것 같지만 그 뒤에는 엄청난 노력의 양과 빈도가 있었다. 나는 소셜 미디어에 15만 건의 게시물을 올리고, 7만 8000번의 트윗을 하고, 1만

3000회의 강연을 하고, 1100개의 글을 올리고, 700번의 인터뷰를 하고, 수천 회의 인터넷 생방송을 하고, 비행기를 타고 4800킬로미터가 넘는 거리를 돌아다녔다. 내가 영업 전화를 얼마나 많이 했는지 그 누가 알겠는가. 이렇게 시도하고 실패하는 일이 누적되면서 '폭발적인' 성공을 이루게 되었다.

한 번 시도할 때 완벽하게 하고 싶어서(이런 일은 일어나지 않는다) 아예 시도도 안 하는 것보다 앞으로 나아가다가 넘어지는 게 더 낫다. 끈기 있게 계속하라. 그러면 어느 날 완벽해질 것이다. 그다음 더욱더 끈기를 갖고 계속하라. 그러면 이전에 완벽하다고 생각했던 수준이 장난 같이 보일 것이다. 집착은 하나의 사이클이다.

영원히 죽지 않는 불사신이 되라

실패, 난관, 낙담, 실수, 혼란스러운 상황, 위기에 직면해도, 주위에 허튼소리를 하는 사람들이나 불평불만을 늘어놓는 사람들, 포기하는 사람들이 가득해도 끈질기게 계속 시도하라. 경기에 나서면 누구나 그런 일을 겪는다. 자신에 대한 연민을 버려라. 불평하는 일을 그만두고 사장처럼 행동하라.

끈기는 전설, 위인, 천재의 특성이다. 그들은 보통 사람이 포기할 때 포기하지 않았기 때문에 미쳤다는 소리를 들었다.

다른 사람이 포기할 때 당신은 결과에 상관없이 오랫동안 끈기 있게 계속 시도한다면 당신의 능력, 자신감, 창조성, 천재성은 저절로 빛이 날 것이다. 온갖 역경에도 불구하고 회복탄력성을 키워 강해지는 법을 배우기 때문이다. 이게 핵심이다. 끈기를 발휘할 때마다 당신에게는 또 하나의 스토리가 생긴다. 당신이라는 존재에 대한 스토리, 즉 당신이 어떻게 잠재력을 온전히 펼치는 일에 가까이 다가갔는지에 대한 스토리가 하나씩 늘어난다. 어려운 상황에 빠지게 된다면 미래에 얼마나 귀중하고 가치 있는 스토리가 쌓여 있을지 기억하라.

영화에서는 어떤 공격을 당해도 계속 살아 돌아오는 사람이 있다. 이런 불사신과는 누구도 싸우려고 하지 않는다. 미래에 얼마나 큰 성공을 거둘지는 아마 이 한 가지 특성에 달려 있을 것이다. 바로 역경의 시기에 얼마나 끈기 있게 버티는가다.

CHAPTER 13

영원히 집착하라

내가 자가용 비행기를 갖게 된 비결

어렸을 때, 빈털터리가 되었을 때, 심지어 몇 년 전까지만 해도 내가 자가용 비행기를 사리라고는 꿈도 못 꾸었다. 하지만 《10배의 법칙》을 쓴 이후 나는 달라졌다.

나는 문제가 있으면 그걸 해결하려고 책을 쓴다. 《10배의 법칙》을 쓰면서 내가 해결하려고 했던 문제는 내 잠재력을 최대한 발휘할 수 있는 목적을 세웠는지 알아내는 것이었다. 또 내가 온전히 집착해 내 능력으로 할 수 있는 모든 일을 실제로 하고 있는지도 알고 싶었다. 그 과정에서 나는 사업 운영비의 끝없는 항목을 분석하고, 분석한 내용을 내 목적을 달성하는 데 필요한 것과 비교했다. 당시 나는 비행기를 타고 북미와 남미 전역을 넘나들며 강연과 사업을 하고 있었다. 그러면서 돈도, 시간도 많이 들었다. 그리고 함께 있고 싶은 가족과 떨어져 있어야 했다.

이런 것들을 생각한 후에 자가용 비행기를 사는 일을 검토했다. 자가용 비행기가 있으면 일정을 아주 효율적으로 조정할 수 있고 궁극적으로 내가 집착하는 것에 몰두하는 삶을 살 수 있을 것이었다. 회계 직원이 계산하고 나도 계산했다. 수없이 검토했지만 자가용 비행기를 살 만한 예산이 나오지 않았다. 주변 사람들에게 물어보면 한결같이 비행기를 사겠다는 건 터무니없는 생각이라고 말했다. 단 2명은 예외였다. 그 두 사람 모두 재정적으로 나보다 더 크게 성공했고 비행기를 보유하고 있었다. 그 중 한 사람이 내게 이렇게 말했다. "자가용 비행기를 구매한 건 내가 한 투자 중 최고의 투자입니다. 왜 그렇게 계산기를 두드렸는지 이해가 안 돼요." 또 다른 사람은 "자가용 비행기는 내가 구매한 물건 중 최고입니다"라고 말했다.

마침내 나는 중간 크기의 비행기 걸프스트림 G200을 구매했다. 비행기 꼬리에 페인트로 '10배'라고 쓰고 양쪽 엔진에 등록 기호 '365GC'(1년 365일 동안 진정한 나로 살겠다는 걸 상기시켜 준다)를 스텐실로 찍었다. '10배 항공기'를 구매한 첫 주에 나는 각각 다른 도시에 사는 고객 4명을 하루 만에 다 방문했다. 그리고 그날 밤 집에 돌아와 가족과 함께 시간을 보냈다. 내 영역에서 나보다 먼저 고객에게 갈 수 있는 경쟁자는 아무도 없다. 이제 나는 항공사에 전화를 걸어 일정을 고민하며 예약하지 않는다. 그냥 내 조종사에게 전화해 출발하면 그만이다. 엘레나가 내게 상기시켜주었듯이 "삶의 목적을 이루게 해준다면 재무적 타당성은 중요하지 않다." 실제로 그렇다.

당신의 목적에 불을 붙여 뜨겁게 타오르게 하는 일이라면 그 일이 무엇이든 하라. 돈을 써야 한다면 써라. 그 일에 진정으로 집착한다면 성과가 생길 테니 돈을 투자할 만한 가치가 있을 것이다.

계속 집착하는 비결은 간단하다. 집착에 꾸준하게 연료를 공급해주는 일에만 모든 노력을 집중하라. 그리고 당신의 에너지를 고갈시키고 의심을 불러일으키는 일은 무시하고 없애고 차단하라. 관심을 기울이는 대상에 책임감을 나타내라. 돈을 투자하는 것보다 관심을 쏟는 게 더 가치 있다는 사실을 기억하라. 돈, 권력, 명성, 성공은 모두 관심을 따라다닌다. 그래서 관심을 가장 많이 받는 것이 성장하기 마련이다.

돈, 권력, 명성, 성공 같은 것은 질투심 많은 애인과 비슷하다. 끊임없는 관심을 요구하며 관심을 주지 않으면 당신을 떠난다. 이러한 것을 자라게 할 수 있다면 시간을 투자할 만한 가치가 있다. 하지만 시간은 우리에게 있는 자원 중 절대 재생할 수 없는 유일한 자원임을 기억하라. 따라서 돈보다 시간을 어떻게 투자하느냐가 더 중요하다.

집착에 연료를 계속 공급하는 것이 성공한 사람의 주된 비결이다. 어떻게 하면 다시 에너지를 얻을 수 있는지, 어떻게 해야 어느 때보다 높은 수준으로 다시 한 번 설레고 흥분할 수 있는지, 어떻게 전속력으로 쉬지 않고 계속 질주할 수 있는지, 기진맥진해질 때 무엇을 해야 하는지 알고 계속 노력하라.

집착의 궁극적인 연료

불이 계속 타오르려면 나무가 필요하고, 자동차가 달리려면 휘발유가 필요하고, 컴퓨터가 작동하려면 전기가 필요하다. 집착에도 끊임없이 연료를 공급해야 한다. 집착의 궁극적인 연료는 무엇일까? 그것은 바로 당신이 살아가는 동안 내내 변화하고 성숙하는 삶의 목적이다.

어쩌면 삶의 어느 시점에서는 돈이 목적이 될 수 있다. 괜찮다. 좋은 목적이다. 그 목적을 올바로 추구하라. 아니면 돈에는 관심이 없고 사람들을 돕기를 원할 수 있다. 그러면 그 일을 제대로 하라. 사람들을 돕기를 원하는 이유가 당신의 자존감을 높이기 위해서일 수도 있고 공동체에서 존경받고 싶어서일 수도 있다. 그렇다면 엄청난 방식으로 그 일을 완수하라. 또는 모든 목적에 먹이를 주고 키우면서 자신의 신념을 절대 굽히지 않겠다고, 절대 타협하지 않겠다고 결정할 수 있다. 이렇게 삶의 모든 영역에서 목적의식에 집착하면 당신이 바라는 모든 것을 이룰 수 있으며 전에는 보지 못했던 것을 보게 될 것이다.

기억하라. 무엇에 집착해야 하는지 명확히 알 때 다음의 일들이 반드시 실현된다.

1. 당신과 다른 사람의 삶의 결과가 더 좋아진다.
2. 당신의 잠재력을 더 많이 발휘하는 방향으로 행동하게 된다.

그렇다면 당신의 잠재력은 무엇인가? 이는 매우 강력한 질문이라 항상 되새겨야 한다. 이 질문이 당신에게 영감을 주어 더 많은 질문, 이를테면 '내가 얼마나 할 수 있을까? 잠재력을 발휘하려면 무엇이 필요한가? 잠재력을 발휘한다는 것이 내게는 무슨 의미인가?' 등의 질문으로 이어지기 때문이다. 잠재력을 발휘하기 위해 계속 노력하는 것은 일종의 연료를 공급하는 것이다. 그렇게 할 때 길을 잃고, 과거의 성공에 만족해 안주하고, 너무 일찍 죽어가는 것을 피할 수 있다. 스스로에게 할 강력한 질문으로는 다음과 같은 것들도 있다.

* 나는 누구를 위해 이 일을 하고 있는가?

* 이 일을 통해 얼마나 많은 사람이 유익을 얻을까?

* 무엇이 내게 더 많은 일을 하도록 계속 연료를 공급하는가?

* 만약 어떤 일이 가능하다면?

* 이 일을 완수하면 다음에는 무슨 일을 할 것인가?

* 내가 하고 있는 일 중 목적 지향적이지 않은 일은 무엇인가?

* 내가 하지 않은 일 중 할 수 있는 일은 무엇인가?

* 내가 늘 하고 싶었지만 잊고 있는 일은 무엇인가?

* 내 주변 사람들은 나와 같은 목적을 추구하는가?

* 목적이 있는 삶을 살라고 격려해주는 사람은 누구인가?

* 내가 시도하고 있는 일과 관련해 훌륭한 롤 모델은 누구인가?

* 내 주변에서 목적이 있는 삶을 살지 않는 사람은 누구인가?

* 다른 사람이 목적을 달성할 수 있도록 어떻게 도울 수 있는가?

앞서 나는 매일 목표를 적는 행동에 대해 말했다. 이에 더해 최소한 한 달에 한 번 메모장과 펜을 들고 앉아서 목적을 다시 검토하며 그 목적이 더욱 커진 내 잠재력에 걸맞은지 비교해본다. 종종 아내나 최고 경영진과 함께 이런 검토를 해본다. 그러면 과거의 승리에 안주하지 않고 가능성에 계속 집중할 수 있다.

어떻게 표현해야 할지 모르겠지만 당신의 목적은 성장하고,

성숙하고, 발전할 것이다. 당신이 성장하며 발전해가는 것처럼 말이다. 지금 얼마나 큰 꿈을 꾸든 당신의 잠재력에 있는 다른 가능성이 모습을 드러낼 것이다. 그러면 과거에는 꿈도 꾸지 못했던 목표들이 시시해 보일 것이다. 하지만 다음 단계로 도약해 더 큰 목표를 이루려는 열망을 포기하는 순간 당신은 위험에 빠진다.

나는 당신이 더 큰 잠재력을 발견하는 데 계속 집착하기를 바란다. 목숨이 다하는 순간까지 이러한 집착을 놓지 않기를 바란다.

이 책을 통해 집착에 대한 내 철학을 말했다. 그리고 집착이 어떻게 내 인생을 바꾼 요인이 되었는지뿐 아니라 당신의 삶에서 이 마인드셋을 어떻게 발휘하고 훈련할 수 있는지 이야기했다.

이제 이야기를 마치면서 당신의 삶과 일에서 집착을 계속 유지하는 최종 비결 몇 가지를 알려주고 싶다.

집착의 비결 1: 새로운 사람들을 만나라

나보다 더 큰 성공을 한 사람들과 함께하는 일, 그리고 새로운 사람을 만나는 일보다 내게 더 큰 영감을 주는 일은 없다.

새로운 친구나 인맥을 만들 때 모든 인간관계는 반드시 위

권력이 모이는 행사에
참석하라.

#BeObsessed @GrantCardone

로 확장해야 한다. 옆이나 아래로 확장해서는 안 된다. 당신 동네 은행원과 친구가 되지 마라. 당신 지역에서 가장 성공한 은행가, 가장 탁월한 변호사, 업계 1위의 보험 설계사, 엄청난 성공을 거둔 사업가, 정치인 등을 친구로 사귀어야 한다. 그다음 계속해서 인맥을 위로 확장하라. 당신 지역에서 가장 성공한 부동산 중개인으로 알려진 여성이나 지역 신문에 '올해의 기업가'로 선정된 남성과 알고 지내라. 이런 사람들이 당신 인맥에 포함되어야 한다.

또 고향을 벗어나 새로운 클럽에 가입하라. 자선 단체에 들어가 남들의 시선을 끄는 수준으로 기부하라. 그리고 권력이 모이는 행사에 참석하라. 최근에 나는 마이애미에서 열린 JP모건 콘퍼런스에 참석했다. 행사장에서 다룬 자산의 순가치만 2500억 달러였다. 나는 내가 있어야 할 곳에 있다는 것을 알았다. 점심을 먹으면서 그곳에 있는 것만으로 내게 새로운 가능성이 열렸고 집착에 불이 붙었다.

항상 똑같은 사람과 어울리는 일은 쉽다. 그럴 만한 합리적인 이유도 있다. 그들이 가족 같기 때문이다. 하지만 인간관계는 위로 확장하면서 계속 발전해야 한다. 오래 사귄 항상 똑같은 사람들, 그리고 늘 듣던 이야기를 지겨워하는 사람이 나만은 분명히 아닐 것이다(그리고 그들도 내 이야기를 듣는 걸 지겹다고 생각할 게 틀림없다).

집착의 비결 2: 최고의 휴가를 즐겨라

사람들이 휴가를 보내는 일반적인 방식에 대해 나는 문제를 제기했다. 그래서 당신은 내가 어떤 휴가도 안 된다고 완강히 반대할 거라고 생각할 수 있다. 하지만 그렇지 않다.

휴가를 가려면 제대로 가서 지나칠 정도로 즐겨라. 멋진 곳으로 장기 여행을 떠나라. 비용을 아끼지 말고 최고의 호텔에서 머물고, 비행기는 일등석을 타고(더 나은 건 자가용 비행기다), 최고급 식당에서 식사하고, 스스로를 왕족처럼 대하라. 일등석을 탈 금전적 여유가 없고 오랜 기간 여행할 수 없다면 아직 휴가를 갈 준비가 안 된 것이다. 왜냐하면 휴가는 자기 자신, 사업, 인맥을 확장할 기회도 되기 때문이다. 집착하는 사람들이 있는 곳에 당신도 있어야 한다. 그런데 당신이 예약한 호텔이 무료로 조식을 제공하는 곳이라면…… 미안하지만 그곳은 당신이 있어야 할 곳이 아니다.

일등석을 탈 금전적 여유가 없고
오랜 기간 여행할 수 없다면
아직 휴가를 갈
준비가 안 된 것이다.

#BeObsessed @GrantCardone

최근 엘레나와 나는 아이들 없이 즐기는 여행을 우리 자신에게 선물했다. 동유럽을 돌며 강연을 한 후 우리는 파리와 바르셀로나를 여행했다. 그리고 제대로 했다. 우리 부부는 여행을 마음껏 즐겼을 뿐 아니라 귀중한 인맥도 만들었다. 우리는 최고의 호텔에서 머물고 최고급 식당에서 식사하며 새롭게 연료를 공급받고 리부팅하는 기회를 얻었다. 지나칠 정도로 휴가를 즐긴 나머지 집에 돌아오면서 더 쉬고 싶다는 생각이 들지 않았다.

집착의 비결 3: 멘토를 만들어라

당신을 한 단계 더 높은 수준으로 이끌어줄 수 있는 사람 또는 코치의 도움을 받는 것은 그만한 가치가 있다. 나는 그런 사람의 시간을 사는 데 한 해 수십만 달러를 쓰고 있다. 그들은 나를 한 단계 높은 수준으로 올려주고 내 잠재력을 온전히 펼치도록 도와준다. 지금 내게는 2명의 코치가 있는데 한 명의 역할은 내게 거물급 인사를 연결시켜주는 일이고, 다른 한 명의 역할은 삶과 일에서 내가 보지 못하는 사각지대를 알려주는 일이다.

내 주변을 내가 신뢰하고 존경하는 사람들로 채워야 한다. 원대한 생각을 하고 내가 가고자 하는 곳에 이르도록 도와줄 수 있는 사람들이 주위에 많아야 한다. 당신은 혼자서도 빨리 달릴 수 있다고 생각할지 모른다 하지만 스톱워치가 작동하거나 지지자의 응원을 받으면 할 수 있다고 생각한 것보다 더 많은 일을 해낼 것이다.

누군가가 당신을 지지하고 응원하는 건 좋은 일이다. 심지어 당신을 밀어붙인다고 해도 손해 볼 건 없다. 내 멘토나 코치는 내게 너무나 소중한 존재다.

집착의 비결 4:
경제적 능력을 벗어나는 물건을 쇼핑하라

평생 나는 내 경제적 능력을 벗어나는 집이나 물건을 쇼핑하고 있다. 요즘 나는 코럴게이블스에 있는 4000만 달러짜리 집과 마이애미에 있는 2억 8000만 달러짜리 아파트, 6500만 달러짜리 새 걸프스트림을 보고 있다. 이 중 어느 것도 구매하지 않을 것이다(어쩌면 아파트 거래는 할 수 있다).

25살에 나는 월세 275달러짜리 집에서 살았다. 월세도 거의 매달 밀렸다. 그때 이후로 내 경제적 능력으로 살 수 없는 호화로운 집과 자동차, 시계, 가전 등을 쇼핑하고 있다. 이를 스스로에게 계속 동기부여를 하는 수단으로 삼는다.

휴스턴에 살 때는 리버오크스에 있는 집들을 보았고, 로스앤젤레스에 살 때는 베벌리힐스에 있는 집들을 보았다. 내 능력으로는 살 수 없는 집들이었다. 마이애미로 이사했을 때도 같은 방법을 계속 썼다. 사려는 생각 없이 2억 달러짜리 요트를 조사했다. 흥분하고 들뜬 마음으로 집착에 불을 붙이려고 그렇게 했다. 이 방법이 어리석어 보이고 유치한 장난처럼 보일 수 있지만 내게는 효과가 있다.

집착의 비결 5: 교육에 투자하라

집착에 연료를 계속 공급하기 위해 내가 잘한 일 한 가지만 꼽으라면 교육과 자기계발에 지속적으로 투자한 것이다.

25살에 나는 세일즈 전문가가 되는 법을 배우는 데 3000달러를 투자했다. 이 결정 덕분에 첫 번째 사업을 시작할 수 있었다. 지금은 내 시간과 수입의 거의 10퍼센트를 트레이닝 프로그램을 사고, 콘퍼런스에 참석하고, 코치를 고용하고, 책을 사는 일 등에 투자한다. 1년 중 36일과 수입의 10퍼센트를 자기계발에 투자하는 게 많은 것처럼 보일 수 있지만 나는 그렇게 생각하지 않는다. 내게는 그렇게 투자할 만한 가치가 있다. 나는 어리석음을 거부한다. 무지를 거부한다. 시간이 없다거나 너무 바쁘다는 핑계를 대는 일도 거부한다. 최고는 계속 최고의 자리를 지키기 위해 시간을 만든다. 삶과 일에서 얼마나 큰 성공을 거두었든 배움은 계속되어야 한다.

대부분의 사람은 더 배우기 위해 시간을 내지 않는다. 그들의 삶에서는 배움의 경험이 시간 낭비였음이 증명되었기 때문이다. 하지만 무엇을 배울지 스스로 선택할 때, 그리고 더 나은 내가 되기 위해 무엇을 배워야 하는지 알고 있을 때 배움은 완전히 다른 결과를 낳는다.

시간이 없다는 건 더는 핑계가 되지 않는다는 걸 기억하라.

집착하는 사람은 핑계가 아니라 시간을 만들기 때문이다.

나는 내 시간과 수입의
10퍼센트를 교육과
자기계발에 투자한다.

#BeObsessed @GrantCardone

집착의 비결 6: 신체 건강에 관심을 쏟아라

정신을 예리하게 유지하는 것만큼 중요한 게 또 있다. 나는 잠재력을 제대로 발휘하려면 좋은 몸매와 건강을 유지해야 한다고 생각한다. 당신이 과체중이고, 활력이 없고, 의자에 앉아서 너무 많은 시간을 보내는 탓에 몸이 아프면 어떤 목표에든 집착할 수 없다.

그렇긴 하지만 나는 단지 운동을 위해 운동하라고 하면 잘하지 못한다. 하지만 예를 들어 짧은 기간 안에 달성해야 할 구체적인 목표를 세우면 멋진 몸매를 만드는 일에 아주 열정적으로 달려든다. 일주일에 어느 정도 무게의 웨이트를 몇 세트 들어 올리겠다는 목표를 세우면 그렇게 하려고 노력한다. 나는 즉각적인 만족을 추구하는 사람이기 때문에 결과를 바로 보고 싶어한다. 그러한 결과를 보기 위해 일주일 동안 하루에 2번 운동하라고 하면 나는 아주 잘할 수 있다.

집착의 비결 7: 기부하라

부동산 회사, 컨설팅 회사, 책, 오디오 강의, 광적인 동기를 부여하는 제품, 강연 등을 통해 내가 이토록 열심히 일하는 이유가 하나 있다. 그렇게 해야 돈을 사용해 더 나은 세상을 만드는 데 기여할 수 있기 때문이다. 《포브스》가 선정한 400대 부자인 친구 밥 더건Bob Duggan은 내게 이런 말을 했다. "그랜트, 자선 단체에 돈을 내는 건 기부가 아니라 투자라네." 올해 나는 총수입의 30퍼센트에 달하는 금액을 자선 단체에 기부했다.

기부는 돈을 주는 것에 국한되지 않는다. 시간, 에너지, 지식, 영감을 주는 일도 기부다. 나는 고등학교, 대학교, 다양한 종교 단체, 군대에 가서 최대한 많은 강연을 한다. 최근에는 교회에 가서 금융 이해력과 지급 능력의 중요성에 대해 강연했다. 이 장의 원고를 끝내자마자 나는 자비를 들여 과테말라로 갈 것이다. 그곳의 교육부에서 카돈대학교에 입학하는 방법에 대해 중남미에 사는 수백만 명의 사람들에게 강연할 것이다.

이 행성에서 벌어지는 문제 중 당신이 도울 수 있는 문제가 무엇인지 찾아보라. 그리고 가서 도와라. 나는 마약에 대한 진실을 매우 열정적으로 알리고 있다. 불법적으로 사용하는 마약뿐 아니라 병원에서 처방하는 마약에 대해서도 그 폐해를 세상에 적극적으로 알린다. 내 시간과 에너지, 플랫폼을 사용해 마약의 급속한 확산에 대해 경각심을 높이고 시민인권위원회Citizens Commission on Human Rights, CCHR 같은 훌륭한 단체들과 협력해 마약 퇴치 활동을 하고 있다.

집착 운동에 참여하라

당신은 이 책이나 다른 비즈니스 도서를 읽고 잠시 의욕이 넘칠 수 있다. 하지만 집착은 가벼운 개념이 아니다. 집착하겠다고 마음만 먹어도 곧 저항에 직면하게 될 것이다. 집착은 무슨 이벤트처럼 불을 통과하고, 화살을 구부리고, 벽돌을 부수는 주말 쇼가 아니다.

여기서 말하는 건 진짜 집착이다. 당신은 살면서 처음으로 올인하고 괴짜가 돼도 좋다는 허락을 받은 것이다. 유익하고 자발적인 집착을 유지하고, 원하는 모든 것을 소유하고, 위대한 일을 하려면 책 한 권 읽는 것 이상이 필요하다. 엄청난 전념과 명확성, 자신감, 희생, 끈기가 필요하며 인기 없는 소수 집단에 속하겠다는 의지도 있어야 한다.

외부 세계에서, 언론과 정치에서는 온갖 일이 일어난다. 하지만 거기서 당신이 실망하는 일이 생기더라도 집착을 통해 계속 연료를 공급받아야 한다. 심지어 성공을 쟁취한 후에도 오래도록 계속 그래야 한다. 매일, 매주, 분기마다, 해마다 집착은 계속 당신에게 연료를 공급할 수 있다.

이 책을 잘 활용해서 당신의 가족, 동료, 심지어 고객의 평균적인 생각을 바꿔놓아라. 집착하겠다고 결심하고 집착할 대상을 분명히 한 다음에는 주변 사람의 지지를 받는 게 꼭 필요하기 때문이다. 당신의 배우자는 하얀 나무 울타리와 골든리트리버를 원할 수 있다. 당신이 집에 오후 5시에 들어오고 주말에는 TV를 함께 보기를 원할지 모르며 단순히 그런 삶이 행복하다고 말할 수 있다.

배우자를 집착의 길로 데려오는 것은 어렵다. 잘 계획하고 차분히 앉아서 대화를 나눠야 한다. 어쩌면 이 일이 집착하는 삶을 사는 데 가장 큰 도전이 될지 모른다. 따라서 당신 자신의 삶 자체를 팔 준비가 되어 있어야 한다.

집착은 단순한 정신적 게임이 아니다. 이것은 신체, 영성, 감정, 가족, 재정이 관련된 종합 게임이다. 이 게임에 참여하고 경기장에 계속 머물려면 모든 면에서 훌륭한 상태를 유지해야 한다. 평범한 성과, 정부의 재정 지원, 정상으로 보이는 경제, 현실에 안주하는 삶이라는 사악한 힘이 당신을 공격하기 때문이다.

또 이 책을 활용해 주변 사람들도 당신과 같은 생각을 하게 하라. 누가 당신과 함께 집착하는 삶을 살 수 있을지 알고 싶다면 이 책을 읽혀보라. 대부분은 끝까지 읽지 못할 것이다. 하지만 누군가는 깨달음을 얻고 삶을 변화시킬 것이다.

이 책을 필터로 삼아 어떤 사람이 당신의 팀과 삶에 함께할 수 있는지 알아보라. 대부분의 사람은 이 책의 제안을 받아들이지 못할 것이다. 누구나 할 수 있는 도전이 아니기 때문이다. 하지만 나는 기꺼이 도전했고 당신도 그러리라 기대한다.

당신이 즐겨 사용하는 소셜 미디어 플랫폼에 "나는 집착하고 있으며 평범한 삶을 거부한다. #BeObsessed"라는 메시지를 남겨 내게 연락해달라. 그러면 나는 당신이 이 책을 읽었다는 사실을 알게 될 것이다. 트위터, 페이스북, 스냅챗, 유튜브, 링크드인에서 나를 찾고 싶다면 @GrantCardone으로 검색하라(그냥 'Grant Cardone'으로 검색해도 된다). 우리와 함께 집착 운동에 참여하라.

도움이 필요하다면 주저하지 말고 우리 팀에 연락하라. 당신을 코칭하고 돕는 특권을 누리고 싶다. 교육 자료를 제공하든, 당신 회사에 슬라이드쇼를 전달하든, 자녀의 학교나 대학교에 가서 교육하든, 교회에서 강연하든, 당신의 직원과 화상 세미나를 하든 어떤 식으로든 우리는 당신을 도울 수 있다. 그리고 당신의 질문에 내가 답변할 수 있다면 기꺼이 그렇게 하겠다.

감사의 글

이 책이 탄생할 수 있게 내게 삶의 소재를 선사해준 사람들과 내가 이 책을 쓰고 완성할 수 있게 도와준 사람들에게 특별히 감사를 드린다.

먼저, 아버지에게 감사드린다. 내가 10살 때 돌아가신 아버지는 말이 아니라 몸소 본을 보임으로써 열심히 일하는 것의 가치를 가르쳐주었다. 어머니는 여러 번 내 목숨을 구해주었다. 지금의 삶을 살 기회를 얻게 해준 어머니에게 감사드린다.

내 삶의 트로피인 아내 엘레나에게 감사함을 전한다. 그녀는 내가 너무 지나치게 일한다거나 내 꿈이 불가능하다는 말을 한 번도 한 적이 없다. 오히려 더 많은 성취를 이루라고 나를 밀어붙인다. 예쁜 내 두 딸, 사브리나와 스칼릿에게도 고맙다는 말을 전하고 싶다. 두 딸은 "아빠, 집착하든지 아니면 그저 그렇게 사세요. 어서 책을 끝내요!"라고 외치며 집 안을 뛰어다녔다. 아이들이 아니었다면 나는 책을 완성하지 못했을 것이다.

내가 가장 신뢰하는 친구이자 우리 회사의 COO 셰리 해밀턴에게 감사하다. 그녀는 날마다 진심으로 나를 지지해주고 내 목적에 최대한 관심을 기울여주었다. 지금까지 내가 만나본 사람 중 통제광인 나를 셰리만큼 잘 다루는 사람은 없었다. 나는 뭔가를 잘 진행하다가 마지막 순간에 즉흥적으로 바꿔버리는 일이 종종 있다. 그런 나를 도와준 마이애미에 있는 모든 직원에게 감사를 전한다. 그들은 엄청난 위력의 허리케인이 쉴 새 없이 휘몰아치는 듯한 시간을 오래 버텨주었다. 감사하다.

내 친구이자 자선사업가인 밥 더건에게 깊은 감사를 드린다. 그가 내게 "더 나은 세상을 만들기 위해 영향력을 행사하라"라고 말했을 때 내 삶이 바뀌었다.

2 마켓 미디어2 Market Media의 스티브 칼리스와 행크 노먼에게 감사하다. 그들은 내 광기를 믿어주었고, 놀라운 능력을 보유한 새로운 출판 에이전트 네나 마도니아 오시먼을 소개해주었다. 펭귄 랜덤 하우스 출판사의 직원들, 출판 담당자 애드리언 잭하임에게 감사를 전하며, 특히 편집자 나탈리 호바쳅스키에게 대단히 감사하다. 그녀는 책 표지에 쓸 사진 촬영에 대한 아이디어를 무척 마음에 들어했다. 그 덕에 나는 내 비행기에서 춤을 추는 사진을 찍을 수 있었다. 사진작가 레이너 호시와 아트디렉터 크

리스 세르지오에게 대단히 감사하다. 그들은 촬영 현장에서 내가 마음대로 포즈를 취하게 허락해주었다. 그들 덕분에 내 인생에서 가장 재미있는 날이 하루 더 추가되었다.

그리고 교회에서 만난 아주 특별한 친구들에게 감사함을 전한다. 그들은 진리와 자유를 실현시키기 위해 인생을 바쳤다. 그들 모두에게 감사하다. 다음에 언급하는 사람들은 내가 45살이었을 때 집착하는 대상을 찾고 거기에 집착해도 좋다고 이야기해준 최초의 사람들이다. 개빈, 샤메인, 버네사, 조시, 소냐, 맨디, 타일러, 캐럴, 낸시, 밥, 켄, 데이비드, 론에게 감사한 마음을 전한다.

나를 멈추게 하려고 애쓰는 반대자들과 비난자들 모두에게도 감사한 마음이 있다. 그들이 내 창조성과 끈기, 꿈을 얼마나 강력하게 만들어주고 있는지 본인들은 모를 것이다. 뭘 제대로 모르는 상담사들과 한심한 심리학자들에게도 감사를 전해야겠다. 그들은 내게 꼬리표를 붙이고 사악한 처방 약으로 나를 옥죄려고 했다. 그들이 혼란스러운 처방이나 잘못된 정보, 엉터리 해법을 내놓을 때마다 내 선택은 더욱 분명해졌다.

마지막으로 내 포스팅, 기사, 트윗, 스트리밍, 동영상, 스냅의 팔로어인 소셜 미디어 가족 수백만 명에게 감사드린다. 그들은 열정적으로 나와 소통하며 내 집착에 불을 붙였다. 그들 중에는 친구와 가족에게 내 이름과 활동을 전파한 사람이 있다. 이야말로 내게는 최고의 칭찬이다. 이에 대해 특히 더 감사드린다.

—— * * * ——

CARDONEUNIVERSITY.COM

그랜트카돈세일즈트레이닝대학교는 세계 최고의 세일즈 트레이닝 시스템을 갖추고 있다. 광범위한 내용을 다루는 그랜트 카돈의 세일즈 트레이닝 커리큘럼이 웹사이트에서 제공된다. 30년 이상의 세일즈 경험을 바탕으로 그랜트 카돈은 극적인 효과를 가져다줄 세일즈 트레이닝 도구를 전달한다. 이 도구는 어떤 세일즈 환경에서든 팀이나 개인이 활용할 수 있다.

무료 세일즈 팁이나 동기부여를 원한다면 그랜트를 팔로하라!

Twitter: @GrantCardone

Facebook: /GrantCardoneFan

Snapchat: /GrantCardone

GRANTCARDONETV.COM

그랜트 카돈 TV가 제공하는 프로그램은 특히 기업가, 사업주, 야심가, 스타트업, 세일즈 조직, 성공 사고방식을 가진 사람을 위해 제작된다. 그들은 정보와 해법을 어디서 얻을지 스스로 통제하기를 원한다. 이 채널은 구경꾼이 되기를 거부하고 자신이 보는 콘텐츠에 대한 통제권을 요구하는 사람을 위한 것이다.

그들은 자신이 맹렬히 하는 생각이 말 그대로 삶의 결과가 된다는 사실을 이해한다. 트위터에서 그랜트 카돈 TV를 팔로하라. Twitter: @grantcardonetv.